高田胤臣

バンコクアソビ

FOR MEN

イースト・プレス

「王道」にこそ
タイの奥深い魅力が詰まっている

タイの首都バンコクはナイトライフが充実している。

バンコクの夜遊びと言えば、まずは「ゴーゴーバー」だ。水着の女の子たちが踊るバーでビールを傾ける。気に入った女の子を連れ出し、店外デートやホテルで楽しいことができてしまう。

タイ語も英語もできないという人にも、夜遊びの門戸は開かれている。特に日本人にオススメなのは「カラオケ」と「エロ古式マッサージ」だ。カラオケは日本における場所。日本のキャバクラで1万円を出したとして、なにができるか。バンコクのカラオケならば、その何倍も濃密で過激な楽しみが待っている。「エロ古式マッサージ」は日本人向けにサービスが進化し、肉体的にも精神的にも満足を得ることができる。しかもこれらは日本語でサービスが提供されているので、言葉に不安がある人にだって安心して楽しんでもらえること請け合いである。

ほかには日本のソープランドにあたる「マッサージパーラー」や、男性と知り合いたい女の子が集う「テーメーカフェ」といった刺激的な遊び場もある。

しかし、そういった店ではいったいどう振る舞ったらいいのか。そもそもどうやって行くのか。安全性は？　交渉方法は？　料金やチップは？　次から次へと疑問や不安が出てくることだろう。

そこで本書だ。初歩的なことから応用まで、初心者からリピーターまで、今さら聞けないバンコク夜遊びの入門書として、これ一冊あれば心置きなく楽しめるように、徹底的に必要な情報を詰め込んだ。

タイは今、激動の時代を突き進んでいる。生活水準が高くなる一方で2006年から政情不安が続く。政治のトップが入れ替わるたびに国の方針が大きく揺らぎ、その都度、性風俗産業がもろに影響を受ける。マニアックな店ほど摘発が相次ぎ、タイの夜は以前より遊びづらくなった。

だからこそ、今、注目したいのが「王道」だ。ゴーゴーバーやカラオケ、エロ古式マッサージといったタイのオーソドックスな夜遊びは比較的安全な上、タイ女性の魅力が詰まっている。

くわえて、タイ社会は今、和食ブームに踊る。バンコクは全域が「リトル東京」といった雰囲気で、日本人にとって過ごしやすい街になった。王道を遊び尽くすに今ほどふさわしいときはないのだ。

ボクは1998年にはじめてタイを訪れ、2002年からバンコクに暮らし、ライター兼コーディネーターとして生活している。在住17年の間に、仕事やプライベートでたくさんの夜の女性と接してきた。ほぼすべての夜遊びジャンルの女の子と付き合い、生活を共にした経験もある。

長年にわたり、夜のタイ女性のオモテの顔からウラの顔までを見てきたなかで、やはりバンコクの夜遊びの神髄は「王道」にあると感じる。本書ではマニアックなネタは極力避け、ベーシックな遊びを徹底的に紹介した。王道にだって奥深さや刺激、裏技がたくさんある。マニアックな遊びは慣れたあとでいいでしょう。まずはバンコク夜遊びの基本であり本質を思いっきり楽しもう。

髙田胤臣

CONTENTS

CONTENTS

CONTENTS

タイに行く前に

バンコクのナイトライフを満喫する前に、タイのことを知っておこう。戸惑いながら遊ぶよりは、ある程度わかった上で新たな体験をしたほうが思い出の厚みが変わってくるはず。

どんな国なのか

バンコク＝天使の都

「タイ王国（Kingdom of Thailand）」はタイ語では「ムアン・タイ」あるいは「プラテート・タイ」と呼ぶ。首都はバンコクで、タイ人は「天使の都」という意味の「グルンテープ」と呼ぶ。フォーマルな場面では「グルンテープ・マハナコーン」だが、これも省略された呼び方で、世界一長い名称を持つ。

国土は51・3万平方キロ。これは日本の約1・4倍で、タイ人約6890万人は日本のほぼ半分。男女比率はわずかだが女性のほうが多い。

タイは多民族国家で、日本人が想像する一般的な「タイ人」はタイ族（小タイ族）。中華系、南部にマレー系も多い。宗教は95％が仏教徒で、イスラム教も約4％を占める。「親日国」であり、日本人には過ごしやすい国である。

治安は大丈夫？

結論から言うと「タイは日本よりも治安が悪い」。このことを忘れないでほしい。殺人事件認知件数が多く、人口比率からすると日本の数倍に上る。しかし、我々はそのことを忘れがちになる。というのは、外国人観光客が行く場所は、夜遊びスポットを含め、命の危険にさらされるようなところがないからだ。滞在中、ナイフや銃を突きつけられるようなことがあったら、それはよほど変な場所に迷い込んだから。観光客の被害が

ビザなし入国の条件は出国用の航空券（予約確認書も可）と、パスポートの残存期間が6か月以上などの条件を満たした上、入国係官の裁量による。

多いのはスリとか置き引き、詐欺などの金銭を奪われるような事件だ。

入国ビザについて

日本人はビザなしで入国可能。空路着で約1か月間、陸路や水路は約2週間の滞在許可が出る。バンコクから東に約250キロ（所要約4時間）のサケーオ県アランヤプラテートでカンボジアに一度出国し、とんぼ返りすれば日帰りで2週間延ばせる。これを「ビザラン」と呼ぶが、近年は年間滞在可能日数や入国回数が決められ、ビザなし再入国は拒否されることがある。もし長くいたい場合は各国のタイ大使館での観光ビザの取得をオススメする。

出国予定日を間違えた滞在超過に注意。24時間以内であれば罰金なし、それ以上だと1日500バーツ、最大2万バーツの罰金。90日以上の超過は悪質と判断され、その後タイに一定期間入国禁止となる（1年から10年）。これは、あくまでも入国管理局や空港の出国審査に出頭した場合で、市内で発覚してしまうと逮捕・拘束される。

お金のことを考えておく

目的別に予算を決める

タイの通貨は「バーツ（THB、あるいはB）」。本書では「1バーツ＝3・5円」で計算。例えば500バーツは500×3・5で1750円。タイ国内の両替所では0・2857などと表示される。これは両替所が円を買い取るレートで、1万円を両替する場合にはそのままかけ、2857バーツになるということ。

タイは観光大国で、低予算から超リッチ旅行まですべてのグレードが揃うため、予算もピンキリ。夜遊びではゴーゴーバーでビールを軽く飲むだけなら1日1000バーツ（約3500円）もあれば十分だし、女の子と最後まで遊びたい人は1万円ではちょっと足りない。本編を読んでいただき、理

観光ビザは約60日間滞在できる。延長も可能で、ジェンワッタナ（ドンムアン空港近く）のイミグレーションで30日間延ばし、計90日間滞在できる。

想の遊び方プランを練ってみよう。

バーツを効率よく手に入れる方法

日本円を持ち込む場合、できれば1万円札をオススメしたい。1000円札は両替のレートが悪いこともあるからだ。外貨（日本円など）をタイ・バーツに替える方法は日本の空港、タイの空港でも可能だが、レートがよくないこともあり、次の場所をオススメする。

①市街地銀行
②公認両替所

タイの空港では市街地までの交通費分くらいにして、バンコク市内の銀行での両替をまずは基本としたい。両替専用窓口があるので、外貨を差し出すだけでいい（パスポート提示を求められるケースが多い）。深夜便到着の場合は繁華街近辺の両替所なら深夜まで営業している。

もっともオススメするのは公認の両替所。数万円の両替なら飲み代1回分くらいは違う。銀行以外で「EXCHANGE」と掲げるところがこれに当たるが、公認ではなく、闇両替（非公認）の場合もある。

公認でオススメは2軒。タニヤのシーロム寄りにある酒屋「タニヤスピリッツ」と、伊勢丹の向かいの「スーパーリッチ」。オレンジの看板が目印で、世界中の通貨が高レートで交換できる。スーパーリッチは主要なBTS駅や商業施設にも進出しているが、伊勢丹近くの本店が高レート。両替の際はパスポートを持参すること。

日本円を含めて外貨を持っていない場合、最終手段でクレジットカード引き出しもある。タイのATMは24時間稼動で、いつでも引き出せる。ただし、別途220バーツ（約770円）の手数料がかかるので、ある程度まとまった金額で。1回最大2万バーツまでしか引き出せない（銀行によっては3万バーツ）。青い色の「バンコク銀行」、緑の「ガシコーン銀行（農民銀行）」、紫の「サイアムコマーシャル銀行」なら間違いなく日本

「スーパーリッチ」本店近辺とビッグCから伊勢丹に渡る歩道橋上でスリが多発する。両替直後は特に狙われる可能性が高いので注意すること。

スーパーリッチ（左）はオレンジ色の看板。繁華街そばなら銀行両替所は深夜も営業。

語が表示される。英語での引き出しは「withdrawal」。「コンバージョンで引き出すか」と聞かれたら「No」を押すこと。コンバージョンはレートが不利だからだ。

日本の銀行キャッシュカードを利用できる場合もある。特に「セブン銀行」がもっとも有利にバーツを引き出すことができる。クレカと共に、海外引き出しができるよう申し込んでおく必要がある。

移動手段を確保する

空港から市内への行き方

まず前提としてバンコクは2つ国際空港がある。レガシーキャリア（一般的な航空会社）が発着する「スワンナプーム国際空港」（以下BKK）、格安航空会社（LCC）の「ドンムアン国際空港」（以下DMK）。ただ、LCCでもBKK発着の場合もある。

●BKK（スワンナプーム）からの場合

○タクシー（早い／スタンダード）

到着ロビーから1階降りたところに乗り場。市内までは300〜500バーツ前後＋50バーツ（空港使用料）＋高速料金（モーターウェイ25バーツ、首都高50バーツ）が目安。所要時間は渋滞なしで30〜50分程度。メーターを使わない悪徳運転手もいるので、その場合

両替所では、悪質な従業員が札を1枚2枚抜いてくることもある。うしろに人が並んでいても、相手が見ている前でしっかり数えて受け取ること。

はすぐに降りること。ただ、ボッタクリの場合でも高速料金込みで700バーツまでならまだ許せる範囲か。

○リムジン（早い／安全）

預け荷物のターンテーブル、あるいは税関を抜けると勧誘してくるリムジンは1000バーツ前後からでホテルまで送迎。車両は高級だが、人数で頭割りならタクシーより得。

○電車（安い）

ターミナル地下がエアポートトリンク（空港から市街を結ぶ高架鉄道）の駅に直結。マッカサン駅でMRTペッブリー駅に、パヤタイ駅でBTSパヤタイ駅に接続する。乗車料金は15～45バーツで朝5時半から深夜0時まで運行。ただし、朝夕のラッシュアワーは乗り込めないほど混雑し、また故障運休も多いので、代替案を考えておく必要がある。

○その他

エアポートバス（S1）が安宿街カオサン通りまでが60バーツで運行。そのほか路線バスもあるが、エアポートバスターミナルまで行かなければならず、オススメできない。あとは、高級ホテルであれば送迎を依頼することはできる。ただし、待ち人が掲げるネームプレートを盗み見て詐欺師が先回りすることもあるため、注意すること。

●DMK（ドンムアン）からの場合

○タクシー（早い／スタンダード）

到着ロビーの外に乗り場がある。中心部へは250～350バーツ前後＋50バーツ（空港使用料）＋高速料金（トールウェイ100バーツ、首都高50バーツ）が目安。所要時間は渋滞なしで30～50分程度。BKK同様にメーターを使わないタクシーもいるので注意。

○エアポートバス（安い／オススメ）

モーチット・バスターミナル（A

出国前の再両替（円に戻すこと）はバンコク中心地の銀行でさえ外貨用意があるかないかというところ。レートは不利だが、空港両替がベター。

1）、BTSビクトリーモニュメント駅（A2）、シーロム方面（A3）、カオサン通り（A4）の4路線が到着ロビーから発着。A1なら15分間隔くらい。乗車料金はA1と2が30バーツ、BTSモーチット駅まで20分くらい。A3と4は乗車料金50バーツ。朝7時から夜23時前後まで運行。深夜到着便の場合は使えないので注意。主要なバス停は車掌が大声で教えてくれるので、途中下車は壁のボタンを到着直前に押して合図をする。

○その他

路線バスや鉄道もあるがオススメしない。DMK向かいに急ピッチで国鉄の高架線を建設中でこれが開通したら少しは変わるかもしれない。しかし、エアポートリンクを見る限り、使い勝手は悪そう。

バンコク市内の交通機関

●タクシー（スタンダード）

流しは乗り込む前に行き先を告げる。乗車拒否が多いため。渋滞時と、18時ごろは拒否が多い。自動ドアではないので注意。初乗り料金は35バーツから。稀に料金の上がり方が早いメーターがあり、怪しいと感じたら降りるしか防ぐ方法はない。ホテルから乗るときはドアマンに呼んでもらうこと。ただ、ホテル前に待機しているタクシーはボッタクリが多い。

近年は配車アプリの「Grab Taxi」を利用する人が増えている。契約しているタクシーが迎えに来るが、あらかじめ料金がわかっているため、ボッタクリに遭わないので好評。事前にダウンロードし、クレジットカードの登録などをオススメする。ただ、中心地から外れると極端に台数が減るので注意したい。

●BTS（ベスト）

バンコク中心を走る高架電車スカイトレイン。運営会社名から「BTS《ビーティーエス》」と呼ぶ。チャトチャック・ウィークエンドマーケットがある「モーチット駅」からサムロン置屋街がある「サムロン駅」までのスクムビット線、雑居型の商

ATMは故障しやすい。カードが吸い込まれたり、現金が出ないトラブルもあるため、多額を引き出す場合は銀行窓口に隣接したATMを使うべき。

BTS（左）はゴーゴー地帯すべてを結ぶので使いやすい。DMKのエアポートバス「A1」ルートは時間によっては混雑する。

業施設MBK（マーブンクロンセンター）がある「ナショナルスタジアム駅」からチャオプラヤ河を西岸に渡った「バンワー駅」のシーロム線がある。延線工事が進み2019年以降順次開業予定。料金は15バーツから。朝5時から運行し、最終は始発駅を深夜0時に出発する電車。回数券などもあるが、1日に何十回も乗るのでなければ現金が一番得。

●MRT（MPに行くときに便利）

地下鉄。BTSのアソーク駅とサーラーデーン駅に接続でき、ラチャダー通りを中心に走るため、夜遊びに使える。ラッシュ時間はなかなか乗り込めず、移動時間が読めない。チケットは自動券売機がバーツを認識しないことが多く、窓口のほうが早い。乗車料金は16バーツから。延線工事も進んでいるが、観光スポットよりはタイ人の生活圏を結ぶ傾向にある。

●その他（オススメしない）

ほかには路線バスやBRT（バンコク大量輸送システム）、鉄道もあるが、観光では使いづらいのでオススメしない。

急ぎではバイクタクシーもあり、ソイ（大通りに接続する小路）や商業施設前などから乗ることができる。ソイ内移動は10〜50バーツ程度だが、長距離移動は交渉制でタクシーより割高だし、なにより

市内から空港へはタクシーがベスト。DMKならBTSモーチット駅前からエアポートバス（A1）も。BKK行きのエアポートリンクは時間が読めないので注意。

事故が怖い。

タイ名物の3輪タクシー「トゥクトゥク」は旅の記念として乗るのはよいが移動には適さない。料金は割高で、目安は2キロ程度の移動で30〜50バーツくらい。タイ人でも割高なので、外国人が安く乗ることは難しい。

あとはレンタカーやレンタルバイクもある。タイは日本の国際運転免許証が通用するので、所持していれば問題はないが、交通ルールとマナーが日本と違うのでよくない。それであれば運転手付きのレンタカーや大型バンのチャーターのほうがいい。

滞在中の連絡手段とネット回線確保

●スマートフォン

住み慣れていない国に旅行に来た場合、不安がいっぱいだが、今はスマートフォンさえあれば大半の心配は解消される。出国前に翻訳、為替レート計算、ホテル予約サイトなど、旅に役立つサイトをブックマークしておくといい。「Googleマップ」オフラインの使い方もマスターしておこう。電波がなくても地図が見られる。女の子との連絡先交換には「フェイスブック」などのSNSや、「LINE」などのアプリも便利。

●ポケットWi-Fi

外出先でも利用できるポケットWi-Fi。事前に予約して日本の空港かタイの空港で借りる。基本料金はどちらも1日数百円程度。ただし、保証金や保険などがつき、実質的にはもう少しかかる。各社比較してから選択しよう。頻繁に接続したい人には便利。

●旅行者用SIMカード

タイ携帯電話キャリアは「AIS」、「dtac（ディータック）」、「true」の3社。いずれもプリペイドSIMや旅行者向け短期SIMを発売。バンコクや大都市のみの滞在はtrueが入手しやすい。旅行者用SIMは空港や市

レンタカー・バイクは国際免許証必携。原付限定の免許でも大型バイクなどを借りられるが、2018年に入り、検問で捕まるケースが増加しているとのこと。

街地のコンビニで購入できる。料金は数十バーツから600バーツ程度。コンビニでトップアップと呼ばれる課金もできる。

プリペイドは携帯電話ショップやキャリア窓口で購入。身分証明書が必要なので、パスポートを忘れないこと。

●無料Wi-Fi

タイは無料Wi-Fiが発達している。頻繁にネットを使わないなら、ホテルや商業施設、飲食店の無料Wi-Fiで十分。大手チェーンは使いづらく、小さい飲食店ほどWi-Fiが充実。ロックがかかっていても入店時にパスワードを聞けば教えてもらえる。速度が遅い店もあるが、メールやウェブの閲覧なら問題ない。

●電圧

タイは電圧が220V。製品によっては変圧器が必要だが、スマホやデジカメ、ノートパソコンは「100V-240V」が増えたので、なにもせず充電が可能。コンセントの形状も日本のものが使える。

宿泊先はこう選ぶ

電車沿線が便利

夜遊び中心の旅行のホテルはBTSあるいはMRT沿線がオススメ。安宿はかつてはカオサン通りが有名だったが、今は物価も上がり、そこから中心への交通費を考慮するとBTSの近くがいい。

特にBTS「プロンポン駅」や「トンロー駅」周辺に中級ホテルが増えている。MRT沿線でラチャダー通り奥にも安宿はあるが、終電後のタクシー代を考慮するとプロンポン付近のほうがトータル的に安い。

その場合、暑さや歩道の歩きにくさも考慮し、駅から徒歩10分程度の範囲が望ましい。ナナやシーロムのバー近くは騒音問題がある。

料金レベル

安宿の定義は500バーツ以下、

true move HTOURIST SIMだと8日間で299バーツ（3GB・音声通話100バーツ分）、15日間で599バーツ（8GB・音声通話50バーツ分）など。

中級は700バーツ前後から1500バーツ程度。一般ホテルで2500バーツから3500バーツ程度で、それ以上は高級。

　宿は「アゴダ」などのホテル予約サイトを通して押さえることをオススメする。デポジット（保証金）を要求されることもあり、チェックアウト時に返金されるが、滞在中その分の手持ちが減る。

　女性を自室に招き入れる場合、構造の関係などで安宿は拒否されることがほとんどで、中級もNGが散見される。中級のなかにはジョイナーフィー（入室料金）が加算されることも。数百バーツから1000バーツ超えもあるので、チェックイン時に確認する。女性が入室する際はどのホテルも女性の身分証明書を確認、あるいは預かる。やや気まずく感じるが、客と女性とのトラブルを未然に防いでくれるシステムにもなる。タイでは14歳以上はIDカード携行が義務づけられ、持っていない場合は怪しい人物の可能性がある。現場で「ない」と言われホテルに入れなくてもペイバー代（ゴーゴーバーの章で後述）の返金はない。ペイバー直前に女の子に確認しておこう。

連れ込み宿もある

　ホテルに女性を連れていけない場合は時間貸しホテルを利用する。歓楽街周辺には必ずそういった連れ込み宿がある。エリアによるが1回（30分から1時間以内を想定）で300バーツから600バーツくらい。連れ込み宿は看板がないことが多く、はじめての人には見つけることは難しいが、女の子が知っているので、案内してもらえばいい。

　パッポンはキングスグループの「キングス・コーナー2」の上に同グループ運営の部屋がある。同じ通りのスリウォン寄りにもあるので、ほかの店でペイバー（連れ出し）しても部屋は確保できる。ナナ・プラザは施設内3階に部屋があるし、ソイ・カウボーイは人気店「バカラ」のそばやアソーク通り沿いにある。

外国人はパスポートの常時携帯が義務づけられ、不携帯が発覚すると逮捕拘束される可能性も。本来アウトだが、コピーでOKとする警官も多い。

タニヤは近くの中級ホテルを利用。スリウォン通り側の「バワナホテル」などがそうで、だいたい1泊が1500バーツ前後。基本的にショート用の料金はない。ただ、きれいなので、連れ込み宿よりは気分よく楽しめる。

宿のセキュリティは？

ホテルの安全性は料金の高さに比例。安宿はかなり不安。ただ、従業員による窃盗の心配よりも、宿泊客による盗みのほうが多い。中級ホテル以上なら貴重品はセーフティーボックスに預けるべき。フロントにあるロッカー式もあるが、ほかの宿泊客による破壊もあり、最近は部屋のクローゼットに金庫が置かれる。

いずれにせよ、100％安全ではないので、お金を分散して持つなど対策を考える。

気をつけたい健康管理

あまり知られていないが、タイではホテルでの死亡者が多い。欧米人に多いのだが、病死や自殺などの死因があるなか、「腹上死」も少なからずある。タイの女性の魅力にやられてのなんとも幸せな最期ではあるが、遺族は笑えない。

高齢で遊んだ結果というのもあるが、気温が大きな要因ともされる。日中のタイは想像もつかないほどに暑い。雨期は湿気も多く、乾期はアスファルトにぽたりと落ちた水が一瞬で蒸発するほど。この気温に体力が削り取られてしまい、アルコール摂取も加わり、身体に大きな負担がかかる。

スケジュールはできるだけ余裕を持つようにしたい。極端な話、夜遊び目的でタイに来ているなら、昼は体力温存して、夜だけに集中してもいいのでは？

コミュニケーション（言葉）

タイ語は覚えなくても大丈夫

公用語はタイ語。繁華街などは問題ないが、少し郊外に行くと英語も絶望的。かといって、付け焼

タイ語は男性なら「カップ（Khrap）」と付けるだけですべてが「ですます」調になる。女性の場合は「カー（Kha）」で、デパートの館内放送などが妙にエロい。

き刃でタイ語を話そうとしても、タイ人にはまったく通じない。タイ語は5声調あり、例えば「マイ・マイ・マイ・マイ」とカタカナだと同じだが、声調を合わせると「新しい木は燃えない」という意味になる。さらに、KやTなど、発音の仕方が違うものもたくさんあり、声調と合わせて習得するにはかなり時間がかかる。

　そのため、無理にタイ語を覚える必要はない。近年の夜遊びシーンではタイ語を話す日本人は嫌われる傾向にある。「タイ語」ができる＝タイの相場を知っているので嫌がられるようだ。

　数字や簡単な料理名などの単語をまずは覚え、特定の女性と親密になってから勉強しても遅くない。

タイ人気質

　タイ人は基本的におおらかで優しい。「微笑みの国」とも呼ばれるほど、目が合えば見ず知らずの相手でも笑顔を浮かべる。しかし、一方で交渉が非常にうまい「したたか」な一面があって、笑顔が必ずしもその人の人柄を表しているわけではない。公の場で大声を出したりすることを嫌うが、反面、一度怒ると前後の見境がつかなくなり、突発的に暴力を振るうこともある。

　タイ人は基本的に自己愛が強く、自己肯定の感情が一般的な日本人には想像もつかないほど高い。個人主義でもあるので、自分がやりたいことを否定されたり邪魔されることも嫌う。相手を尊重して接することでタイ人と日本人の関係はうまくいく。褒めるということも、タイ人とのコミュニケーションを円滑にする術のひとつだ。

夜の世界で働くタイ人は残念ながら見識が狭いこともあり、外国人を見下す人が多い。トラブルがあっても外国人に味方する人も少ないので注意。

持ち物リスト☑

出発前に、もう一度チェックしよう。

〈絶対必要〉

□**パスポート**：滞在日数や目的によってはビザが必要な場合も。

□**現金**：日本円で OK。持ち込みの申告不要金額は 2 万 US ドル相当まで。

□**航空券**：入国時に提示を求められることもある（e チケットや予約確認書のコピーでもいい）。

□**本書**：タイで読み返すと、ストンと入ってくる箇所がたくさんあるはず。

□**スマートフォン**：店や地図の検索に便利。翻訳アプリ、SNS は重宝する。

〈あると便利〉

□**着替え**：「ユニクロ」もあるのでマストではない。「サンダル NG」「短パン NG」などドレスコードがある場所もあるので注意。

□**日よけ**：日中の日差しが強いので帽子、サングラスなど。

□**ガイドブック**：昼間の観光も重視するなら。ホテルフロントでマップはもらえる。

□**ポケット Wi-Fi**：日本かタイの空港でレンタルできる。旅行者用の SIM を買ってもよい。

□**ハンドタオル**：タイの日中の気温を侮ってはいけない。速乾タオルがオススメ。

□**クレジットカード**：ちゃんとした店ならスキミングの心配はない。

□**海外旅行傷害保険**：あるといい。

□**常備薬**：タイの病気にどこまで効くのか。アソーク交差点そばには日本人経営の薬局がある。

□**コンドーム**：タイは「デュレックス」が主流で厚め。「オカモト」もコンビニにあるが、極薄は日本で買ったほうがいい。

2～3個入りがコンビニで買える。

機上で配布される「出入国カード」は用紙に記されている番号がホテルなどで利用されるため、紛失すると出国時に厄介。絶対になくさないように気をつけること。

เหล้าและบุหรี่

アルコール&タバコ事情

タイはアルコールとタバコ販売は法令が厳しく、値上がりも頻繁。気をつけないと警察沙汰に発展する可能性もある。

●アルコール

酒税や物品税の関係で日本より高い。和食店では芋焼酎の「黒霧島」が２０００バーツ近くする。ビールはコンビニなどで３５０ミリ缶が37バーツから。規制は厳しいが、コンビニで取り扱う銘柄数は増えた。ただ、小売りは販売時間が限定され、昼は11時から14時、夕方17時から深夜０時まで。コンビニは厳格だが、アナログで会計を行う商店では買える場合もある。

仏教関係の祝日、選挙の前日と当日夕方まで、タイ政府や警察が別途定める日は禁酒日。アルコール販売は全面禁止になる。バーなど夜遊びスポットも、一般飲食店以外は休業日になるが、隠れて営業する店もある。バーなども数日前になるまで禁酒日が把握できないという問題がある。一応、タイ政府観光庁のウェブサイトには禁酒日の記載がある。２０１８年だと3月１日「マカブーチャ（万仏祭）」、5月29日「ヴィサカブーチャ（仏誕節）」、7月27日「アサラハブーチャ（三宝節）」、７月28日「カオパンサー（入安居）」、10月24日「オークパンサー（出安居）」。

●タバコ

正規品には、害を示した写真が印刷される。かなりエグい写真で、タバコのロゴのほうが小さい。表に置くことも規制され、コンビニでは棚にフタがつく。

歩きタバコ自体は禁止されていないが、ポイ捨ては違反。罰金は最大で２０００バーツだが、素直に認めると温情で４００バーツから１０００バーツになることも。

飲食店、公共施設での喫煙は認められていない。この場合も取り締まりに遭うと罰金刑。タバコを吸う場合は外に設置される喫煙所に行く。和食店、カラオケの中には2階など外から見えない席で喫煙できる場合もある。厳密には違法で店と喫煙者が罰金。

個人で持ち込める免税範囲の量が定められている。タバコは２００本で、アルコールは1リットルまで。

●電子タバコ

タイでは電子タバコは違法。水タバコのシーシャも摘発される。実際に摘発例もあるがあまり知られていないため、外国人のなかには知らずに堂々と吸う人もいる。実際的には、２０１４年12月に禁止令が出されていて、アイコスや加熱式電子タバコを含めて、最高で50万バーツ（約１７５万円）もしくは懲役10年が科せられる。

1

ゴーゴーバー

บาร์อะโกโก้

●**パッポン通り**（BTSサーラーデーン駅／MRTシーロム駅）

●**ナナ・プラザ**（BTSナナ駅）

●**ソイ・カウボーイ**（BTSアソーク駅）

○ドリンク140バーツ～
レディードリンク200バーツ～

○ペイバー600バーツ～

○ショート2500～3500バーツ　ロング4000～5000バーツ

บาร์อะโกโก้
ゴーゴーバーの基礎知識

タイのゴーゴーは ベトナム戦争からはじまった

ゴーゴーバー。聞き慣れていない人からするとふざけた響きにも聞こえる。だが、これは大まじめな名称だ。日本人には「ゴーゴー」、白人から「ア・ゴーゴー」と呼ばれ、水着の女性がゴーゴーダンスを踊るところから名づけられたとされる。

そもそもゴーゴーダンスとはなにか。調べてみると、両手を交互にアップダウンさせる踊り方で、年配の人なら知っているジャンルのようだ。ただ、タイのゴーゴーはステージ上の女性たちがポールを握って身体を上下に揺すっていて、正式なゴーゴーダンスを踊ってはいない。近年、タイは和食ブームだが、例えば「たこ焼き」と謳いながら、タイはタコが入手困難なので、イカやカニカマを使う屋台ばかり。それと同じように、本場から名称だけをもらって独自に発展したのがタイのゴーゴーバーとも言える。

フィリピンのマニラやアンヘレスにも同形態の店があるが、雰囲気はやや異なる。もはやゴーゴーはタイ独自の文化である。

タイ・ゴーゴーの発祥はベトナム戦争のころにバンコクやパタヤに休暇で訪れた米兵を相手にしたバーだとされる。ゴーゴーの軒数は、現在は市街地全体が歓楽街になったビーチリゾートのパタヤがもっとも多い。続いてバンコク、あとは南部の世界的リゾート地プーケットのパトンビーチ、北部チェンマイにもわずかにある。かつては東北地方の田舎町にもあったが、こちらは衰退してし

バーによってはトイレに係の男性が待機し、手を洗う際に水を出してくれたりおしぼりをくれる。チップはせいぜい20バーツ。別に渡さなくてもいい。

ゴーゴーで踊る女の子は19歳から25歳前後と若い子が多い。

まった。

　いずれにしても行きやすさやほかの観光との兼ね合いを考えると、やっぱりバンコクのゴーゴーバーがもっともオススメだ。バンコクには3か所のゴーゴーエリアがある。ビジネス街のシーロム通りにある「パッポン通り」、中東系の飲食店が多いスクムビット通りソイ4の「ナナ・プラザ」、日系企業の多いアソークの「ソイ・カウボーイ」だ。

　エリアごとで女の子の特徴というのはあまりなく、それぞれの店で若い子が多め、白人好み、日本人客が多い店などの小さな差があるくらいだ。女性の容姿は人によって好みが違うにしても、場末的なゴーゴーにだってきれいな子がいるし、人気店にもありえないほど美からかけ離れている女性もいる。だから、ゴーゴーファンの多くはエリアがこうだからというのではなく、自分のお気に入りの女の子を求めて遊びに行くという感覚だ。

突然握手を求めてくる女の子がいる。握手すれば「一緒に座ってOK」と解釈し勝手に座り出すことも。不要な場合ははっきりと断ること。

ただ、人気店の数などが違ったり、客が多いから働く女性も集まりやすいといった傾向はエリアごとにある。人気の女の子を取り合う競争率が人気エリアは高まるが、その分、盛り上がっていて楽しい。逆に人気がないエリアにも楽しみはあって、じっくりと女の子を口説ける時間が持てたり、ひとり静かに飲むことができたりする。

このあたりの感じ方は人それぞれなので、ぜひとも自分の足で見て回ってもらい、お気に入りの店、好きなエリアをみつけてほしい。

復活の予感がする「パッポン通り」

BTSサーラーデーン駅にほど近い「パッポン通り」は「バンコク・ゴーゴーの元祖」だ。1990年代は「ゴーゴーと言えばパッポン」というほど、タイ最大の歓楽街であった。

ところが、2005年を過ぎたあたりから徐々に衰退をはじめ、一時期はだいぶ寂れた場所になってしまった。ボッタクリや従業員たちの高慢な態度に客離れが起こったのだ。実際、ボク自身も経験あるが、伝票の水増しや、それを指摘したときの逆ギレといったらなかった。

しかも、2006年から続くタイの政情不安では、デモや衝突が起こるとなぜかシーロム通り近辺でタイ人が暴れる。ロケット弾がシーロム通りに着弾したことだってある。そのため、なおさら人が来なくなり、客を求めた女性たちもほかのエリアやパタヤへと移籍していき、とどめを刺された。一世を風靡した女優が朽ち果てていくかのような様は痛々しかったものだ。

しかし、2016年ごろからパッポン通りや、隣を平行して走るパッポン2通りに個性的な店が増えはじめ、2017年に入ってから徐々に盛り

近年はだいぶ減ったが、目つきが変、言動がおかしい（呂律が回っていないなど）女の子はヤク中あるいはアル中の可能性があるので避けるべき。

2017年ごろから「パッポンがおもしろくなってきた」と言う夜遊びの達人が増えた。

返してきている。穴場のようになっているからこそ、よりおもしろさを感じる場所になった。

パッポンのなにがどう盛り返しているのか。

まず、容姿のいい女性が増えている。かつてからあった「ピンクパンサー」は夜はムエタイの試合が店内で観られるという、ほかにはないショーを売りにする。以前は全然かわいくない女の子ばかりの店だったが、今や「パッポン・ナンバー1」と言われるほどに人気がある。フランス人経営の「バダビン」はとにかくノリが第一の店だし、タイ唯一の橋の上のゴーゴーバー「ブラックパゴダ」もパッポン2にある。

容姿のいい子が増えたのは、時が経ち、以前の栄光や衰退を知らない世代が新しく来たからなのか。あるいは、これは個人的な推測だが、全盛期にブイブイ言わせていた女性たちが今は40代。ちょうどその娘世代がバンコクに出稼ぎや就学で来

パッポン2にある24時間スーパー「フードランド」は食堂併設で、タイ料理やタイ式の洋食が安く食べられる。ビールもあるので、腹ごしらえにいい。

ている。実際、パッポン2でいまだ働くかつての人気嬢に偶然会った。さすがにダンサーはしていないが、外で悠々自適に客を引いて働いており、そこに20歳前後の娘も一緒にいた。さすがに娘を働かせるほどぶっ飛んではいないが、この子が地元に帰って、友だちに話し、その友だちが働きに来るということはありえる。

それから、客がほかのエリアと比較して少ない分、働く女性も稼ぐために積極的に笑顔を振りまく。これもまた奥手の人にはありがたいことで、交渉の成功率も高まるというもの。

だから、パッポンは今まさに復活の兆しを見せている。何事においても黎明期はおもしろいもの。新時代が幕を開けそうで、目が離せない。

バンコク唯一の施設型ゴーゴー地帯「ナナ・プラザ」

バンコク・ゴーゴー業界の牽引役へと躍り出るポテンシャルを持つ存在が「ナナ・プラザ」だ。パッポンもソイ・カウボーイも通りの名称だが、ここはバンコクで唯一、路地ではなく建物のなかにあるゴーゴー地帯となる。

ナナ・プラザは20年も前から建物の老朽化で全面改築が必要なために閉鎖されるという噂が絶えなかったが、今もしっかりと営業は続き、バンコク唯一の施設型ゴーゴー地帯となった。ナナはコの字型の3階建ての建物になっていて、昔からパッポンと違ってボッタクリをする店はほとんどなく、全般的に安心して遊べる場所となる。連れ込み宿も3階にあるので、すべてがここで完結できることから、遊ぶ側、働く側にも優れた環境だ。

常に変化を続けるゴーゴーエリアは店舗の移り変わりが激しい。取材から執筆までのわずかな間に閉店、新規開店も相次ぐ。このスピード感もおもしろい。

2018年には突如、施設全体を被う屋根がついた「ナナ・プラザ」。

意外とここが大きなポイントで、パッポンもソイ・カウボーイも通りのなかや近辺に女の子と遊ぶために短時間で利用できるラブホテルのような宿がある。しかし、店外に一度出てからとなると、通りで誰に目撃されるかわからない。ナナであれば敷地内で済むので、人目を気にしなくていいという点は双方にとって案外メリットである。

そんなナナでは日本人にはレインボー・グループの「レインボー1」、「2」、「4」が人気で、ほかにも個性が豊かすぎる小さな店がひしめく。ウレタンの棒で客をしばき倒すソフトSMな「スパンキーズ」や、特に白人に大人気のシャワーショーがある「ビルボード」。なかには元男性のニューハーフ——一般的にレディーボーイ、タイ語ではガトゥーイと呼ばれるダンサーたちの店も数軒あって、特に未カット（竿付き）のレディーボーイ専門店「オブセッション」は大人気だ（この店

ナナ・プラザ前だけでなく、スクムビット通りを「テーメーカフェ」方面に向かう道にもストリートガールがいる。ソイ13近辺はアフリカ系黒人女性もいる。

はかなり特殊なので後述したい）。

ナナは施設周辺にストリートガールも深夜までウロウロする。タイでは法律で深夜2時に一斉閉店するが、閉店後もワンチャンス残っている。ただ、ストリートガールは無所属のフリーであり、ゴーゴーバーやマッサージなどと違って管理下になく、性病検査などはしていない。また、普通の女性に混じってレディーボーイも少なくない。こういったストリートガール系のレディーボーイは心にかなり男の部分が残っていて、交渉の仕方次第ではぶん殴られることもある。バンコクでは被害はそう聞かないが、そんな事件に巻き込まれる可能性もあると考えると、まず初心者にはオススメしたくないというのが本音。そういった意味では、ナナ・プラザの外にいる女性たちは、上級者やマニア男性向けのナンパ相手になる。

ナナは人気店から場末の店、ロリ系からレディーボーイまで幅広く店が揃っている。後述するソイ・カウボーイは人気ゾーンだからこそ常に進化しているし、パッポンはソイカウに追いつけ追い越せと試行錯誤のなか盛り上がりつつある。2か所とも常に変わりつつあるなか、ナナの場合、いつ行っても安定した楽しみがある。例えば年に一度しかバンコクに来られない人なら、パッポンやソイ・カウボーイに久々に行くと「前ってこんなんだったかな」と思うだろう。ナナは「そうそう、これこれ」といった安心感があるのだ。

そういう意味では、バンコクの夜遊びのスタートとして最適なのがナナ・プラザになる。

ダントツ人気でハズレなしの「ソイ・カウボーイ」

今バンコクの人気ゴーゴーエリアとして君臨するのは「ソイ・カウボーイ」だ。この地で197

ナナの北側ソイ3にある「ロイヤル○○」というホテルにロシア系女性がいる。取り締まりで場所が変わることもあるが、3100バーツ前後で遊べる。

バンコクのゴーゴーバー遊びを牽引する「ソイ・カウボーイ」。

7年にバーを開いた元飛行士のアメリカ人がいつもテンガロンハットを被っていたことからこの名がついた。BTSアソーク駅の目の前で立地条件もいい。

2000年以前はソイカウはとにかくマニアックすぎるエリアだった。当時は白人が好むタイプの子が多かった。白人はよりアカ抜けない、色の黒い農民っぽい雰囲気の女の子を好む。ソイカウはそんな田舎臭の抜けきらない女性ばかりだった。誰が教えたのか、「田舎娘の登竜門」という日本語の看板を自虐的に掲げた店もあったほどだ（現在は昇級して「片田舎娘の登竜門」になっている）。そんな場所だったので、以前はとにかく白人しかいないという印象があった。

ただ、当時もかわいい子はいた。あくまでもイメージ先行で人気がなかっただけで、パッポンの衰退に合わせて客が流れてきて人気急上昇。20

ソイカウのややアソーク寄りの「ロングガン」は昔からショーのあるゴーゴーとして有名。ダンスのレベルは高くないが、案外長時間見ていられる。

10年前後にバンコク随一のゴーゴー地帯に成り上がった。このサクセスストーリーはなかなかダイナミックだった。

ここは昔から今でも女性を全裸で踊らせたり、女性器で吹き矢を吹いたりする「ピンポンショー」や、本格的なポールダンスを見せるショータイムを設ける店が多いのも特徴。

なにより今タイのゴーゴーバー・シーンを最先端で牽引するのが、階下から2階のダンサーのスカートの中を拝めるようにガラス張りの床にしたことで人気を博した「バカラ」と、全裸の若い女の子と密着できる「クレイジーハウス」の2大巨頭だ。そのほかも老舗感はあるが、人気にあやかろうと集まってきた女性たちで盛り上がる人気店がいくつもある。

以前は通りが広かったが、各店とも軒先のオープンエアの部分を拡大し、窮屈になった。それが逆に呼び込みの女の子と酔客でごった返すことになり、盛り上がる感覚はパタヤのゴーゴー地帯である「ウォーキングストリート」のようにリゾートの雰囲気を感じさえする。

ただ、人気のソイカウも今はややパッポンと同じ道を歩もうとしていると、ボク自身は見ている。かつて高慢だったパッポンのように、ソイカウもまた今強気で商売をしている。残念ながら、タイ人は強気の加減というものがわかっていない。やり過ぎて、客が離れようとしている雰囲気を感じさえする。ナナかパッポンが、ソイカウから天下を奪取する瞬間を垣間見られるかもしれない。そう考えると、現在はまさに「バンコク・ゴーゴー戦国時代」。歴史に立ち会えるかもしれないとすれば、やっぱり今遊ぶべきはゴーゴーなのである。

ゴーゴーバーの店員が着るTシャツは一般客も購入できる店が多い。500バーツ前後とやや高いが縫製がしっかりしていて、何年でも着られるほど。

ゴーゴーバーの遊び方

指名しなくてもOK。自由度の高さがゴーゴーの魅力

　ゴーゴーバーがいいのは遊び方も至ってシンプルなところだ。別の章で紹介するマッサージやカラオケと違って必ず女性を指名する必要もない。それこそビール1本で何時間でも粘ってもかまわない自由さがある。そんな飲み方をする人は日本人にもいるし、白人にも多い。ベテランのオーラを感じさえするが、そういった飲み方は店からはいい顔はされない。しかし、追い出されることはなくおおらかだ。

　店の選び方も難しくない。ゴーゴーバーの入り口はオープンになっている。隠しているところでもせいぜいカーテンがあるくらいだ。外から覗いて、盛り上がっていそうなら入ってしまおう。パッポンなら階段を上がる2階の店、ナナやソイカウなら完全にドアを閉めている店だけを避ければ、悪質なボッタクリに遭うことはない。店名を知りたい読者もいるかもしれないが、パッポンは「ブラックパゴダ」以外で階段を上がる店はすべて避けたい。2018年5月時点でもパッポンの2階店舗でのボッタクリ情報を耳にした。ただ、ボッタクリに遭わない人もいるので、店側の基準は不明だ。とにかく、ボッタクリ店の特徴だけ覚えておき、慣れるまでは利用は避けるべきである。

　最近のゴーゴーバーはどの店も呼び込みがいるので、システムなどを聞いてからでもいい。呼び込みは基本的には店の女性が立っている。彼女たちは「PR」というポジションで、客を店に呼び

パッポンの「タカラ」というマッサージパーラーはボッタクリで超有名。ほかには「スーパープッシー」はボク自身がボッタクリ経験あり。（次頁へ）

店内をグルっと回って、自分の目でちゃんといい子がいるかどうかを確認すること。

込むためだけに雇われている人もいる。そんな子はだいたい容姿がいい。だから、彼女たちに惹かれて入ってみたらあまりかわいい子がいなかった、ということもある。表紙や巻頭グラビアに惹かれて、つまらない雑誌を買ってしまうようなもの。後述するが、PRに惑わされず、まずは入り口で一呼吸して、店内を見回してからその店の善し悪しを判断しよう。PRに気に入った子がいれば彼女たちに奢ってあげたり、連れ出すこともできる。ただ、主要任務が外での呼び込みであることから、行ったり来たりで落ち着いて話せないかもしれないが。

ソイ・カウボーイの「バカラ」は入場料代わりにドリンク1杯の注文が必要な日もあるが、ほかの店はとりあえず中に入ってみて、ぐるりと女の子を見渡してから座るかどうか決めることもできる。

そのときに気をつけておきたいのは、どの店も女性たちは2グループ以上の交代制で踊っているということだ。つまり、ステージだけ見てあまりいいとは思わなくても、実はテーブル席に自分に合った女性がいることもある。ほとんどの店ができるだけ平均化するようにグループ分けをしていて、偏って売れっ子だけを並べたグループというのは存在しない。もし遅い時間に行った場合、ぱ

(前頁より) 呼び込みにビール100バーツと言われたが400バーツ請求され抗議したところ「じゃあソイツを呼んでこい」と屈強な男たち数人に囲まれた。(次頁へ)

っと見で踊っている女性に自分の好みがいないなら、早々に店を出たほうがいい。全体的にいい子がいないか、すでに連れ出しされてしまっている可能性が高いからだ。入り口で引き返しても怒られることはないので、遠慮なく退散しよう。

店によって白人客が多いとか日本人向けといった特徴はあるが、かわいいかそうでないかという点では案外、どの店も大差はなかったりする。不人気店でも驚くほどかわいい女の子が踊っていることもあるし、なんで雇ったのかと首を傾げてしまうような女性が人気店に在籍していることだってあるのだ。ただ、やはり人気店に総合的にいい雰囲気の女の子が集まる傾向にはある。彼女たちも稼ぐために客が多い店に移籍したいのだ。また、人気の有無は別にしても、頭数が多い店もやはり確率的にいい子に出会える可能性が高まると、ボクは思っている。

入り口で合格点を出せそうな店に出会えたら、まずは気軽に足を踏み入れてみよう。店員がすぐに席に案内してくれる。案内がなかったら、勝手に座ってしまってもいい。そうしたらいよいよ、ゴーゴー遊びがはじまる。ここでは、遊び方の大まかな流れを紹介したい。

入店　席へ案内される。気に入らなければほかの席に替えてもらうこともできる。

↓

注文　ビールのほか、スピリッツ系、ソフトドリンク、簡単なカクテルがある。

↓

飲む　飲みものが来たら、女の子を眺めながら飲んで過ごす。

↓

選ぶ　もし気に入った子がいれば直接ア

（前頁より）当然、下に行ってもそいつはいない。よく見ればほかの席でも揉めていた。今もやっているという話があるので注意。

イコンタクトか、店員に呼んでもらう。気に入った子がいなければ、ただ飲んでいるだけでもいい。

↓

奢る　基本的にこちらから女性を呼んだ場合はレディードリンクを奢る。

↓

交渉　ただ飲むだけならそのままおしゃべり。連れ出して店外デートをしたければ、このときに女の子に「チップ」をいくら払うか交渉する。

↓

会計　飲み代と同時に「連れ出し料（ペイバー代）」を払う（連れ出す場合）。釣り銭は20バーツや40バーツがコインで来る。これは暗にチップを要求している。20バーツだけトレーに残せば無難。

大半がビールを注文するため、メニューがない場合も

入店時に案内される席は任意であり、ほかがよければ予約がない限り移動できる。ステージ真下のカウンター席は一見特等席だが全体を見渡せないので、一番うしろの一段高くなった席が狙い目になる。

ゴーゴーは基本的に食べものは置いていない。ナッツ程度のつまみもまずない。ビールが基本で、表示価格は小瓶サイズのもの。２０００年はじめはタイ産の代表銘柄シンハビールが70バーツ程度だったが、今は１４０〜１８０バーツはする。以前と比べて種類が増え、店によってはビール専門バーも顔負けの銘柄数を誇るところもある。ただ、輸入ビールは高めで２２０バーツからが一般的。

ほかにウィスキーやテキーラなどのスピリッツ

スマホで使うマップとしては「Google MAP」が有名だが、「MAPS.ME」というアプリもオフラインで使えるのでオススメ。

もあるし、簡単なカクテルも用意されている。カクテルは２００バーツ前後からなので、コスパはあまりよくない。ジントニックあたりだとすぐに出てくるし、ビールと同じ値段で安い。

タイはゴーゴーに限らず、閑散としている時間帯は「ハッピーアワー」を設定している店もある。例えばオープンから21時までなどが多く、ビール20バーツ引きといった小さなものから、半額、あるいは2杯注文で1杯サービスなどいろいろとある。

ソフトドリンクもある。ほとんどが炭酸飲料で、店によっては果物のフレッシュジュース（生の果物を搾ったジュース）もある。これらは１００～１５０バーツの設定が多い。

コスパ的にはビールが一番で、大半の客がビールを注文するため言うまでドリンクメニューは出てこない。なにがあるか知りたければ、ウェイトレスに「メニュー」と言うこと。

注文後に伝票チェックが強制の場合もある

パッポンの最大手であるキングス・グループが正々堂々とボッタクリをしていた時期が２０００年代前半にあり、改善のために伝票にサインさせる方法を取り入れた（これにより同グループのボッタクリはなくなったが、ときすでに遅く、パッポンの人気がソイ・カウボーイに奪われたひとつの要因だった）。これは現在は多くのゴーゴーでも実施されている。飲みもの到着と同時にペンと伝票を渡されるので、数字を見て合っているか確認しよう。

このあとは女の子を物色しても、ただひたすら飲むだけでも自由である。最初のうちは女性や店員があの子はどうだと勧めてくるが、興味なけれ

水増しボッタクリはあとを絶たないので、置かれる伝票は随時確認すること。その行為だけでも「あ、コイツ知っているな」と牽制できる。

ゴーゴーの呼び込み。ハッピーアワーの情報も手に入る。

ば断ればいい。ビール１本で数時間滞在しても追い出されることもない。

ただ、手持ち無沙汰だからといってスマートフォンを使うことはできない場合も多い。盗撮防止のために店内でスマホをいじることを禁じる店も出てきているからだ。昔から女の子のプライバシーを守るため、ゴーゴー店内は撮影禁止が当たり前だった。現在のタイはＳＮＳの普及率が日本以上ということもあって、さらにネットでのプライバシー侵害などに気を遣うようになってきている。今後はスマホを手にするだけで注意されることが主流になりそうだ。

お気に入りをゲットしたければアグレッシブに！

大半の店が中央に島になったステージを置き、それを客席が取り囲む。ゴーゴーでよくあることだが、例えば案内された席から見えるステージは、当然ながら片側だけだ。向こう側に自分好みの女の子が踊っているような気がしてならない、ということがよくある。

そんなときに遠慮は無用。席を立ってステージ周辺を勝手に歩いてしまえばいい。ほかに気に入った席があっても同様で、誰かに座られる前に移動してしまおう。そのときは飲みものと伝票を持って移ること。店は伝票ですべてを管理している

ゴーゴー店内は基本的には撮影禁止なので、店内でカメラを出さないこと。ただ、女の子に許可をもらった場合は、その子だけを撮影するのは問題ない。

ので、持って移動すれば怒られることはない。

気に入った女性が見つかったなら席に呼ぶ。相手がこちらの目配せや手招きに気づいていないようだったら、店員に番号か直接指さしで指名して来てもらう。基本的には女性も客を探しているので、ある程度大げさに手招きをすれば本人、あるいは隣の女の子が気づいてくれる。こちらから呼んだ場合は奢ってあげるのがエチケットと思っておくべきだ。それに、多少奢ってあげるだけで思っている以上に喜ばれ、サービスがよくなる。

レディードリンクは我々が飲むよりもやや高い設定の店が多く、200バーツ前後となる。奢って喜ばれるのは、このうちのいくばくかが女の子へのキックバックになるため。それだけでだいぶ居心地もよくなるので、気に入った子がいたら1杯くらいは奢ってあげたいところだ。

もし女の子をひとりに絞れないという人は、そのときは何人でも呼んであげればいい。むしろ、女の子としても初見の男性と1対1で話すよりも気が楽で、心を開きやすい。だから、自分が気になった子を呼んでもいいし、一番気になっている女の子とその友だちにも奢ってあげても喜ばれる。お金がある人はちょっとしたパーティーを開催することもある。

パーティーというと、ゴーゴーバー（ビアバーもそうだが）には奥のカウンター（バーテンがいたり、会計係がいる場所）に鐘（ベル）が置いてある。この鐘を鳴らすと、その時点で店にいる従業員すべて——ダンサー、ウェイトレスたちなど含めて全員に奢ってあげることになる。これを「リンガベル」と呼ぶが、タイでは気前のいい人が喜ばれるので、店全体が盛り上がる。これもひとつのパーティーであろう。結局誰がなにを注文しているのかわからないため、常連客がちゃっかり便

鐘を鳴らすのは「リンガベル」と言うが、経験者談では60人分を奢ったとか。1杯200バーツとしたら1.2万バーツ。果たして安いのか高いのか!?

ステージやカウンター横にある鐘。鐘が鳴れば店内も一気に盛り上がる。

乗してドリンクを頼んでいたりすることもある。そのため、小規模な店でも数千バーツはかかってしまう。

　それから、とりあえず一緒に飲んでみたら全然気が合わなかった、ということも少なくない。そんなときはチェンジしてかまわない。ただ、タイ人女性はプライドが高い一面もあるので、本人にチェンジと言わず、しれっとほかの子に奢ってあげたりすれば察してくれるだろう。

ペイバーして「疑似恋愛」を楽しもう

　ゴーゴーの女の子は断られない限り、誰でも外に連れ出して店外デートができる。ゴーゴーは一種の「疑似恋愛」でもある。女性側が生理的に受け付けないなどで断ってくることもある。できるだけそういったことを避けるには女の子とデートするときのように、身だしなみに気をつけ、清潔感を保っていくべきだ。たかだかゴーゴーで、と思うかもしれないが、ゴーゴーというのはそういうところなのである。

　連れ出し料はゴーゴーでは「ペイバー」と呼ぶ。ペイバー代は「従業員早退の罰金」あるいは「ドリンク数杯分」という名目で徴収され、店によって600〜1500バーツと幅がある。また、年

女の子の誕生日には、ウェイトレスなどに頼んでバースデーソングを流してもらうこともできる。また、ケーキを用意してサプライズをすると喜ばれる。曲は無料。

末年始、クリスマスなどかき入れ時もペイバー代がつり上がる傾向にある。

ゴーゴーバーの営業時間はどこも18時（か19時）スタート、深夜2時閉店となる。警察との関係で3時くらいまで営業することもあるが、法的には2時閉店が一般的だ。この間でどう攻めていくかだが、とりあえず18時に出勤してくる女の子はチップがもらえないような売れていない女の子である傾向が強い。ゴーゴーは遅刻すると1分1バーツの罰金があって基本給から減らされてしまうのだが、基本給だけでもちゃんと受け取りたいため、定時出勤をしてくるのだ。

ゴーゴーで女の子が出そろう時間帯は21時過ぎからだ。だから、我々も焦って遊びに行くことはなく、夕食を楽しんでから行けばいい。ただ、最近は多くの店がハッピーアワーを用意している。これは18時から21時くらいまでに入店するとドリンクが安くなるプロモーションタイムのことだ。安く飲みたい人は、女の子は少ないが、この時間帯を狙うのもいい。

ゴーゴーのピークタイムは22時から0時だ。この間は客も多いが、女の子も多い。ライバルにお気に入りを取られないようにするためには、ここでドリンクを奢ったり、ペイバーの約束をすることだ。奢らずに1本だけでちびちび粘っている人はこの時間帯は相手にされない。最近はLINEやSNSが普及しているので、その場でペイバーをしなくても連絡先だけ交換することは不可能ではない。ただ、忘れられていることが結構多いので、やっぱり奢るなり爪痕を残しておく必要はありそうだ。

ピークタイムの後半戦ともなれば、一度ペイバーされた女の子が戻ってくることもある。稼ぐ気満々の女の子なら再度店に戻り、客を取ることも

タイ人女性は1日に何回もシャワーを浴びるほどきれい好き。そのため、不潔な人は嫌われる。この延長か、ひげ面もあまり好まれない傾向にある。

全体を見渡せる席がオススメだが、戦略によってはステージ脇も特等席になる。

できるからだ。これだけアグレッシブな子はサービスもしっかりしている傾向にあって、チップ（ペイバー代とは別）として払っただけの感動はあるはずだ。ただ、一度ペイバーされているため、交渉は女の子のほうが有利と見る。基本的にはディスカウントが難しく、相手の言い値（といっても相場から大きくかけ離れることはないが）からなかなか下がらないというデメリットもある。

深夜1時ともなればあらかた売れっ子はいなくなっているだろう。稀に誰からも声をかけられずにナンバー1の売れっ子が残っているという大チャンスもある。だからゴーゴーはおもしろい。この時間帯はドリンク1杯で粘った人が動き出す頃合いでもある。ペイバー代は時間によって上がることはあっても下がることはないが、この時間帯の女の子とのベッドイン料金（チップ）は下がることもある。ピークタイムは強気だった女の子も、

閉店間際なら私服で帰る女の子を呼び止めて、直接交渉すればペイバー代を払わなくても済む。 店側からすると迷惑行為なのでバレないように。

ここでディスカウントをすることもあり、駆け引きをじっくりと楽しみながら飲むという大人の時間でもある。

　時間帯によっても楽しみ方が違い、ゴーゴーの奥深さは底なしであることを感じる。

ウェイトレスがアツい！

　ゴーゴーでは基本的に従業員すべてが番号をつけている。つまり、連れ出し料を払えばウェイトレスもペイバーが可能だ。ウェイトレスなどの従業員は最低でも８００バーツ以上など、ダンサーより高い設定になる。

　日本人男性だとダイレクトに裸を見せつけられるよりも、チラリズムに魅力を感じる人も少なくないはず。だから、踊っている女性よりもウェイトレスのほうがよく見えることも多々ある。実際にウェイトレスで信じられないほどかわいい子も頻繁に見かける。

　ただ、これは実はチャンスと地雷の表裏一体でもある。というのは、経験からウェイトレスのほうが確実に儲かるという戦略を持っている場合と、田舎から出てきたばかりで、まだ人前で水着も着られないウブな女の子であるケースがあるからだ。

　後者ならそれこそ全力で口説いてみよう。前者だと最悪自分が身ぐるみ剥がされる可能性もある。タイ人男性でさえタイ人女性の魅力にやられて破産する輩もいる。我々日本人がそんな魅力ある女性に襲いかかられたら一巻の終わり。現に毎年何人もの日本人男性が全財産を貢ぎ、金の切れ目が縁の切れ目とばかりにふられてしまい、敗走兵さながら日本に帰っている。

　そうならないためにはどうすればいいか。それは簡単。貢がなければいいだけ。払うならチップ

2016年に日本人夫とタイ人妻との間で財産問題があり、夫が散弾銃で殺害しようとして逮捕された。そのとき男性は「あれは人間じゃない」と迷言を残した。

やお小遣い程度にしておこう。

　とは言っても、そんなことはみんなわかっていること。当事者になるとそうはいかない。彼女たちを目の前にすれば冷静でいられなくなってしまう。それほどタイ女性は魅力的なのだ。

だいぶ高くなったが、それでも1万円くらいが相場

最初から女性をホテルに連れて帰るつもりなら、早々に「チップ」の交渉はしておこう。少し飲んでから彼女の人となりを見て切り出せばいい。向こうから言ってくることもある。

　このチップは要するにその女性の売春料になる。ここがゴーゴーバー経営のキーポイントで、このチップに関しては店側は一切関与していない。ペイバー代はあくまでも「店への罰金」であり、チップは男性客と女性従業員の個人的な話し合いで、店側は売春を斡旋していないというのが建前なのだ。タイでは本来は売春は違法だからだ。

　このことは一応認識だけはしておくべきだ。ただ、タイでこの手の摘発はほとんどない。ゴーゴー内で交渉していることは証明できないし、ホテルでも室内なら金銭の受け渡しはわからない。恋人同士だと言ってしまえば売春だと立証することは本人たち以外にはできない。だから、不安を覚える必要はない。念のため名前を覚えておいたり、お金は部屋で渡すようにしよう。

　相場は2時間程度の「ショート」で2500バーツから3000バーツ、朝まで一緒にいてもらう「ロング」は5000バーツが今の相場とされる。かつてはショートで1000バーツ前後、ロングでも3000と言われたら目玉が飛び出るほどだった。それに、気が合えば朝までと言いつつ夕方までいてくれる子も少なくなかったが、今は朝の

ロングのはずが1回戦で帰ろうとする、あるいは3～4時には帰ると言い出す子もいるので、「何時まで一緒にいる」というのは事前に交渉しておきたい。

通勤ラッシュ前に帰るか、せいぜい10時から12時くらいには帰ってしまう女の子が増えた気がする。

近年はその料金がさらに上がってきていて、女の子によってはショートで5000とふっかけてくるのもいる。売れている子ほど強気だが、閉店間際になればなるほど値が下がる傾向にある。ショートで1500から2000くらい。もし客が彼女の好みに近い容姿であればもっと安くなるし、場合によっては食事（それも屋台程度でいい）やディスコに連れていったあとに無料になることだってありえる。ただ、すでに何人か客を取れている女性の場合は強気な態度は崩れない。ある程度、交渉を楽しむ余裕を持って臨みたいところだ。また、ロングはわかりやすいが、ショートは1時間、あるいは1回と思っている女の子もいるので、その認識は事前にすり合わせておくことは忘れてはならない。

ちなみに、今話をしているのは女性の売春の対価であるチップのことである。ペイバーをせず、ただ飲んで帰る場合にチップをあげることもあり、こちらは別に相場がある。

まず会計をして釣り銭があるとトレーで返ってくるが、大概一部はコインになっている。これをすべてチップとして残してもいいし、最低でも20バーツを残して自分の財布に戻してもいい。このトレーに載ったチップは閉店後、ウェイトレスの頭数で割られて分配される。特によくしてくれたウェイトレスやウェイターにあげたければ、トレーに載せず、直接渡す。

ダンサーの女の子やウェイトレスに特にあげたいときは、先のように釣り銭を渡してもいいし、50バーツから200バーツくらいをあげるのも喜ばれる。これは屋台の1食がだいたい50バーツくらいであること、それから女の子の帰りのタクシ

タイは静かに飲める場所が案外少ない。ホテルのバーも生演奏付きが多いので、カラオケで個室を借りるか、居酒屋などに行くしかない。

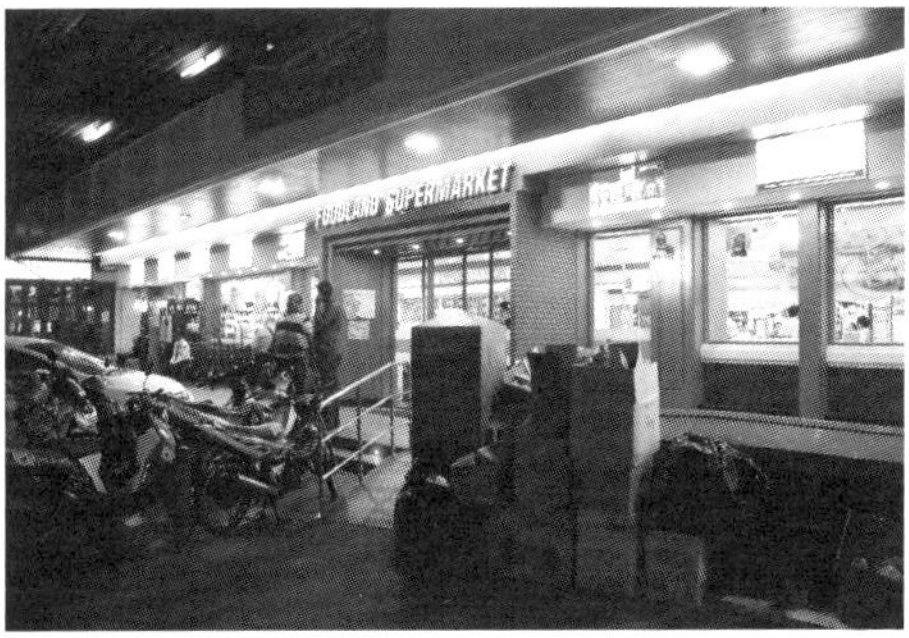

パッポン2通りにあるフードランド。ゴーゴー嬢との待ち合わせ場所としても使える。

ー代が50バーツから高くても200バーツくらいであるので、それくらい渡すとかなりいい印象を与えることができる。

さて、ペイバー後のチップの交渉が成立したら、飲みもの代などを精算している最中に女の子は着替えてきてくれる。在住者などは人に見られたくないことから、一緒に店を出ないで、外で再度待ち合わせるなどのテクニックも使う。こういう人はよくいて、女の子も心得ている。観光客がここまでする必要はないが、近くの店にいる別のお気に入りの女の子に見られたくなければそんな技を使ってもいい。

ただ、その場合、待ち合わせ場所はあくまでも店の近くにしておこう。タイ人は情熱を持って金儲けはしない。ホテルに来てもらおうとすると、途中で面倒になって帰宅されてしまうこともある。だから、店の近くのランドマーク、あるいは飲食店、わかりやすいところではコンビニなどがオススメだ。タクシーを拾える場所でもいい。とにかく、近くで落ち合う。これが待ち合わせで重要になる。

ゴーゴーはノリが欧米系といった感じで、とにかく騒いでホリデーを全力で楽しむという、エネルギッシュな雰囲気がある。だから、こちらもタイをエンジョイする延長でノリよく遊ぼう。

タイでも鯖を「サバ」と呼ぶ。パッポン1の「ミズキッチン」の日本人店主がタイではじめて鯖ステーキを出したことで広まったからという説がある。

บาร์อะโกโก้

ボク《ゴーゴーバー》の体験記

タイ語ができただけでモテたよき時代

ボクがゴーゴーに最初にハマったのは2001年から2003年の期間だ。それ以前も何度か行ったことがあったが、軽く飲む程度の場所で、本質的な魅力には気づいていなかった。それが、2001年に入って急におもしろくなり、40日間連続でパッポン、ナナ、ソイカウのいずれかに顔を出し、毎晩最低でも4軒はハシゴしていた。今ではシンハビールでさえ150バーツはするが、当時は高い店で80バーツと安かったのも豪遊できた事情だ。

当時の在住日本人数は日本大使館への在留届提出者で2万人程度。2018年現在の3分の1もいなかった。当時は日本でもタイ・ブームがはじまる直前で、日本人旅行者で夜遊びをする人が少なかった。遊ぶ人はだいたいベテランで、なぜだか当時の夜遊び好きの日本人は一癖も二癖もある人ばかり。ボクのようなできるだけ金を使わず楽しみたいというケチな遊び方はまだかわいいほうで、人気嬢に取り入ってヒモになろうという人も珍しくなかった。

あのころのボク（当時23歳前後）はまず絶対に奢らないし、ペイバー代は払わないという主義だった。当時のペイバーは500バーツが主流だった。ビールの価格と比較すると当時はペイバーが高かったし、そんなに金もないころ。店で気に入った子がいれば口説く。ゲームのようにタダで最後まで遊べる女の子が見つかるまで口説き続けて

在タイ日本大使館はパッポン近くにあるルンピニ公園の横。大きな問題なら邦人保護の担当官が助けてくれる。電話番号「02 207 8500」。

いた。これで実際に何人も関係を持つことができた。当時タイ語を話せる日本人はほとんどおらず、ただタイ語で会話ができるだけでモテた時代だったから、というのもあると思う。

それが今はタイ語ができると逆に煙たがる女性が増えた。相場を知っているからチップをふっかけることができないといった事情があるのかと思う。逆に言えば、タイ語ができない初心者のほうが今は女の子にかわいがられて楽しめるという状況になっている。

それから、今はケチケチした人はモテない。なにも何万円も奢れというわけではない。ペースとしては30分に1杯くらい奢ってあげればそれで女性の機嫌もよくなるし、サービスもだいぶよくなって楽しめる。レディードリンクはほとんどの店で２００バーツ程度。それほど高い出費ではない。滞在時間は人それぞれだが、例えば30分以内の滞在なら1杯だけ奢ってあげればいいし、1時間なら2杯くらい奢れば女の子も悪い気はしない。

ゴーゴーの魅力は「自由恋愛」を雰囲気だけでも楽しめることだとボクは思う。日本人向けのカラオケクラブも似たようなものとはいえ、入店した時点で女性を指名するのでちょっと違う。よほどの事情がない限り拒否もされない。ゴーゴーは店内を適当に歩いている女の子にこちらから声をかけるというステップを経由する。しかも、彼女が嫌だと言えばそれで終わりだ。

タイ人は意外と身だしなみを観察している。身なりで階級を判断し、従うべき人なのか逆らっていい人なのかを分別している。このときに女の子に拒否される理由は3つで、ひとつは「先約がある」、次に「こちらの顔や容姿が好みじゃない」、最後に「服装や身だしなみがちゃんとしていない」ために警戒されたからであり、そのいずれかに当

夜遊びではタイ語ができすぎるとやりにくいようでモテない。「タイ語ができない＋本書で相場を知っている」がプレイヤーとして最強だと思う。

ゴーゴーガールには、スタイルも性格もいい子がたくさんいる。

てはまればどんなにがんばっても、ペイバーすらさせてもらえない。

一般の女性を口説くときだってみすぼらしい格好で行く人はいないだろう。それと同じで、ゴーゴーであっても本気を出すなら、まずは見た目からである。ちなみに、タイは英国文化が案外に強い。紳士的な身だしなみが喜ばれる。日本人バックパッカーなどは、かつて放送されていたヒッチハイクで大陸横断するテレビ番組の印象が強いのか、小汚い格好をする人がいる。タイではそういった汚い格好は低所得者と見られるので、女性たちも嫌がる。だから、Tシャツでもヨレヨレではなく、ちゃんとしたものを着るようにしよう。タイ旅行だと短パンやサンダルという場合もあるだろう。この場合もこぎれいで清潔感とお洒落な雰囲気があるものなら問題はない。

出会い、惹かれ合い、デートに出かけるという、

「猿岩石」が大陸横断途中でバイトした和食店「とん清」がパッポンから徒歩2分のソイ・タンタワンにある。定食が今でも安い。

まさに恋愛のプロセス。これが好きな人にはたまらないのだ。ゴーゴーは最早「風俗」という枠では収まらない遊びと言ってもいい。

プロ意識がないから おもしろいことが起こる？

タイではフリーのストリートガールよりもゴーゴーバーやマッサージなどで管理されている場所に所属している女性のほうが安全だ。気休めと言われればそれまでだが、給与の支払いの際に性病検査の検診結果提出を義務づける店が多い。HIVは感染から3か月しないと抗体検査の信頼性が乏しいとはいえ、検査をさせるということは性病への意識を強く持たせることになる。

1990年代はタイの夜遊びでHIVが蔓延しており、実際にHIVに感染している人の数が多かった。今はコンドームが普及し、むしろ夜遊びでHIVに感染したという話は聞いたことがない。それくらい安全になっている。

同時に、バー自体が法人化され、近隣諸国の女性の勤務もかなり減っている。ゴーゴーバーは元より外国人従事者が少ないが、ときどきラオス人は見かけた。タイ語とラオス語は標準語と大阪弁の違いくらい。だから、タイ初心者には見分けはつかない。雇用する側から見ると、なにかあれば彼らはいつでも出身国に逃げ帰ることができるという不安もあり、同時に法人化で雇用が難しくなり（労働許可証などの関係）、安全化されたとも言える。

なにより、タイ人女性の性格がとにかく素晴らしい。特にゴーゴーは家族のために稼ごうと田舎からやってきた優しい子がほとんどだ。学はないが、根性で働いている。日本の風俗のように遊ぶ金のために働く子はほとんどおらず、家族のため

タイ全体の死因におけるHIVが原因とされる死亡者は1％未満にまで下がった。それでも日本の200倍を超える数字。

の最終手段としてゴーゴーに来ている。とはいっても、ずっと働こうとも思っていないので、彼女たちにプロ意識はない。

　プロ意識がないということはほとんど素人同然。何回か顔を合わせているとそのうち友だち感覚になってきて、ついには本当に恋愛関係になることもある。年齢的にもダンサーの場合は19歳から25歳くらいがコア層で、ノリのよさもある。タイ女性は中国やベトナムなどの夜の女性と違って、事後にも優しい。中国や台湾、東南アジア各地で遊んだボクの経験では、タイ以外の国の女の子は行為が終わる、あるいは店で会計が終わると波が引くようにいなくなってしまう。しかし、タイ女性は「またよろしくね」というような上目遣いでスリスリとしてくるので、アフターケアはなかなかハートに食い込んでくるものがあると思う。「あれ、この子、ボクのことを本気で好きなんじゃない？」と勘違いさせてくるレベルで、実際それをされて嫌な気持ちになる男はおるまい。

　そして、実際にそこに気持ちがある女性も少なくない。そこがほかの国の夜遊びとは違う点だと感じる。というのは、実はボク自身もゴーゴーの女性と交際したり、同棲したことが何度もある。不思議とナナには縁がなく、ソイカウでふたり、パッポンで5人。これはもっとイージーだった時

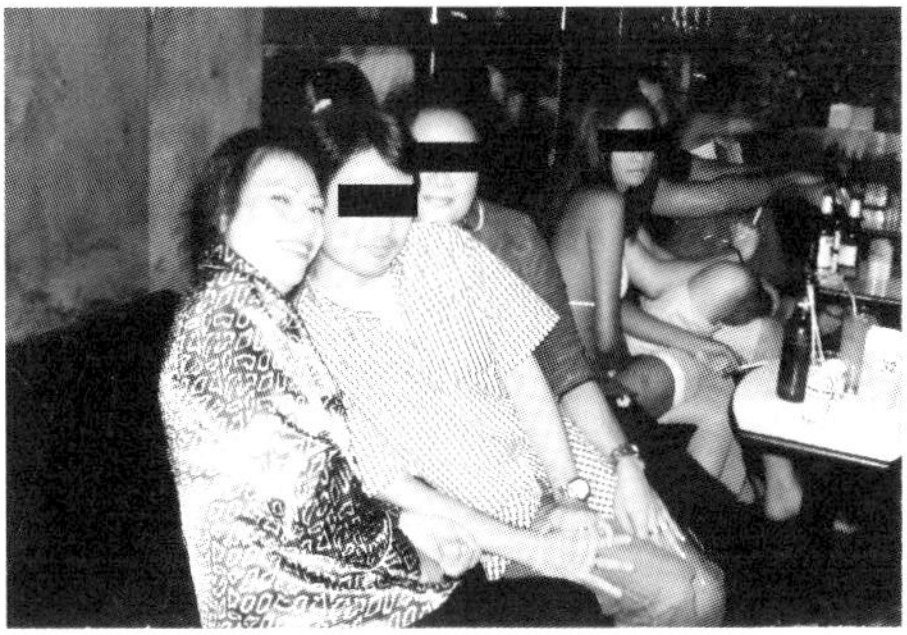
20年前のパッポン通り「キングス2」の店内。全盛期は毎晩座れないくらい客が入っていた。

ゴーゴーの女の子のネットワークは意外に広く、早い。店をコロコロ移籍するためで、ときに猛スピードで客の情報が出回る。（次頁へ）

代の話なので、今はそこまで簡単にはいかないだろうが、それでもこんなことがあった。

　パッポンの人気店「キングス1」で飲んでいたときの話だ。顔見知りの中年ウェイトレスと談笑していたとき、彼女と仲のよい同じ店のウェイトレス、ノック（当時23歳）が混じってきた。しばらく客がなく、ドリンクも奢ってもらっていないからとせがまれ、何杯か奢った。酔いも回ったのもあって話も盛り上がり、いつの間にか閉店時間。ボクは帰るつもりだったが、パッポン内に当時キングス・グループのディスコがあり、早朝までモグリ営業をしているからと連れて行かれた。

　当然そこは奢ることになるが。朝4時ごろに店を出て、今度こそ帰るかと思えば、家まで送ってほしい。次にタクシーが自宅前に着けば、部屋までついてきて。と、そのままベッドまで行ってしまった。

　これでいくら取られるのだろうかと内心ずっと思っていたが、結局金の話はなかった。タイのゴーゴーバーはこういったボーナスみたいなことも起こる。もちろん、最初はうまくいかないが、慣れてくるに従い、20回のうち1回、10回のうち1回と徐々に確率が変化していくからやめられない。

（前頁より）ソイカウの子と付き合った日本人は、ある日内緒でパッポンに遊びに行ったが、入店30秒後に彼女から「パッポンで何してるの？」（次頁へ）

บาร์อะโกโก้

ゴーゴーバー みんなの体験談

自分だけのゴーゴー鉄板ネタを手に入れる！

他人のゴーゴーバー体験談はおもしろい。大概が笑える不幸な話だけれども、酒の肴にはもってこい。ラッキーな話もうらやましくて、また遊びに行きたくなる。ゴーゴー好きの男だけで集まれば、何時間でも話していられる鉄板ネタが無数に持ち寄られるだろう。ただ、ときどき大勢の人がいる居酒屋などで堂々と大声で女性の話をするモラルが欠如した人もいるので、我々は上品に、スマートにしていたいものだ。

ノリがよくてタダ乗りはよくある話？

例えば旅行者の花崎さんの体験談は実にゴーゴーの魅力を端的に表していた。

「ソイ・カウボーイの『ＣＨ』に行きましたよ。明朗会計で安心なんですが、ビールが５００円するので思ったよりは安くはないかな。ただ、女性がみんな素っ裸。それを眺めながら飲めると考えればコスパは上々ですね。ダンス直後の女の子は身体が汗で湿っていてとてもエロかったです！」

２００１年くらいまではゴーゴーの全裸はどこも当たり前だったが、タクシン・チナワット元首相時代に取り締まりが厳しくなり、一時期はなくなってしまった。だが、最近また全裸が増えていて、飲み応えは抜群。ゴーゴーだからといって別に女の子を隣につけなくてもいい。大勢で騒ぎた

（前頁より）という電話が入った。彼は知るよしもなかったが、彼女の友人がパッポンで働いていて、彼の顔が知られていたため、通報されたのだった。

い、ひとりで飲みたいなどそれぞれのスタイルに臨機応変なのがゴーゴーのメリットだ。遊び慣れている人はひとりで来て、ステージに上がって踊り出す人もいるほど。

そして、何度も通って仲よくなれれば、おいしいこともたくさん。それまでの投資分が一気に回収できる。日本のキャバクラよりはリターンの可能性が高いのもまたタイの夜遊びの魅力だ。特にゴーゴーは店の性質上、ノリもよし。出張でバンコクに来た羽田さんはこんなラッキーに遭遇した。

「ナナの『R1』で何度か隣につけた子を、一度だけペイバーしたんだ。相性もよくて、かなり親しくなって。数か月してバンコク再訪の初日に店で再会して、仕事をする気がないからその日はサボるという彼女のアパートにそのまま直行！　金も請求されるかと思ったらなにも言われなかった。一応、今も付き合っていることになっているよ」

何回かペイバーをして相性がよければ、そのあとはほぼ恋人、というケースは多い。ただ、ボクから言わせてもらうと、年齢の低い女の子は難しいかも。若い子は外国人に対して興味がないし、彼氏持ちの確率がかなり高いからだ。20代半ばちょっと手前からが狙い目。

コヨーテのシステムには賛否両論

気をつけたいのは「コヨーテ」という存在。彼女たちのなかには高飛車なのもいて、口説くのも一苦労する。2年前にはじめてタイに出張で来た自営業の佐々さんはそれで大損をしたひとり。

「コヨーテなんて存在を知らなかったですよ。ドリンクは高いし、ペイバーもできないし。ソイ・カウボーイで入った店で連れ出したいと言ったら断られて驚きました。5杯も奢ったのに！」

ラチャダー通りソイ17にあるアパート「LAマンション」はゴーゴーの子たちがたくさん住んでいる。ホテルとしても格安なので、宿泊先としてグッド。

コヨーテは2000年のアメリカ映画『コヨーテ・アグリー』の公開から、タイでは容姿端麗なイベント・ダンサーをそう呼ぶ。タイの富裕層向けにはコヨーテ専門高級クラブもある。ゴーゴーの場合はバーがアウトソーシングで派遣してもらったダンサーを指す。2007年前後からソイカウで増えはじめ、タイ全土に広がっていった。当初は完全にペイバー不可だったのが、今はOKなど曖昧。一応モデル的な扱いで、きれいな子が多い。

バーは派遣料をすべて客に負担させようと、コヨーテのレディードリンクは高く設定している。タイは良くも悪くも現実主義。しかも一般タイ人でさえ自己肯定感は空よりも高い。自分が大好きだし、どんなに人よりも劣っている部分があってもまったく気にしない。

例えば、タイでもだいぶ人口が増えたアニメなどのコスプレイヤーも、日本人ならある程度自分に似合ったキャラを選択するかと思うが、タイ人コスプレイヤーはどうがんばっても似合わないのに、とにかく自分が好きなキャラになりきる。それくらい、自分がサイコーだと信じている。ましてやコヨーテに自らなろうという女の子たち。「かわいいが正義」だとコヨーテ自身が思っていて、結果、高飛車が増えるというわけ。

ただ、誰であっても奢るという行為は相当重要だ。女の子にいい印象を与えることができる。タイののんびりした雰囲気が好きで何度も訪れるリピーター吉田さんは何度かゴーゴーで遊んだことで学んだことがあった。

「はじめて来たときは右も左もわからずに、ママさんや女の子の言うがままに奢っていました。それがもったいないと感じて一時期は一切断っていたんですよ。ところが、1杯だけでも奢るのと奢らないのとでは全然違うことがわかってきました」

ダンサー系のキャンペーンガールが「コヨーテ」で、ビール販売は「チアビア」、マイクを使って商品販促をするのが「プリティー」と呼ばれる。

「ママさん」は日本語のクラブなどにいるあのママのことで、東南アジアではそのまま「ママさん」と発音する。稀にゲイのママさんがいるが、影では「パパさん」と呼ばれていたりする。そんなママさんや女の子の言うがままに奢るとそれはいいカモだと認識されるが、オンリーユーな特別感を出してあげると女性だって「ワタシだけに？」と嬉しくなる。そうなれば、次に行ったとき、あるいは閉店後に店外で会ったときの対応が違ってくる。タイに移住を考えている秋田さんも奢り方をうまくするだけでいい思いができるという。

「同一店内で複数の女性に同時に振る舞ってパーティーっぽく飲むと盛り上がるので、それもひとつの遊び方です。でも、やりたいという気持ちを第一に考えたら、そのときに奢るのはひとりに絞って、ひたすらかわいいと褒める。これで何度もボクはタダでベッドインまでいきましたよ」

褒められたら舞い上がるのは世の女性に共通する感情でしょう。おだてておだてて火をつけることで、女の子から大好きモードに突入させる。そうなればしめたもの。秋田さんの場合、ある女の子に「自分でペイバー代を払ってでも一緒に帰りたい」と言わしめたという。

毎秒毎秒が「一期一会」と心得る

コヨーテにしろ普通のダンサーにしろ、とにかくいい子だと思ったらすぐに声をかけること。これはゴーゴーの遊び方の鉄則。「ほかの店も見てから」なんて悠長なことを言っていると、もう会えない。何度もタイに来て、いよいよゴーゴー遊びが板につきはじめた中田さんはせっかくいい子をみつけたけれど……。

「ストライクど真ん中の子がいたんですが、初日

タイで有名な日本の芸能人は深田恭子などと並んで蒼井そらや小澤マリアだが、もっとも有名なのは「コボリ」。「メナムの残照」というタイ文学の主人公。

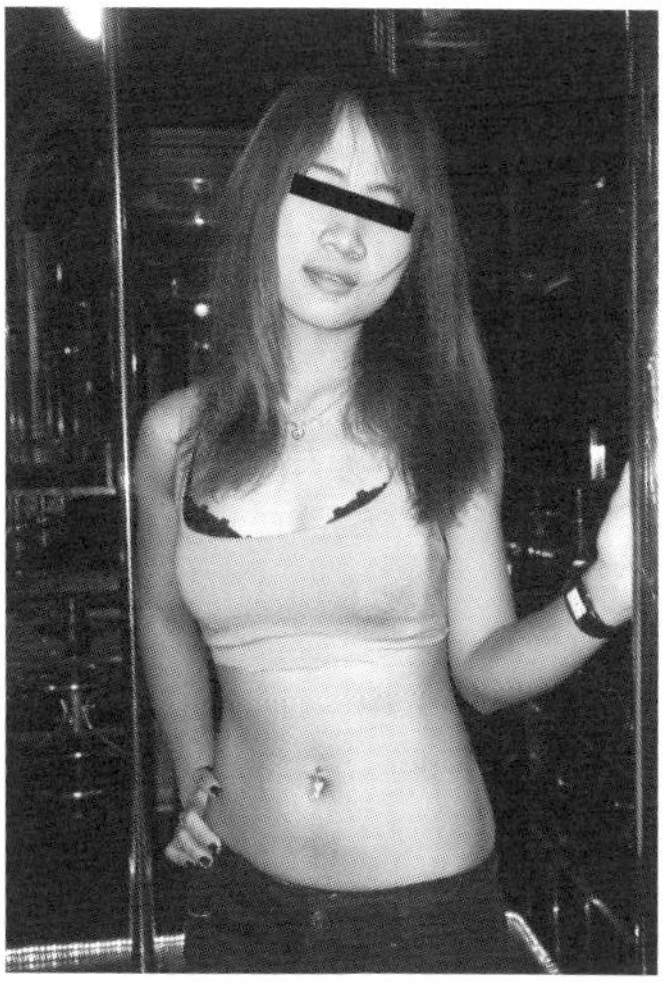
コヨーテは、スタイルがよくかわいい子が多い。

だったので2軒3軒見てからでもいいかと思い、戻ってきたらいませんでした。その後、滞在の1週間、毎日行ったのですが、結局会えずじまい」

　これほど一期一会のオンパレードはないというほど、バンコクの夜遊びで大きな魚を逃がしたと悶絶する男性は多い。一応彼女たちも勤務時間というのがあって遅刻には罰金が科せられる。が、売れっ子ほど罰金と基本給には見向きもしない。だから、次に出勤してくるのがいつなのか、店のママさんにだってわからない。

　最近はLINEあるいはフェイスブックのアカウントがあれば、連絡先の交換くらいはできる。しかし、なかには全然英語ができない女の子もいて、そういうときはSNSでは話にならない。

　だからこそ大切なのは出会ったそのときに声をかけること。ゴーゴーは女性にも拒否権がある。だから、ある意味、呼びかけに応じてくれた子は最初から脈ありだと自信を持っていい。あとは、一緒に座って口説いてみて、疑似恋愛を楽しんで、連れ出す。これがゴーゴーの遊び方であり、醍醐味である。

　口説き方だって難しく考える必要はない。かわいいと思ったから声をかけているのだから、かわいい——英語で「キュート」でもいいし「ビューティフル」、あるいはタイ語でかわいいの「ナー

熱心な女の子はLINEのホームにも写真をアップしていて、かわいい写真が見られるなど、メッセージのやり取り以外にも楽しみがある。

ラック」を連呼してもいい。好きだとか「アイラブユー」くらい言っても笑われることだってない。とにかく褒めていこう。

ゴーゴーの女性の年齢は19歳から25歳くらいが多い。18歳未満は犯罪になるし、25歳を超えてくるとリタイアする女性が増えたり、ウェイトレスなどの裏方にまわっていく。だから一番ホットなのが19歳から25歳くらいで、これくらいの年齢層だとやっぱり「ノリ」が一番になる。バンコクのナイトエンターテインメントはゴーゴーが一番と思っている柳田さんは日本では騒いで飲むキャラではない。

「ワタシの遊び方はとにかく奢ります。このために日本で働いているようなものです。適当に選ぶのではなく、本命を決め、その子の友だちも呼んであげてみんなで飲みます」

酒が入ってくればおとなしいキャラであってもそれなりに楽しくなる。そして、ノリのよさに女性も気を緩め、そこを一気についていく。タダで遊んでくれる子もいるし、ほとんどが相場よりも安めにしてくれる。

柳田さんからのアドバイスは「料金体系によってはウィスキーなどをボトルで開けたほうが得」なこともあるとのこと。

ゴーゴー嬢も見知らぬ男を警戒している

ノリよく遊べるのがゴーゴーであり、女性たちもそれが仕事。とは言っても、彼女たちも外国人の我々を初見では警戒している。特にゴーゴーは地方出身者ばかり。バンコクに来るまで外国人と接したことがなかったという女性も珍しくない。

そんな彼女らは何度か通ううちに段々と心を開いていく。だから、もし気に入った女性がイマイ

タイ人の金銭感覚を掴むには「10倍の法則」。100バーツは1000円、500バーツは5000円、1000バーツは1万円と考えるといい。

チ楽しんでくれていないと感じたら、その日は引くのもテクニックなのかもしれない。シンハビールのおいしさに魅了されてタイではビール党になるという高崎さんはある失敗が逆にいい結果を招いた。

「明日の朝に帰国という夜にナナでいい子に会えてね。ラッキーと思ったけれど、あまり笑わないので客としてしか見てないんだなと感じてた。それでも連れ出しは成功して、最後に約束の2500バーツを払おうとしたら1000バーツしかなかった。ますます機嫌が悪くなった感じがしたけど、次来たら必ず払うからと約束。半年後に店で再会して、あのときの、と残金を渡したら……」

　高崎さんとしては、いや端から見ても彼は約束を守っただけに過ぎないが、その女性はいろいろな嫌な客も見てきたのだろう。その誠実さに大感激をしたようで、その日以降は時間が合えば高崎さんのホテルに来て、もちろん無料で、ということだった。

　店ではなく、その女性自身のリピーターになってあげることで、警戒心を解くこともできる。金を払うとはいっても身体の関係を何度か続ければ、女性にも我々に対する情が湧いてくるというもの。そもそも家族のために稼ごうというのがタイの水商売の女性たちの根っこ。根が優しく、都会に出てひとりで働く寂しさと苦労もあり、こういった許せる人を元から欲している人も少なくない。

　タイ通でありながら、まだ自身をタイ初心者と謙遜する角田さんは、それでもタイ語は挨拶と数字が言える程度だ。

「言葉なんていらないです。ここは微笑みの国。あとは笑顔とノリのよさで懐に飛び込めば、どんな女性もだいたい落とせますって」

　最初は意味のない笑顔に若干気持ち悪がられる

親しくなると「金を貸してくれ」と言い出す子も多い。貸したらほぼ返ってこない。拒むと離れていくので、縁の切れ目と思うべき。

そうだが、最初からノリよく適度なスキンシップで接する。ゴーゴーのダンサーはだいたい水着で踊っているし、店によっては全裸もあるのでついつい過剰なお触りをしてしまうが、紳士に振る舞うと信頼度がアップし、徐々に警戒心もなくなっていく。そうなれば、あとはノリで褒めておだてまくり、10人にひとりくらいはおいしい思いができるのだとか。

　要するに、誠意と紳士的な振る舞いで信用を得る方法と、身体のぶつかり合いをしてから親しむ方法が、ゴーゴーで働く女性の閉ざす心の襖をスッと開かせるやり方になる。これは経験で行くしかないが、ボクの統計によれば人気女性ほど紳士に振る舞い、わりとおとなしい女の子には攻めの姿勢でいくのが効果的だと見る。

ときには受け身になることでも新しい出会いが？

ゴーゴーは男から積極的に口説くのが王道だが、ときに流れに身を任せるのもまたテクニックである。タイには10年くらい通い続けているという加藤さんは基本的には口説かないスタンスを続けているが、それでもいい思いをいつもしている。

「ゴーゴーではただ飲むだけ。もちろん、顔見知りや仲よくしている女性にはちゃんと奢ることは忘れていない。そうしていると、その飲み仲間、あるいはその友だちあたりでオレのことを好きだって女性が出てくる。そうしたら、もうそれは据え膳だよ」

　あえて高い壁に上るのではなく、カモネギを待つという戦法もあるということだ。この場合は向こうがすでにこちらを客ではなく男性として好意

根気よく口説くことで実際に金銭の介在しない関係を築くことはできる。ただ、その場合、女性側に「情」が生まれているので、ケアは必須だ。

を持っていることが判明しているので、口説いたときの成功率、特に無料ケースの確率が高まる。

もちろん顔見知りを作るにも時間はかかる。旅行で短期決戦しかないときにはどうするか。これはまず席に着いたらビールなりを注文し、落ち着いて店内を見回すこと。タイの女の子はゴーゴー嬢と言えども純粋な子が多く、結構わかりやすい。営業的ではなく、明らかな熱視線を送ってくる子もいる。これは自分自身が彼女の好みにハマっている証拠だ。彼女たちだって金で抱かれるにしても、自分が気に入った男と遊びたいと思っているのだ。

ただし注意したいのは、我々をはじめて見るママさんやウェイトレス、ダンサーたちのうち、営業に積極的な人は席に着くとすぐに売り込みをしてくる。これはいい客かどうかを見極める行為でもあるし、バーとして当然の営業でもある。だから、先の加藤さんの例や熱視線の女の子はここではあまり近寄ってこないことを忘れないようにしたい。売上のことをわかっていてママさんに遠慮して来ない子がほとんどだ。

この初回営業時に来た女性を横につけることを断ると良客とみなされない。それでもなおやってくる女性がいる。こういったときは営業第2波の場合とこちらに好意を抱いている場合とがある。入店時にこちらを見ていた女の子だったら間違いなくガンガン攻めていくべきだし、その子でなくても好意を持ってくれていそうな子を狙うことで、とにかく効率的に遊べることは確実だ。

バンコクでタイ語学校に通う志田さんは攻めすぎてかなりすごいことになっている。

「ソイカウの女性と同棲にまで持ち込んで、今は学費、生活費、全部出してもらっています。バイクまで買ってもらいました」


バンコクにタイ語学校は多数あり、月5000バーツくらいから学べる。学校によっては就学ビザも出るため、長期滞在にも向く。

と、へらへら笑う。聞けば、とにかくプライベートでも朝から晩まで彼女を褒め、いかに自分が幸せかを語るのだとか。発声自体は無料だということで、ひたすらにヨイショする。そして、最初のうちはわりと志田さんがいろいろと支払いをした。そのうちに金が尽きてきて日本へ帰国しなければならないこと、彼女と一緒にいたいことを切に訴えたことで、養ってもらう立場に転職となる。

とはいっても、ここまでヒモ同然の生活ができたのは、彼女がそのバーでトップクラスの売れっ子だからでもあるが。同棲相手は売れっ子故にほとんど毎日客と一緒にいることから、ほぼひとり暮らしの状態が続いている。志田さんはそんな女性の金で買ったバイクに別の店の女性を乗せ、女性の金で遊んでいる。実はこの手の日本人長期滞在者は2000年初頭ほどではないが、いるにはいる。それくらい男を求める優しいゴーゴーダンサーは多いのだ。

閉店後の余熱もおいしい

ときにゴーゴー巡りでいい女性に出会えないという日もある。勤務状況など諸々の事情で、どの店も見事に女性がイマイチだと感じる日があるのだ。ゴーゴーは週末も平日も客入りや女性の数などに変化はなく、どんな日であろうといつだって起こりうることだ。逆に今日は最低の店でも明日は最高ということだってある。だからこそゴーゴー巡りをするファンは減らない。

女性からしてもアタリの日とハズレの日が出てくる。商売的に見れば金払いのいい客を捕まえればアタリだし、個人的感情で言えばいい男に出会えなかったらハズレとなる。

タイは欧米のコンドーム会社が行う市場調査で

タイ語のスラングでヒモのことを「メンダー」という。タガメのこと。ほかにはバカを「クワーイ（水牛）」など、罵り言葉は動物に例えることが多い。

は男女ともに性行為に対して世界的にオープンなほうなのだと発表している。英国のデュレックス社が出会い系サイトと共同で浮気状況を調査した結果で、それ以前の調査でも常に「浮気率の高い国」としてトップを勝ち取ってきた。要するに、タイ人はパンツをおろしやすいとされる。

ゴーゴーダンサーも女性であり、人間。ときには性欲を持てあますこともある。プロ意識の低いゴーゴーの子はそんなときはいい男を店で捕まえて、性欲を満たす。それが我々同様、彼女たちにとってもハズレの日というのはあって、そんな日ではどうしようもない。

そういった女性は閉店後に夜の街に繰り出す。ディスコや深夜営業のバーなど。ただ、手っ取り早いのはやはり自分の店の近く。だから、閉店後のゴーゴー街もかなりおもしろい。

ビジネス出張で月1でタイに来る堀江さんは、いつも週末に出張がかかるようにする。というのは、金曜の夜に現地法人や客先の人と飲み、解散後にゴーゴーに行くためだ。土曜は休みだからじっくりゴーゴーを堪能できる。

「タイの企業駐在員は案外夜遊びをしないんだよ。飲食店で飲んで、遅いところで深夜0時くらいに閉店。解散したらひとりでゴーゴーに行って、2時まで冷やかす。ゴーゴーが閉まったら小一時間、ゴーゴー街の周辺をうろつけば、客を取れなかった女の子が安く遊ばせてくれるんだ」

要するにこちらが彼女たちの足下を見ることができる。ペイバー代もかからない。そして、性欲を持てあましている女性であれば、彼女のお眼鏡に我々が適うだけでラッキーなことが起こる。

彼が言うには閉店後に捕まえられる女の子5人にひとりは金がかからないそうだ。この場合は女性側としても仕事抜きというケースもあるからだ

タイ国内に日本のコンドームメーカーがあり、コンビニでも薄いものが買える。しかし、メイドインジャパンをタイ工場で入れ替えているだけ。（次頁へ）

ろう。つまりはナンパである。

　気をつけたいのは、このとき我々は素人と玄人を見分けることができない点だ。服装もそんなに変わらないので、これがゴーゴー勤めという特徴はない。御法度は、男連れの女の子に声をかけること。これ、ただひとつ。ただの友だちならいいが、彼氏だとトラブルになる。だから、いきなり声をかけないで、一呼吸様子を見てからにすることだ。

　また、ゴーゴー街でナンパする場合の成功率アップは、先のカモネギ戦法と同じで、熱い視線を向こうから送ってくるなかから選択するというのもある。道端や屋台でじっとこちらを見てくれている女の子は、高確率で男を待っている。逆にナンパ待ちではない女の子は誰とも目を合わさずに帰路を急ぐ。アイコンタクト。これを重視していこう。

　ゴーゴーはちょっと作戦を変えるだけでもいろいろな遊び方や口説き方があって、その結果のほぼすべてが笑い話になる。ゴーゴーは女遊びの店とはいえ、女性にも事情があって、千差万別のバックグラウンドがある。いわば個人商店がバーの中にあるようなもので、できるだけ高く売りたい女性とできるだけ安く済ませたい男の真剣勝負が互いに繰り広げられている。

　互いに大まじめだからこそ、いつの間にか誰にもひとつやふたつ、ゲスな男たちを酒の席で笑い死にさせるような鉄板ネタを手にすることができる。冗談じゃなく、みんなマジメに遊んでいるからこそ「みんなのゴーゴー体験談」はおもしろいのだ。

（前頁より）「製造方法は企業秘密」というのが理由。タイや欧米では「薄い＝破れる」と思われるため、薄いコンドームの需要は日本人限定のよう。

บาร์อะโกโก้

ゴーゴー嬢のホンネ

重要なのはノリ！

ゴーゴーの体験談というのは男からすれば男側の事情から見たネタばかりになるが、一方では働く女性だって当事者になる。そんなゴーゴー従業員に男のどんなところを見ているのか聞いてみた。ゴーゴーでモテる方法のヒントになるだろうか。

まず、どんなところが彼女らにとっていい客とそうでない客の分岐点になるのか。これは聞くまでもない明確な答えが返ってきた。代表的な回答はパッポンのキングス・グループのある店に勤めるママさんの言葉を紹介する。

「お客さんとしてはお金よ、やっぱり。たくさん奢ってくれて、ペイバーしてくれて、何回も来てくれること。でも、無理してまで散財されるのは困るけれど」

ひたすらに金を払ってくれれば彼女らの成績アップにもなっていいのだが、現実的には懐の具合をオーバーしてまで飲まれても、会計時に揉めるので面倒というのもある。それに、無理してまで遊んでもいい思い出にはならない。そんな店にはもう来なくなって、長い目で見て損になる。

これはママさんという経営者に近い立場の意見で、ダンサーたちにとっていい客かどうかはそこではない。ソイ・カウボーイの中では老舗であり比較的大型店でもある「ティーラック」に勤めるWちゃんは金銭面はあまり見ていないと言い切る。

「なによりも大切なのはノリ。ノリが悪い人は楽しくないのでパスしたいわ」

人の善し悪しを測る目安に経済力が問われるのはなにも夜の世界だけではない。タイでは一般女性も大なり小なりそう考える現実的な人ばかり。

夜遊び通たちに「板尾ママ」と呼ばれるポックさんはキングス・グループの古株。

タイ語で気持ちがいい、あるいは元気、快適、機嫌がいいといった意味の言葉に「サバーイ」というのがある。楽しいのタイ語は「サヌック」。タイ人はこのサバーイとサヌックを重要視する。金がいくらあろうと、サバーイでもサヌックでもない相手は「ごめんなさい」ということだ。

もちろん、手っ取り早くノリのよさを見せつけるにはたくさん奢って、女の子たちを酔わせてあげるのもひとつで（アルコールに弱い子も少なくないので、飲ませすぎに注意）、その場合は金がかかる。しかし、ドリンクのキックバックをもらうよりも、彼女たちにとって大切なのはノリのほうだ。

とは言っても、軽い男は大嫌い！

ゴーゴー嬢のなかには男に苦労した女性も少なくない。だから、というもあって、男の好みに挙がってくるのは特に誠実さに関することだった。ナナの3階にある、シャワーショーとややロリコン（あくまでも見た目で未成年者ではない）な女の子が多いことで白人に大人気の「ビルボード」のウェイトレスに話を聞くと、

「ウソをつく人と浮気をする人。これだけは絶対にイヤ。あと暴力を振るう人もダメ」

「サワッディー＝こんにちは」、「コープクン＝ありがとう」、「アロイ＝おいしい」
「ローン＝暑い」、「ディージャイ＝うれしい」、「スワイ＝美しい」

と言う。ウソと裏切りと暴力さえなければ、もうそれ以外には相手に求めるものはないのだとか。実はこのタイプの回答は非常に多い。金も名誉も地位もいらない。自分のことを大切にしてくれる男がいいと言う。タイ人女性は「現実的に物事を考える」傾向にあり、自分に正直だ。金が好きな女性は男に求めるものは金以外にないと豪語する。だから誠実さを求めるのはスタンスではなく、案外本音でもある。

店ではやっぱり仕事は楽しみながらしたいもので、だからこそたくさん飲ませてくれて、ノリよく遊べればそれでいい。ただ、現実的に交際を考えるのはこういった誠実な人なのだとか。夜の店なので金を持っている者に女の子が集まりそうにも見えるが、タイの場合は低予算で遊びに来る人にもチャンスが少なくない。だから、金がないことを決して引け目に感じることはない。誰でも平等に遊べるというのは非常に快適でいい。それがゴーゴーバーなのだ。

それから、自分たちの職業がタイ社会において底辺層に見られていることを彼女たちは認識している。そのため、付き合ってくれる人には寛容さを求めるようだ。ソイカウのある店にいたノックはこう言った。

「こういった仕事だし、それを理解してくれればそれでいいかな。なかなかいないよ、そんな人。タイ人は絶対だめ。だから、日本人でいい人、いない?」

現実的に彼女らは実家や家族に金を送るために稼がなければならない。稀にそういった諸々を男に被せてしまおうという悪い女性もいるが、大半の子は自力でなんとかしようとしている。付き合ってもたぶん仕事は辞められない。だからこそ、すべてを受け入れてくれる人がいいのだとか。

タイの生活情報はスクムビットの和食店などに置かれている無料誌から入手できる。バンコクには10誌以上あり、イベント情報やマップが手に入る。

ゴーゴーバーでは日本人男性は比較的温厚で、常識的であるといまだに人気が高い。特に地方から来たゴーゴーの女の子は少なからずタイ人男性に失望している。働かない家族、自分を捨てた男。そういうタイ人男性を見ているので、結構タイ男嫌いも少なくない。かといって欧米人は文化が違いすぎて合わないと考える。だから、我々はタイで夜遊びをするときには、日本人男性であることを自覚し、自信を持ってもいいのだ。

こんな顔にゴーゴー嬢はキュンとする!

ゴーゴー嬢に「どんな顔立ちが好きなのか」と聞いた。それこそ何十人にも聞いた。しかし、総合してこんな顔という答えは導き出せなかった。日本なら時代にもよるが、流行の顔というのがあるだろう。

ところが、タイはそもそも流行というある種のウェーブやトレンドがあまり強く発生しない。日本のようにメディアが足並みを揃えたように流行アイテムを取り上げたりしないし、仮にしたとしてもタイ人はあまり流されない。

タイ人は個人主義的で、自分がいいと思うものはいい、だめなものはほかが高評価をつけてもだめと判断する。そして、その意見を批判することがタイでは許されない。批判すればときにぶっ飛ばされることもあるだろうし、そのときには警察も加害者側の肩を持つことは目に見えているほどだ。服も自分が好きなものを着るし、異性の好みも人それぞれになる。80年代ロックを中心にかけるパッポンの「キッスバー」にいた女性は、

「太っている人が好き。痩せているのは気持ち悪い。太っている人は抱きしめたときに気持ちがいい」

『HOW?』や『ピンヘブ』は、タニヤやエロ古式店で手に入る風俗関係のネタを扱った無料誌。

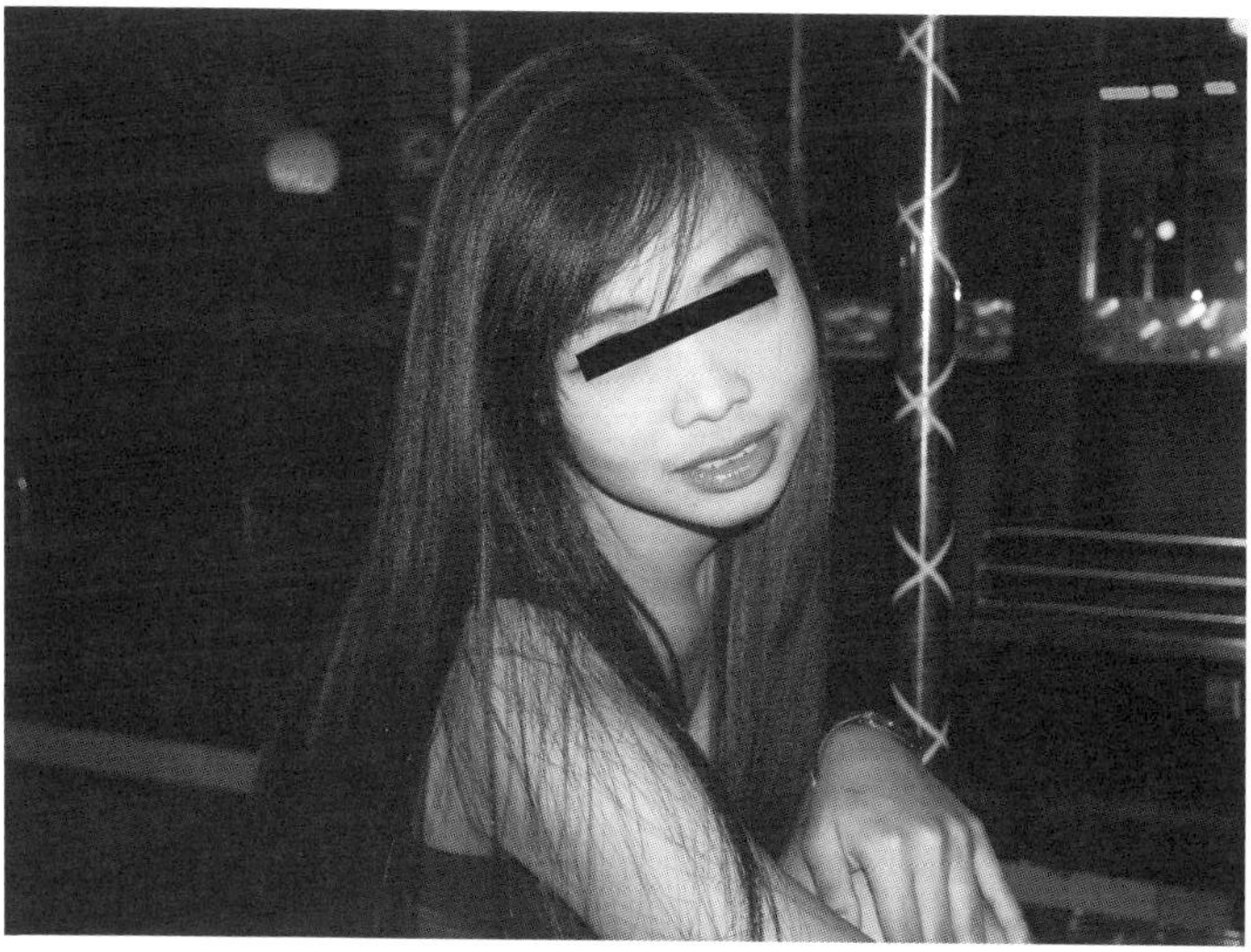

タイのゴーゴーで働く女の子のなかには純朴そうに見える子も多数いる。

という。ほかには、パッポンの復興を予感してか、パッポン１に支店を２０１７年末に出したソイカウの「シャーク」で話を聞いた女性は、

「ワタシはおじさんが好き。若い人は嫌いなの」

と自信を持って答えた。もちろん、逆に痩せている人が好きな子もいるし、若い男が大好きという子もいる。人それぞれで好みが違うし、例えば日本だと薄毛男性がちょっと肩身が狭い思いをすることもあるだろうが、タイではそれを弄る人はほとんどいない。それくらい容姿は関係ない。

だから、タイでは女性（とは限らないが）の好みと自分の容姿がぴたりと一致すればどんな男だってモテる。言ったら天国のようなところなのだ。


パッポン近くのソイ・タンタワンやスクムビット26の「大枡」は内装が東京下町風。タイ人に喜ばれる居酒屋。予算ひとり1500バーツ。

บาร์อะโกโก้

ゴーゴーバー

オススメ店舗

ここではバンコクにある3つのゴーゴーバー地帯について、改めて紹介したい。特に個人的にオススメのランキングと、次点ではあるが自信を持って行ってほしいと紹介できる店をピックアップした。

これらのゴーゴーであれば安心して飲み、楽しむことができること請け合いである。

*

パッポン通り／パッポン2通り

ざっと数えて18軒前後のゴーゴーバーと多数のビアバーがある地帯。所轄警察のお目こぼしもあってか禁酒日となる祝祭日でも営業していることもあり、「困ったときのパッポン」と言える。パッポン2のスーパー「フードランド」は24時間営業で、バー閉店後でも安く食事ができるし、深夜営業の屋台もパッポンは多く、閉店後もしばらくはゆっくりしたり、ナンパに励むこともできる。

第1位

BADABING!

理由：ノリのよさではパッポンどころかバンコク1とも言えるレベル。基本的にコヨーテクラスの女の子ばかりだが、わりとえげつないタッチも許してくれる明るい女の子たちばかりで、連れ出さなくても楽しい！

第2位

King's Castle1

理由：パッポンを語るに外せないキングス・グループ。その中でも一番人気があるので、容姿のいい女性も多く勤務する。ぼったくられる心配もなく、明朗会計で、初心者向き。

第3位

BLACK PAGODA

理由：タイで唯一とも言える「橋の上」のゴーゴーであるということと、入りにくさがあるものの、勇気を振り絞って入っただけの粒ぞろいで、容姿端麗で性格も良好な女の子に出会える可能性が高い。

キングス・グループ

（King's Castle1、King's Castle2、King's Corner1、King's Corner2など）

昔も今も変わらずゴーゴーバーの王道と言えばパッポンのキングス・グループ。ゴーゴーだけでなく、レストラン、連れ込み宿、クラブ、ビアバー、プールバーもあり、極端な話、キングス・グループだけですべてか完結できる。それぞれの特徴としては「Castle1」が一番人気。長方形の店内に

パッポン2のシーロム通り側入り口に、昼から19時くらいまでタイ式ヤキトリ「ガイヤーン」の屋台が出る。タイでトップクラスの味。20バーツくらい。

長方形のステージとオーソドックスそのものなので、とりあえずパッポンがはじめてならここへ行くべき。「Castle2」は箱はやや小さい。その分、距離感が近い。「Corner1」は半々、「Corner2」は100％レディーボーイ。おそらく想像よりは美しく、ショーとしてオススメ。

- ●ビール　170〜240THB
- ●レディードリンク　200THB
- ●ペイバー　600〜1200THB（店舗によって違う）
- ●ショート　3000THB（参考）
- ●ロング　5000THB（参考）
- ●規模　店舗としては中型からやや広め。在籍女性も多い。
- ●客層　日本人、欧米人が多い。中国人客も増えている。
- ●HP：ナシ

PINK PANTHER

スリウォン通りの角にあり入りやすい。23時からムエタイショーがあり、キャットファイトも楽しめる。コヨーテのレベルも高い。以前は場末感が強かったが、今は店内もきれいになった。本書のランキングでは4位だが、それはあくまでもボク個人が過去の印象を引きずっているから。

- ●ビール　150THB〜
- ●レディードリンク　180THB
- ●ペイバー　800THB、コヨーテ1800THB
- ●ショート　3000THB（参考）
- ●ロング　5000THB（参考）
- ●規模　中型程度。在籍数も多からず、少なからず。
- ●客層　欧米人やアジア人が多い。
- ●HP：http://www.pinkpanther-bangkok.com/

かつてはこれぞ田舎娘といった子がダラダラと踊っていたが、今は美人揃いになった。フリーランスの客引きたち曰く「今パッポンで一番アツいのがピンクパンサー」だとか。ビアバーも併設し、パッポンの喧噪に身を沈めながらしっぽりビールも案外オツなもの。

BLACK PAGODA

タイで唯一の橋の上にあるゴーゴーで、下界を見ながら飲めるバーとなる。景色はパッポン2通りだが、基本的にゴーゴーは閉鎖された空間ばかりなので、ここは珍しい。女性のレベルも高く、人気がある。今にも止まりそうなエレベーターで上の階まで上がるという勇気がいるが、それ

パッポン2に日本人女性が在籍する日本式のキャバクラがある。ゴーゴーと比べたらかなり高く、バンコクやシンガポールなどの駐在員が遊びに来る。

- ビール　130～220THB
- レディードリンク　70～320THB
- ペイバー　900THB、コヨーテ1500THB
- VIPパッケージ（個室＋スペシャル、1.5時間）3500THB
- VIP（個室、1時間）1000THB
- 規模　店舗は広めで、ゆったりした店内という印象。
- 客層　欧米系が多いが、日本人にも人気。
- HP：http://www.blackpagoda-bangkok.com/

を乗り越えた分、楽しめる店とも言える。店内は意外に広い。橋ではなく、建物内にもスペースがあって、ゆったりした店でもある。カーテンで仕切られたVIPルームが用意され、ホテルまで行かずに多少のプレイを楽しむことができるのもここの特徴。

BADABING!

フランス人オーナーの店で、コヨーテを中心にしていることで女の子の容姿は抜群。ノリもよく、パッポン復活を牽引する店。ツンケンした子もいるにはいるが、ほとんどの子が抱き合ったり、胸を触ったりは許容範囲としているようだし、一緒に飲みながらディスコのように踊り狂って遊べる。アルコールの種類も多く、普通のバーとしての一面もある。一度会計して帰った人が10分くらいしてまた戻ってくるのを目撃したことがある。ハマれば中毒性も高い。「フードランド」真向かいの「グラマース」は姉妹店で、女の子も共有されている。

- ビール　140～220THB
- レディードリンク　180THB
- ペイバー　600THB、コヨーテ1500THB（ペイバー不可の子もいる）
- ショート　3000THB（参考）
- ロング　5000THB（参考）
- 規模　店は天井が低く狭い印象。在籍女性も多からず、少なからず。
- 客層　日本人、欧米人など。
- HP：http://badabingpatpong.com/

KISS BAR

- ビール　150THB～
- レディードリンク　180THB
- ペイバー　800THB
- ショート　3000THB（参考）
- ロング　5000THB（参考）
- 規模　中型の規模。天井が高く、広く感じる。女性は少なめという印象。
- 客層　白人が多い。
- HP：http://www.kissbarpatpong.com/

80年代風の音楽ばかりのバーで、40代以上くらいの人には耳によくてかなり居心地がいい。パッポンが全盛期のころから場末感のあるゴーゴーバーで、店内は天井が高く、その落ち着き払った雰囲気は、自宅でゴーゴーを楽しんでいるような居心地のよさ。

「バダビン」はタニヤの名物社長タズヤンも常連で、彼のSNSではときどき店内の様子が動画でアップされる。

ナナ・プラザ

スクムビット通りソイ4にあるコの字型のゴーゴー施設。3階建てに26軒のゴーゴーバーがひしめく。連れ込み宿が施設内にあるので、ショートなら手早く楽しめる。また、周囲にはビアバーや立ちんぼもいて、トータル的にバンコクでチャンスがもっとも多い場所。その代わり、レディーボーイも少なくないので注意。

第1位 **BILLBOARD BANGKOK**

理由：白人ばかりでちょっと居づらいかもしれないが、店内は広く、あまりしつこく女性を斡旋されないのでじっくり楽しめる。日本人から見てもロリ系女の子が何人もいる。シャワーショーもバンコクでは珍しく、エアコンで鳥肌の立った女の子が結構エロい！

第2位 **RAINBOW1**

理由：ナナの入り口に近く、またグループ店では常に人気嬢をもっともたくさん抱えている。ほどよい広さと、ほどよい女性の数。ほとんどの人がタイミングさえ間違えなければ、それなりにいい女の子に出会えるだろう。

第3位 **RAINBOW4**

理由：店内は広く、女性の数もかなり多め。天井が低いので、若干圧迫感があるが、慣れれば落ち着ける空間でもある。同じグループ店の中でも特にウェイトレスの個性も際立っていて、お喋りに興じることができる。

レインボー・グループ（RAINBOW1、RAINBOW2、RAINBOW3、RAINBOW4）

- ●ビール　165THB
- ●レディードリンク　170THB
- ●ペイバー　700THB
- ●ショート　2500～3000THB（参考。プラザ内ホテル使用で2500THBが相場）
- ●ロング　5000～6000THB（参考。店舗で違う）
- ●規模　中型から大型の店舗。在籍女性数も多い。
- ●客層　1は特に日本人が多い。2と4は日本人と欧米系、中華系。3は欧米系。
- ●HP：ナシ

ナナの代表となるグループ。「RAINBOW1」は旗艦店であり、人気嬢は容姿だけでなく性格、テクニックもいいと評される。「RAINBOW2」はかつての勢いにやや陰りもあるが、女の子の数は十分。ボクとしてはひとり、ウエイトレスにかわいい子を見かけたことがあり、気になる店。「RAINBOW3」は正直日本人には好まれないかも。異様なまでに場末感がある印象。「RAINBOW4」は2階の奥にある広めの店内で、1と人気を分かつ店。このグループ店は全般的にアイドル並みにかわいい子もいるし、ウェイトレスにも光る子に出会える、要チェックのバー。

ナナに入ってすぐ右手のエスカレーターを上がるとある「マーキュリー」は客引きの性格が悪い。（次頁へ）

new LOLLIPOP

レインボーと並ぶ、昔からあるナナの老舗バー。といっても、かつてロリポップで、2014年に名称を変更して元に戻った。だから「ニュー」。店外にはビアバーがある。ナナの人気店は入り口から見て右側にある傾向が強いが、ここは1階の左側。一時期はあまり名前を聞かなかったが、「ニュー」になってからはギャル系、きれいどころを揃えてきていて、元気よく踊る女の子が多く、日本人から「人気が盛り返している」と言われる。これからが改めて期待大となるゴーゴー。

- ●ビール　165THB
- ●レディードリンク　150THB～
- ●ペイバー　700THB
- ●ショート　3000THB（参考）
- ●ロング　6000THB（参考）
- ●規模　それなりに広い。女性もそこそこにいる。
- ●客層　白人が多い印象。
- ●HP：ナシ

PLAYSKOOL BANGKOK

- ●ビール　170THB～
- ●レディードリンク　185THB
- ●ペイバー　850THB
- ●ショート　3000THB（参考）
- ●ロング　5000THB（参考）
- ●規模　中規模。女性の数は日によってばらつきあり。　●客層　主に欧米人。
- ●HP：https://www.facebook.com/PlayskoolBangkok/posts/173191093264969

基本的には欧米人に好まれる店なので、あくまでもタイミング勝負とは思うが、ドンピシャであればかわいく、性格のいい子に出会える。雰囲気も決して悪くない。取材時点だが、バンコクでも減りつつある店内でも喫煙可能な稀少なゴーゴー。気が向いたらふらっと覗いてみてほしい。

BILLBOARD BANGKOK

人種問わずで言えば、ナナでもっとも客が入っているのではないかというゴーゴー。3階にあり、箱は大きく、回転する円形ステージとバスタブのステージがある。やや白人好みの女性が多いが、日本人から見てもかわいい女の子もいる。ロリ系（あくまで見た目で年齢的には合法）もい

（前頁より）手を強く引っ張ったり、断ると罵ってきて、いつもイラッとする。2階に上がるのは左側か「オブセッション」横の階段を使うべき。

て、そういった女の子が好きな人には堪らないと評判でもある。バスタブでは入浴ショーが行われ、女の子が泡で踊る姿を観られる。22時以降だと箱の大きさのわりに客数が多いのでなかなか座れない。早め（20時～21時くらい）に行くことをオススメする。

- ●ビール　140～160THB
- ●レディードリンク　150～170THB
- ●ペイバー　700THB
- ●ショート　3000THB（参考）
- ●ロング　6000THB（参考）
- ●規模　大型店舗。女性も多い。
- ●客層　白人が圧倒的。
- ● FB：https://www.facebook.com/BillboardBangkokOfficial/

ソイ・カウボーイ

26軒ほどのゴーゴーと数軒のバーがある。若い人から高齢者まで楽しめる雰囲気がソイカウの特徴。人気店は「バカラ」と「クレイジーハウス」になるが、粒ぞろいのマイナー店のなかにも案外見逃せないバーはある。

第1位 Crazy House

理由：店内のダンサー女性は全裸が基本。入り口でタイ人が入れないようにチェックしているので、警察が突然踏み込んでくる可能性も低く（外国人向けのゴーゴーバーではほとんどないが、タイでは稀におとり捜査もあるので）、安心して遊べる！

第2位 BACCARA

理由：やっぱりソイカウに来たらここは外せない。一度火災発生で休止していたが、数日で再開したときは店が拡張していたというタイならではのバイタリティーあふれるエピソードもある。

第3位 SHARK

理由：大人気店バカラの隣にあるために霞んでいるが、かわいい女の子が多く、落ち着いて飲めるのでオススメできる。一応2階席もあるようだが、そこはいつも閉まっている。それくらい客は少ないが、十分いい子に出会える穴場だ。

BACCARA Go Go Bar

元祖（？）ガラス張りステージを備えるゴーゴーで、1階の客は2階のノーパンガールズを下から見ながらビールを傾ける。2階は服を着て踊るグループと、上を脱ぐ半裸のグループに分かれる（いずれもノーパン！）。あまりの人気に高慢経営になり、ソイカウ衰退の鍵を握る。それく

かつては、女性が股から吹き矢を風船に撃つショーをいろいろなゴーゴーで見たが、的が外れて客の目に刺さったという洒落にならない事件もあった。

らいに影響力があるといっても過言ではなく、「クレイジーハウス」と共にソイカウ2強の座は不動とも言える。その分、女の子もかわいいし、人数もたくさんいる。曜日によっては店外でドリンク注文しないと入れないので、中にいる女の子をチェックしづらいところがネック。

- ビール　180THB～
- レディードリンク　200THB
- ペイバー　600THB（ただし、最低でもレディードリンク2杯の400THBを遣う必要があり、トータルで1000Bを店に支払うことが条件）
- ショート　3000THB（参考）
- ロング　6000THB（参考）
- 規模　大型店舗。女性も多い。
- 客層　日本人が多い。白人や中華系もいる。
- HP：http://www.baccarabarbangkok.com/

Crazy House

所在はスクムビット通りソイ23なので厳密にはソイカウではないが、このエリアに人が集まるのはこの店のクオリティーの高さゆえ。タイ人の入店完全拒否で摘発の危険性を極力避け、店内では女の子が全裸。踊り終わったあとの汗ばんだ身体がめちゃくちゃセクシーで、抱き寄せて興奮。ピンポンショーなどもある。女の子の容姿レベルも高く、ソイカウだけでなく、バンコクでもトップクラスのバーと言える。ただ、入り口のセキュリティーは入場料を徴収しようとするなど悪評もあるので、その場合はいったん別の店で遊び、そのあとに戻ってくるといい。

- ビール　170THB～
- レディードリンク　160THB～
- ペイバー　700THB
- ショート　3000THB（参考）
- ロング　6000THB（参考）
- 規模　大型。女性も多数在籍している。
- 客層　日本人、欧米人など。タイ人は明確に入店拒否。
- FB：https://www.facebook.com/pages/Crazy-House-Bangkok/544627132240799

SHARK

人気店バカラの隣にあって見落としがちだが、日本人のファンが多い店。かわいい女の子も多く、いい意味でも悪い意味でも中堅の店といった感じで寛げる雰囲気がある。2017年12月にはパッポン1にも支店を進出させ、ゴーゴーファンは「やっぱり人気がある店なんだな」と改めて

「バカラ」の人気席は素っ裸で踊る子を拝める2階。「クレイジーハウス」は1階のステージ周辺に客が群がるが、2階の席も十分に楽しめる。

感心したほど。一時期パッポンから移籍してきた女の子が多かった。2010年にパッポン近辺でデモ隊と警察が衝突し、客が激減。一斉にパタヤなどに女の子が移った。そのときなぜかここにも移籍希望者が殺到。そんな理由もあってか、パッポンぽい空気を感じることもある。

- ●ビール　160THB～
- ●レディードリンク　190THB～
- ●ペイバー　700THB
- ●ショート　3000THB（参考）
- ●ロング　6000THB（参考）
- ●規模　中型。女性は多い。
- ●客層　欧米人が多く、日本人もちらほら。
- ●HP：ナシ

Tilac

「ティーラック」と読む。タイ語で「恋人」の意。かつては場末感漂う店舗だったが、10年ほど前に店内を改装して、目が眩むほどおしゃれになった。迷路のように入り組んだステージでコヨーテが踊っている。ウェイトレスは勤続20年クラスも多く、店の派手さと比べて落ち着ける店でもある。これまでタイではほとんど見かけなかったバドワイザーにも力を入れているようで、タイ・ビールが180バーツなのに、輸入バドワイザーが190バーツで飲める。コヨーテの連れ出し料金がお断り価格的に高いが、モデル並みに美しい女の子もいるので、その価値あり？

- ●ビール　170THB～
- ●レディードリンク　210THB～
- ●ペイバー　800THB、コヨーテ3000THB
- ●ショート　3000THB（参考）
- ●ロング　6000THB（参考）
- ●規模　中型。女性の在籍は多い。
- ●客層　白人が多い。
- ●HP：ナシ

LIGHT HOUSE

オープンから21時まではハッピーアワー。さらに、日替わりで100バーツでドリンク提供をするため、低予算で遊べる。欧米人が多いので、店内は盛り上がっている印象があり、女の子もそれなりにかわいい子がいる。深夜3時くらいまで営業している日も多い。

- ●ビール　165THB～
- ●レディードリンク　165THB
- ●ペイバー　700THB、コヨーテ1200THB
- ●ショート　3000THB（参考）
- ●ロング　5000THB（参考）
- ●規模　中型、ダンサーとコヨーテが半々
- ●客層　欧米系、中東系が多い
- ●HP：https://www.facebook.com/lighthouseagogo/

ソイカウからタクシーに乗る場合、ソイ23の入り口まで出るか、アソーク通りを渡った側で乗ること。それ以外はボッタクリしかいない。

ไนท์ไลฟ์

知っておきたい夜遊びの基本

女性の性格は優しいがリアリスト

タイ女性は美しく、かわいい。だから、世界中の男たちが魅了されるし、タイ男性もまたタイ女性を褒める。一方では「したたかさ」も彼女たちにはある。

根本的な部分ではタイの女性は優しくて、情が深い。南国らしく働かない男性に代わって女性が子どもや家族を養う。人を好きになるときには経済力を問わない面を見せながらも、しっかりと金勘定はしているのがタイの女性。

タイ人女性の貞操観念は？

今の若い人はティーンエイジで初体験を済ませる人も増えている。とはいえ、一般の人は例えクラスメートで知っている仲であっても初デートは友人同伴で来るなど、男性に対する警戒心が強い。

結婚も昔と比べたら遅く25歳半ばを過ぎて。籍を入れない人も多く、離婚率も高い。男性の浮気や生活費を入れないなどの理由が多いが、女性の浮気も少なくない。全体的にはタイ人はセックスに対して奔放だ。タイ人女性は貞操観念が高い一方で、欲望に忠実でもあるということだ。タイ女性はひと言では言い表せない。だからこそ、魅力があるのだ。

タイの夜遊びはプロほど安全性が高い

タイの夜遊びで性病の話はめったに聞かない。フリーは別だが、店舗があるジャンルではどこも給与受け取りの際に性病検査の診断書提出が基本になる。気休めでしかないが、これを実施することで女性たちの認識が高まり、コンドームの着用率も上がる。

1990年代はタイはHIV大国とされ、今も日本より感染者が多い。それにもかかわらず、これだけネットが発達した中でもタイの夜遊びでHIVや性病に感染したという話題はまずない。それくらい安全だと言える。

バイアグラは手に入る？

タイでも「バイアグラ」は入手可能。繁華街近辺のクリニックなどで処方せんナシでも手に入る。ジェネリックもある。本来の製薬会社ではないところが作ったもので「シデグラ」という類似品がある。ニセモノもあり、スクムビット通りのナナからアソークにかけて、それからパッポン近辺の露天で売られている。精力や勃起関係はほかにタイ伝統医学に基づいた漢方薬もあり、日本人向けにはタニヤのカラオケ店のトイレなどに広告が貼られていることがある。

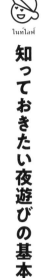

2

エロ古式マッサージ

นวดแผนไทย

●スクムビット通りソイ24/1、ソイ26ほか
（BTSプロンポン駅、BTSトンロー駅）

○サービス料2000～7000バーツ

バンコクで今ホットな遊びはエロ古式！

タイでアツい夜遊びというと人それぞれになるが、確実に女の子と最後まで楽しむことができ、しかも満足のいくサービスを受けられるものとなれば断然、エロ古式マッサージを推薦したい。

「古式マッサージが？」と思う人もいるかもしれないが、これは表向きで、実際のスタイルはマッサージパーラー（日本でいうソープランド・後述）に酷似している。ゴーゴーバーのように自由恋愛の延長として楽しめる反面、女性に断られる可能性があるジャンルと違い、確実にセックスができて、しかも満足度が高い。

この形態は2000年代初頭に在住日本人のために誕生したもので、あまりのサービスのよさに、最近は欧米人や中国人までもがわざわざネット予約をして訪れるほどバンコクでは定番化しつつある遊び方だ。

「古式マッサージ」が表向きでしかないのは、法律的にマッサージパーラーでは新規参入が困難という事情がある。近年はちょっとしたバーも法人化しているのが普通で、マッサージパーラーもちゃんと企業として経営している。しかし、現在はマッサージパーラーとして認可は下りない。風俗店が自宅近辺にできることを近隣住民が好まず、抗議活動が起こってしまうからだ。

そこで考えられたのが「エロ古式マッサージ」だ。古式マッサージ店なら新たに起業してもすぐに認可される。しかも、シャワーをつけたり個室

スクムビット通りソイ53と24にある「いもや」という居酒屋。値上がりしつつあるバンコクの居酒屋業界で、昔ながらの料金を保ち続け、かつ味もいい。

カラフルで美しいコスチュームで出迎えてくれる。人気店「アディクト」のカラーは紫色。

を作っても、古式マッサージ店としてはなんら不自然ではない。だから、新たに風俗店を開業しようというときに、このように法の抜け穴として古式マッサージを装って風俗的なサービスを提供するようになっている。

そこにさらに日本的なサービス――性的なサービスと顧客サービスの両方を日本式にハイレベルにすることで、日本人だけでなく、いろいろな国の男性を虜にしている。タイ人経営店もあるが、特にサービスが行き届くのは日本人経営店になる。

通常の古式マッサージ店との違いとは

普通のタイ古式マッサージ店での性的なサービスは以前からあった。特に外国人が多く泊まる宿泊施設周辺の古式マッサージ店は、今でも性的なサービスがある。看板など表には一切書いていな

いちばん安く飲むにはコンビニでアルコールを買うこと。カウンター裏にある「ラオカオ」という焼酎が60バーツ。泡盛の原型とされる酒。ただ、まずい。

いが、初見でもすぐに見分けがつく。それは店員を見ればいいのだ。そういう店は女の子がちょっとエロティックな格好をしているからだ。

　こういうところでは英語で「スペシャル・マッサージ」と呼びかけてくることがある。ただ、最後までできる店はほとんどなく、手か口によるサービスになる。というのは、通常の古式マッサージ店にはできる環境そのものがないからだ。普通規模の店は大部屋をカーテンで仕切って半個室にしている程度だ。さすがに女性側もセックスをすることがためらわれる。

　そして、店側が性的サービスを明確に推奨しているわけでもない。入店して料金を払うカウンターのメニューに「スペシャル」あるいは「ボディー・トゥー・ボディー」とあるとそれは性的サービスを意味する。特に後者のほうで表現していると高確率でセックスを意味するが、先にも述べたように、古式マッサージ店としてはあまりない。リゾート地やバンコクの大型ホテル周辺に古式マッサージ店が密集しているエリアがあり、そういう場所ならそこまでできることもあるが、10軒あったら2、3軒ほどだろう。この手の店はマッサージ師が個人的にチップをもらうためにサービスをしているに過ぎない。いわば素人なのでテクニックもなく、コストと見合っているかどうかに疑問が残る。

　スペシャルにかかる費用は、マッサージの基本料金（バンコクは1時間当たり250〜350バーツが相場）とは別にマッサージ師に払うのは、手なのか口なのか、あるいは最後までなのかなどサービスの度合いで違うが、いずれにしても1000バーツ前後はかかる。それであればエロ古式に行ったほうが、2倍3倍は払うことになってもトータル的にコストパフォーマンスがよい。

「スペシャル」ありの古式も従業員は有資格者だが、結局のところどちらも中途半端な感覚は否めない。ただ、素人っぽさが好みなら話は別。

そもそもエロ古式は女性の容姿が格段にいい。タイ古式マッサージの施術師は年齢も高いし、一般的な素人女性であるため着飾ったりせず、ポロシャツなどのユニフォームで化粧もほぼしないなど、マッサージをするため機能的な格好をしていてエロさからかけ離れている。

普通の古式マッサー店はこのようにカーテンで仕切られている程度で個室は少ない。

　ただ、かわいい女性が在籍するタイ古式マッサージもないわけではない。例えばスクムビット通りソイ23をソイ・カウボーイからさらに奥へと進んでいくと、古式マッサージ店が軒を連ねている。ここはスペシャルでチップを稼ぎたい女の子がたくさんいて、この辺りであれば容姿には期待できる。実際この近辺の飲食店に徒歩で向かうと、ため息ができるほどにかわいい女の子が手を引っ張ってくる。ほかにもスクムビット通りではソイ18、ソイ22にあるホテル周辺にちらほらとスペシャル可の古式マッサージ店が並んでいる。

　一応、本物の古式マッサージについても紹介しておこう。古式マッサージはタイ伝統医学による治療法で、法的にも学問的にもタイでは認められている。インドの伝統医学「アーユルヴェーダ」を基にして発展し、ただ揉むだけではなく、中国の伝統医学のように身体の「セン」や「ツボ」を刺激することで、身体全体のバランスを整えるという考えに沿って施術される。

ソイ23の「スペシャル」ありのマッサージ店の先に、日本の叙々苑で働いていたというタイ人経営の日本式焼肉店「三休」があり人気。

マッサージ師はバンコクの涅槃像《ねはんぞう》で有名な寺院「ワット・ポー」に併設される学校で学び、卒業証書を取得しなければ就業できない。技術の差はあれど、ちゃんとした知識を持った人が施術を行っているということになる。ワット・ポーに認可された学校もあり、そこを卒業すればいい。日本人向けの学校もあり、旅行がてら学んで帰る人もいる（基本コースなら計30時間でマッサージ90分コースができる技術が得られる）。スクムビット通りのソイ39にあって、BTSプロンポン駅から徒歩1分の場所だ。

サービスが明確で日本語もばっちり通じる！

エロ古式が急激に増えたのは2006年前後からだ。それ以前は日本人居住者の多いBTSプロンポン駅周辺に3店舗ほどあっただけで、ほとんど知られていなかった。夜遊びと言えばカラオケかゴーゴーバーだったので、日系企業駐在員の奥様方にはノーマークのジャンル。だから、特に家族帯同でバンコクに来た駐在員が家族に知られることなく遊べると密かに人気に火がつきはじめた。

その後店舗が増えてきて、競争が激化するにつれてサービスもよくなり、さらに客が増えるという好循環がはじまった。そして、2010年前後には日本人が多いエリアで定着した。

サービス内容はマッサージパーラーとほぼ同じになる。ただ、マッサージパーラーでは本格的なマッサージはまったくないが、エロ古式は形骸化しているとはいえ、本物の古式マッサージをしてくれる店もあり、なかには資格を保有する人もいる。

エロ古式はマッサージパーラーと比べて小規模店舗であることが多い。そのため、バスタブのあ

BTSプロンポン駅周辺で特にスクムビット通りソイ24はコンドミニアム（マンション）が乱立し、投機目的で購入する人が多い。

る部屋はマッサージパーラーなら当たり前でも、エロ古式ではVIPルームでないと用意されていないなど、若干の違いがある。だが、入店して女の子を選び、部屋で身体を洗ってもらってベッドで最後まで楽しめるという一連の流れは同じだ。

このエロ古式がなぜここまで人気ジャンルに上り詰めたのか。それはまず、「サービスの明確さ」だとボクは見ている。マッサージパーラーもゴーゴーバーもカラオケも、最終的にセックスができるという点では同じだが、細かいサービスまではっきり明確化しているのがエロ古式の特徴なのだ。

具体的に言うと、例えば「2回戦可」だとか「ディープキス可」、「大人のおもちゃ可」などをママさん、あるいは店のオーナーが把握しているし、店内のアルバムにも記載されている。アルバムは文字通り女の子の写真が載っている冊子だが、写真にはあまり期待してはいけない。素人が撮った写真かフォトショップを使って加工しまくった写真かのどちらかで、実物とは違うことが多いからだ。かわいく写っていればいいたで実物とのギャップにがっかりということもあるし、プロの加工ではないために実物のほうがいいこともあるので、写真で選ぶと客にとっては損しかない。

アルバムに可能なプレイ内容がすべて日本語で明記されているので、部屋に行ったあとに「話が違う！」というトラブルが起きにくいのは大きなメリットだ。マッサージパーラーではコンシアと呼ばれる支配人が、女の子ができるプレイを教えてくれるが、それが適当だったり、女の子も面倒ならやらないといったスタンスでいたりする。しかし、エロ古式は書いてあることや言ったことは履行するので失敗が少ない。これはかなり大きい。ボクが見たことのあるアルバムでは「アナル可」という気合いの入った女の子もいたほどで、事前

人気店はアルバムを廃止するところも出てきており、今後はママさんや日本人従業員に問い合わせてプレイ内容を確認することが主流になりそう。

にプレイ内容を想像できるのもありがたい。

余談だが、アナル関係で言うと「アナル舐め可」と表示する女の子が結構いる。日本人にそういうのが好きな人が多いのだなと、アルバムから学ぶこともあったりする。

ちなみに「大人のおもちゃ可」はいても、おもちゃ自体は持参しなければならない。タイでは非合法の玩具になるため、持ち歩く際は検問などに遭わないよう気を使いたいところだ。大人のおもちゃはゴーゴー地帯のパッポンやナナ・プラザ周辺の路上で売っているので手に入りやすいのだが、このときも取り締まりには気をつけ、自己責任で手を出したい。さすがに逮捕・拘束ということはめったになく、おそらくあっても罰金で済むだろうが、警察がなにか理由があって見せしめとして摘発するパターンでは報道陣に囲まれる可能性がなくもない。タイはパスポート番号を含めて実名報道される。タイ語だけならいいが、それを在住日本人が日本語訳にしてネット掲載するので、予想以上のダメージを被るだろう。

昼間からやっていて駅近なのも嬉しいポイント

エロ古式は午前中からやっている店も多く、午後イチからならほぼすべての店が営業している。観光のついで、ショッピングの途中、あるいはゴルフからの帰りに寄ることができ、時間が効率よく使える。寝起きにエロ古式、夜にカラオケやゴーゴーという遊び方もできる。

そして、もっともエロ古式が優れているのは、アルバムの条件提示でも感じられるが、女の子だけでなく、ここで働くすべての人たちが日本人の性格をある程度把握していることだ。些細なことだが、あとあと響いてくる。チップの要求の仕方、

ローションはデュレックス製のものが売られており、大きめのドラッグストアなどで手に入る。ドラッグストアは「ブーツ」が多い。

エロ古式が密集するスクムビット通りソイ24/1。和食店も数軒ある。

口の利き方、対応の仕方などで不愉快になることはほとんどない。

マッサージパーラーは本来タイ人を相手にしたサービスなので、必ずしも外国人慣れした女の子ばかりとは限らない。そのときにやはりタイ式の接客態度が強く出てしまって、ときに態度が悪く見えることがある。タイ式接客は客と店員が対等どころか、客が下で「サービスを提供してあげている」感が前面に押し出される。店員の機嫌が悪ければ、店に入った瞬間に怒られるくらいだ。

もちろんエロ古式だって相手は生身の人間で、機嫌や体調もある。それから働く女性全員が日本語可というわけでもない。それでも日本人の性格を知ってくれているというのは、些細であるが重要だ。

それからマッサージパーラーはホテルと間違うような巨大施設になっているところが多い。一方

タウンハウスは個人名義で賃貸は可能だが、土地付きのため購入不可。不動産はコンドミニアムなら日本人の個人名義で買うことができる。

でエロ古式はタウンハウスというタイ式長屋で小規模であることが一般的だ。小規模と言ってもタウンハウスは4階~5階建てなので、部屋数はそこそこある。ただし、個室ひとつひとつは狭い。

エロ古式が小規模であるのにはちゃんと理由がある。それは都心にあるからだ。マッサージパーラーはちょっと離れた場所にあるため、大型化が実現している。つまり、エロ古式は立地条件が観光客にとってかなり優れているのだ。バンコクのエロ古式（他県には日本人専門のエロ古式はほぼ存在しないが）はほとんどがBTS沿線にあり、天候に関係なく遊びに行きやすい。

雨になるとバンコクは途端に路面状態が悪化して交通渋滞がひどくなる。そのため、タクシーの乗車拒否も多くなるし、特定のマッサージパーラーに客を連れていくと店からキックバックが運転手に入る仕組みもあり、行きたい店に連れて行ってもらえないことさえある。エロ古式はほぼすべての店がこういったタクシーやガイドとの特別契約をしていないので、行きやすい。この近さが大きな意味を持つ。

このようにエロ古式は立地やシステム、サービス内容から対応まで、すべてが日本人向けになっていて、さっきはじめてタイに着いたという人でも思いっきり楽しんでもらえることを保証する。ゴーゴーバーのノリのよさと、日本人カラオケのサービス力と、マッサージパーラーの遊び方を組み合わせたような、いいとこ取りのジャンルと言える遊びなのである。

エロ古式地帯のソイ26には「ルンルアン」というタイ麺料理の有名店がある。夕方までの営業で、1杯40バーツレベルと安い。

นวดแผนไทย

エロ古式マッサージの遊び方

日本語だけで遊べるので安心

エロ古式の遊び方はシンプルでわかりやすい。ほとんどの店に日本人、あるいは多少でも日本語を理解するママさんか従業員がいる。最悪、入店のタイミングでいなかったとしても、料金表などは日本語表記されていて困ることは一切ない。まずはざっと流れから見てもらいたい。

店探し　徒歩で探す場合、正統的タイ古式マッサージは店頭に料金表示があるが、エロ古式は「マッサージ」とあっても料金は提示されていないことを目印に。ほとんどの店がサイトを持つため、事前にネット検索で探すことも可能。料金確認のために事前にチェックしたほうがいい。

↓

入店　ほとんどの店は入り口前がロビーになっているので、そこにあるソファーに通される。

↓

選ぶ　女の子を選ぶ。実物に並んでもらって見てもいいし、アルバムでチェックすることもできる。オススメの選び方は、実物を見て店員に条件を聞くパターン。

↓

決定　質問があればママさんや日本人担当者に聞く。システムも納得がいくまで聞いても嫌な顔はされない。むしろトラ

BTSプロンポン駅周辺でも、ソイ26の奥、スクムビット通りのソイ41から47の間はひったくりなどが多発しているので、特に夜間は注意が必要。

ブルを避けたいので、どんどん聞いてほしいとのこと。基本的には日本語可。オプションや入浴時間も決める。

↓

支払い　前払い制。カード可もあるが、基本は現金。基本料金＋オプション料金を払う。基本料金はどこも2000バーツくらいから。

↓

部屋へ　女の子に案内されて部屋に移動。

↓

プレイ　シャワーや風呂で身体を洗ってもらい、ベッドでプレイに入る。

↓

終了　回数ではなく時間制。終了したら女の子にチップを渡す。100バーツから最大でも500バーツ。

オススメのエロ古式は日本人経営か、日本人従業員が常駐する店だ。このジャンルがもっとも多くあるBTSプロンポン駅界隈やトンロー駅のエリアなら日本人向けの店ばかりで、確実に日本語が通じる。初心者でも安心だ。

エロ古式は登記上は古式マッサージ店であるため、外観も「これぞ風俗店」といった雰囲気ではなく、ほとんどが普通の古式マッサージ店のような外観。そうでない店も稀にあるし、今は有名ジャンルになったので一般女性でも知っている人は知っているが、人目を気にする必要が他ジャンルよりは少ない。

外観の傾向としては、まず正統派のタイ古式は1時間あたりの料金が店頭のガラス窓などに表示されているが、エロ古式にはそれがない。また、店名が横文字（英語など）や日本語併記になっていることが多い。店頭に女性がいる場合、服装で

トンロー通りは駅前の「深夜食堂」、ソイ13向かいの「しゃかりき432゛（しみず）」が深夜営業しているので、遊び終わったあとに最適。

セクシーさを強調している。バンコクではスクムビット通りソイ24の入り口近辺、同通りのソイ24／1、ソイ26がエロ古式地帯になっている。

エロ古式のほとんどが昼ごろ、早ければ午前中からやっているので、夜を待たずとも遊びに行ける。マッサージパーラーは13時スタートが多いので、それよりもやや早くから遊べる。かつてはエロ古式のほうが料金設定は高めという印象があったが、最近はマッサージパーラーが全体的に高級化していて料金差はほとんどない。むしろマッサージパーラーのほうが高いケースが増えたと言ってもいいかもしれない。

例えばマッサージパーラーは3000バーツ台が当たり前のなか、エロ古式は2000バーツ前半からが一般的。時間も1時間、1時間半、2時間で選べたり、オプションはノーマルコースのほかオイルマッサージ、複数プレイ、コスプレなどがあり、マッサージパーラーにはない選択肢がある。

料金設定はコースやオプション選択が多いためかなり細かいので、予算は事前にサイトで確認したほうがいい。ほとんどの店が日本語ウェブサイトを持っていて、料金体系がわかるし、出勤中の女の子の顔を確認することもできる。

女の子選びのコツは恥を捨てること！

入店すると小さなカウンターがあり、日本人従業員、あるいはママさんなどがすぐに来る。そして、入り口横に備えつけられているソファーに座るように促される。ここでは女の子を選ぶだけなのでかなりシンプルな内装になっているが、一応マッサージ店だからということでお茶やコーヒーを無料で出してくれる店もある。また、有料だが

BTSプロンポン駅直近のスクムビット通りソイ33/1は小さな飲食店が並ぶ。「ヘリティーズ」はアイリッシュパブで昼間から飲んだくれることができる。

ビールを頼めるところもあり、リラックスして女の子選びに入りたいところだ。選ぶ方法には3つのパターンがある。

1　女の子に並んでもらい、実物を見て選ぶ
2　アルバムから女の子を選ぶ
3　実物とアルバムを同時に見ながら選ぶ

実際的には3番は少ない。というのは、アルバムはタイ人のセンスで製作されていて、よくも悪くも実物と写りに大きな隔たりがある。数人で来る客だとその話で盛り上がってしまい、女の子を選ぶまで時間がかかることが少なくない。今、エロ古式は人気で、客がひっきりなしに来る。店側としてもそこに時間をかけてほしくないので、女の子選びは1番か2番のどちらか一方だけになる。

どちらかといえば実物を目の前にして選ばせるだけにしている店が今は圧倒的に多い。ただ、慣れていないとこれが結構難しい。女の子が多い時間に入店したとすると、自分ひとりに対し、かわいい女の子たちが10人以上、こちらに笑顔を向けてずらりと並ぶ。緊張するわ恥ずかしいわで、最初はなかなか選べない。

対処法は「慣れ」しかない。だから、ここは開き直ってしまおう。現実的なことを言えば彼女たちも仕事であり、毎日何十回と立っては選ばれないということを繰り返していて、それが日常であるため、あまり深く考えていない。そう考えれば、女の子を目の前にしても恥ずかしいと思わなくなるだろう。

店のアルバムはクリアファイルに写真と箇条書きにされた各種条件の可否が入っている簡易的なもの。出勤していない、あるいはすでに客がついていて空いていない子の写真をすぐに抜き取れる

「旅の恥はかきすて」だからといって、昼の市街地でナンパすると警察に通報されることもある。一般タイ人は保守的な人が多く、性関係には厳しい。

ようになっている。

アルバムから選ぶ場合、見るべきは容姿ではなく、プレイ可能ラインが自分の望むレベルに達しているかどうかである。容姿は参考程度。記載されている名前と年齢、スリーサイズのほか、日本語はできるか、ディープキスは可能か、乳首舐め、アナル舐めの可否など、データをしっかり読み込もう。日本のソープよりも安く遊べるとはいえ、タイ国内の物価指数から言えばエロ古式は高い。しっかり元を取るため、満足のいく遊びをして帰るべきだ。あらかじめ自分が望んでいるプレイがどこまで実現できるかをアルバムから読み取ろう。

では、実物を見ながら女の子を選ぶときにプレイ条件がわからないままなのか、というとそんなことはない。これは日本人従業員やママさんに聞けばどんなことが可能かがわかる。そういう意味では、どんなプレイをしたいかを入店時に伝えて、その条件に合った子だけを残してもらい、その中から選択することが合理的で早い。

プレイ条件にどんなものを提示すればいいのか。例えばディープキスがしたい、アナル舐めをしてもらいたい、生フェラは外せない、マッサージに重点を置いてほしい、2回戦もしたい、とにかく性格がいい、日本語ができる、といったことになる。タイではSMやスカトロプレイは浸透していないので、これは困難だ。アナルセックスもできる子はほぼいない。それからタイの女性は早い人は10代のうちに子どもを産んでいる場合があり、経産婦とわかるような体型や痕がないというような、容姿に関する条件を入れることもできる。

風俗遊びはどんなことをしたいかをさらけ出した人が一番楽しい思い出を持ち帰ることができる。エロ古式の女の子も毎日日本人の要望に添ったプ

タイ人女性は胸囲や靴のサイズを「ニウ」という単位で言う。ニウは指のことで、約2.1センチとされる。1インチ＝約2.54センチなので、インチに近い。

レイをしているのですんなり受け入れてもらえ、我々はなにひとつ恥ずかしがることはない。

店側としても、サービスがあらかじめ言っていたこと、客がイメージしていたことと違っていたりすると日本人の性格的に後々トラブルになることを知っているので、ちゃんと聞いてほしいという。

コース選びも最初にしておく

さて、女の子選びと同時に我々はコース選択もしなければならない。エロ古式のコースは一般的な古式マッサージと似ていて、「タイマッサージコース」、「ローションコース」、「アロマオイルコース」が主流となる。店によって呼び名が違うが、これらの意味を含ませたコースが揃う。

最近はちょんの間的に簡単に済ませて帰ろうという人も増えている。そんな人のために手コキやフェラだけの簡易コースが用意されていたり、逆に王道の本番なしの古式マッサージだけができる店もある。

まずエロ古式の基本である「タイマッサージコース」から説明すると、単にほかのコースとは違い、なにも塗らずにプレイをするというものになる。要するにノーマルな状態でのプレイで、料金はほかのコースよりも安めであることが一般的。このあとになにか予定があって、あまり身体に匂いをつけたくなければこのコースがいい。

ローションとアロマオイルのコースはその名の通りで、ローションやオイルを塗る。ローションは日本製を用意するところもあり、オイルよりも匂いがない。オイルはタイ伝統医学に則ったハーブ入りを使っている場合もあって、いい香りではあるが、店を出たあとにも匂いが身体に残ってい

タイ伝統医学のハーブを「サムンプライ」と呼ぶ。様々な料理にも使われ、例えばトムヤムクンは抗ガン作用があるとされるなど生活にも密着する。

ることもある。だからなのか、わりとローションプレイをする人が多いようだ。

コースを選んだらプレイ時間と部屋も選ぼう。マッサージパーラーは店によって時間が固定されるが、エロ古式は選択できる。時間は1時間、1時間半、2時間などがあって、幅は店によって違う。手か口で安く素早く終わらせたい人のコースは30分程度とさらに短め。この短時間コースは女の子は服を脱がない店もあるので、やはりそれなりに時間を取って入店したいものだ。

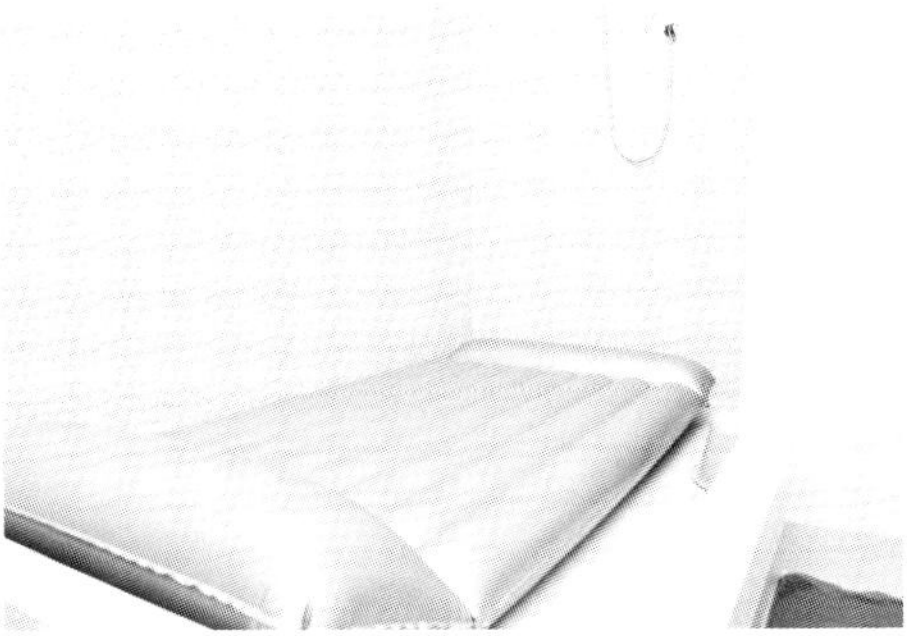
マットプレイが可能な店もある。写真はトンローの「マーメイド」。

部屋は主にシャワーのみとバスタブつき、VIPがある。じっくり楽しみたいならバスタブがあったほうがいいし、そのときには1時間半や2時間のコースがマッチする。ボクはささっと終わらせるような「女を買う」的な流れは好きではなく、ベッドの上で一緒に余韻を味わいたいタイプ。だから2時間コースをオススメしたい。

VIPルームに関しては部屋の広さや設備などによるが、店によって定義が違う。女の子をひとりに絞れなかったらふたり以上を選んで複数プレイもできる。そのときにVIPルームを使うと、女の子ひとり頭の単価が安くなる店もある。

特殊なプレイとしてはエロ古式では3Pだけでなく、レズビアンにも対応している店がある。タイはレディーボーイやゲイが多いのと同じで、男性になりたい女性であるトムボーイやレズも一定

スクムビット通りソイ33などには、前立腺マッサージのファッションヘルス「茜」もある。最後まではできないが、複数プレイも可。

数いる。そういった女性を一部のエロ古式店では受け入れている。女性全員が対応できるわけではないので、事前確認が必要だが、マッサージパーラーではレズ対応はないので、エロ古式の懐は広い。

オプションなどの諸々を決めたら、前金で支払う。もちろんいろいろ聞いても納得がいかない、気に入る女の子がいないとなれば、その店を去るというのも選択肢だ。近辺にはたくさんのエロ古式がある。この点も店側は慣れているので、遠慮なく出ていってかまわない。

ただ、これはタイの遊びジャンル全般に共通することだが、一期一会、出会いのタイミングがあることも忘れないでいただきたい。そのときに女の子にビビッとくるものがなくても、10分後は自分にとって史上最高の店になっているかもしれない。出勤のタイミング、女の子の空きの状況など、いろいろな要素がある。しかも、タイ人は日本人ほど時間にきっちりしていないので、出勤予定の時間に来ないこともよくあり、ママさんでも出勤時間を把握できないこともある。だからなおさらタイの風俗は巡り合わせが大切になる。

エロ古式ではホームページを利用し、できる限り客と女の子を結びつける努力をしている。日本人経営店ならほぼすべての店で日本語サイトがあり、女の子のアルバム写真を掲載している。店頭だけではなく、ネットからもお気に入りを見つけることができ、ほかのジャンルと比べたら出会いのタイミングとしては申し分ない打率を確保できる。サイトの予約機能や、掲載されている日本人直通電話で女の子を事前に予約することも可能なので、これだという女の子がいるのであれば、先に押さえておくのもエロ古式ならではの遊び方になる。

タイはLGBT関連のトラブルも多発するが、「男らしさ＝乱暴者」と解釈するタイ人トムボーイが多く、揉めると面倒なので注意。

時間終了まで目一杯遊ぶ

　支払いが済んだら女の子が部屋に案内してくれる。女の子によっては部屋まで手を繋いでくれるなど、意外とキュンとくるようなことをしてくれる。施設は小さいところばかりなので、廊下も狭い。エレベーターがないのが難だが、そんなところを手を繋いで歩くのは、女の子のアパートに来たような、あるいはラブホテルに来たような背徳感というか、テンションが上がる瞬間でもある。

　部屋に入ったらあとは時間が来るまで思う存分楽しめばいい。いきなり裸になる人もいれば、バスタブに湯が溜まるまでじっくり話をする人もいる。女の子もテンションが高ければ、いきなりプレイということもある。ゴーゴーのショートはちょんの間のように１回でおしまいだが、エロ古式は時間内いっぱいまでじっくりと遊べる。

　終了時間が近づくと内線電話やノックなど、なんらかしらの合図がある。その合図を聞いたら帰る支度をすればいい。数分くらいなら目くじらを立てられることもないので、２回戦に突入していたら早めにフィニッシュするようにすればいい。

　店側としては自らお願いしづらいというのもあるし、実際に不要だという経験者もいるが、ボクとしてはここでチップを上げるべきだと思っている。もちろんサービスがよかったらの話だが。基準は自分の価値観でいい。思った以上によかったとか、そういった気持ちを表すのがチップになるのだ。それもマックスで５００バーツが相場といったところ。

　例えばＢＴＳプロンポン駅周辺の店で働く女の子は営業時間を考えると、店が終わってから自宅に帰るときはタクシーを使うことになる。そのと

ゴルファーは、エロ古式を「19番ホール」としょうもないオヤジギャグで呼ぶことも。後述する「タニヤ大学」くらい使い古されている。

きに高くても１５０バーツ以内の距離に住んでいるはずだ。だから、最低はタクシー代、あるいは屋台での夜食代として１００バーツくらいでもいい。ゴーゴーでなら店内でダンサーにあげるチップとして50バーツくらい渡せばいいが、エロ古式ではさすがに最後まできっちり楽しませてくれているので、チップをあげるなら最低で１００バーツ、最高でも５００バーツと覚えておこう。もし細かい札がなければ階下まで降りてからカウンターで両替をしてもらうこともできる。１００バーツくらいでは彼女たちも慣れていて、あまり喜んだ顔を見せないかもしれない。それでもなにもしないよりはマシ。

　エロ古式はタイの夜遊びジャンルのなかでもっとも日本の遊び方に近い。とはいえ、女の子もタイ人である。やはりプロとはいえサービスに１００％徹しきれない部分がある。そこは我々日本人が彼女たちの仕事ぶりを誉め、ちょっとだけでもチップをあげて感謝を示す。つまり客側も多少は女の子に尽くすようなことをする。そうすればまた次に来るときに遊びやすくなり、よりいい思い出を得ることができるようになる。ＬＩＮＥなどの連絡先を交換することも有効だ。実際にメッセージを送り合うかは別として、女性からしたらリピーターを得るチャンスでもあるので、気軽に教えてくれるし、自尊心をくすぐれる。

　そういったタイの遊び方も踏まえて、ぜひともエロ古式に臨んでいただきたい。このジャンルをボクがオススメする理由がわかるはずだ。

プロンポンやトンロー界隈は、帰りが深夜になってもタクシーはすぐに捕まるし、ボッタクリタクシーの遭遇率もかなり低い。

นวดแผนไทย

エロ古式マッサージ

みんなの体験談

容姿ではどこにも負けないと自負する「アディクト」

エロ古式でボクがもっとも思い出に残っているのは、やはり初体験だったスクムビット通りソイ24の「アディクト」だ。日本人でエロ古式というとこの店の名前を挙げる人は多い。

「アディクト」は女の子の数が多く、しかもかわいい。オープン当初は、ママさんの伝手《つて》で女の子を集めるごく普通の探し方のほか、当時はまだタイでは新しかったネット求人を駆使した。そのため、幅広く女の子が揃っていたし、ネットでも予約ができるなど、他店ではあまり見なかったサービスがあったのも勝因だったのではないだろうか。

この店はタイ人経営だが日本人からの評価が高いのは、たぶん立地も関係している。ソイ24の入り口からすぐ。つまり、BTSプロンポン駅から徒歩1分という近さなのだ。路地裏にあって、表からは一切見えないという入りやすさもよい。

制服もスチュワーデスを彷彿とさせるスタイルで、元より大人っぽい女の子はよりエレガントに、かわいい系の女の子は背伸びをしている感じがまたいい。エロ古式は個性を出す手法のひとつとして制服にこだわる傾向にある。特に「アディクト」は制服のサイズをMサイズ以下しか用意していない。つまり、これ以上のサイズ感の女性は採用されない。また、妊娠線などがある子も一切入れないようにしているので、ママさん曰く「とにかく見た目はどこにも負けない」とのことだった。

「アディクト」でボクが最初にお手合わせ願った

女の子たちは先輩や指導女性から手ほどきを受けテクを身につける。オーナーやママさんなどと仲よくなると実験台として我々も呼んでもらえるのだとか。

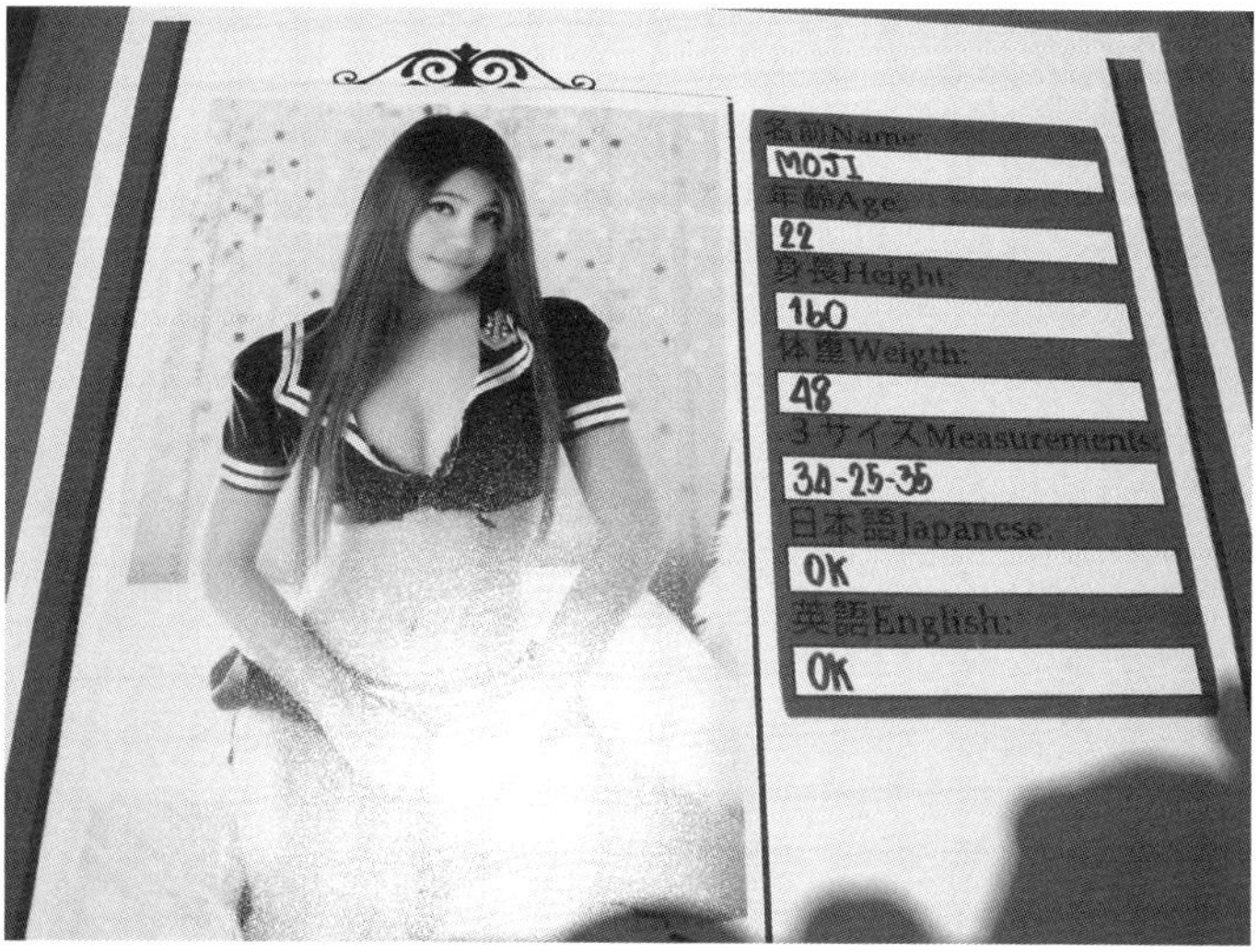

「アディクト」にいたモジちゃん。アルバムを見て女の子を選んだが、本物は全然違った。

のがモジちゃんという20歳くらいの女の子だった。今で言えば女優の有村架純に似ている女の子（髙田主観）で、昼間は学生をしていた。色黒で、胸は大きくはないが、むっちりと肉感的なスタイルがエロい雰囲気を醸している。

奮発して広い部屋の角に三角形のバスタブを置いた部屋にした。当時は人気爆発の直前だったため部屋を選べたが、今は「アディクト」に限らずどの店でも選べるのは部屋の形態だけで、ここがいいと指定できる店は少ない。三角形のバスタブはやや違和感があったが、当時新装したばかりで、新しい雰囲気についつい惹かれた。エロ古式は一般的な建物を改装し、後づけで設備各種を設置する。だから、ここに限らず設備や雰囲気に違和感が拭えないこともときにある。このときの部屋はバスタブとエアコンの位置関係が悪く、寒かった。南国とは言え、風呂に入りながらのエアコンはき

コスプレ制服持ち込み可の店もある。パッポン2などにエロ系のコスチュームショップが何軒かある。

つい。

　そんななかでもモジちゃんの仕事は非常に丁寧だった。ゴーゴーやマッサージパーラーでのサービスしか知らなかったボクにとっては、あの細やかな気遣いには感動を覚えた。

　例えば洗い方にしても、客を飽きさせないように一所懸命に話しかけてくれるだとか、そういった些細な違いを感じた。ボクなんかは洗ってもらっているときはおとなしくされるがままなのだが、モジちゃんは「胸、触ってもいいんだよ」なんて言ってくれる。たしかに部屋に入ったときの会話で「はじめてだ」とは言ったが、それはエロ古式マッサージがはじめてという意味だ。彼女はボクを童貞か、初風俗だと勘違いしたのかもしれない。でも、それを不快にならない言い方でかまってくれるのが心に響き、居心地のよさを感じた。

　エロ古式はベッドの横に鏡がついている店がほとんどで、自分たちのプレイを眺めながら楽しめる。それもかなりストライク直球で嬉しい。そのときはアロマオイルを選択した。風呂から出て、ベッドに横になるボクにオイルを塗ってくれている彼女の裸体を鏡越しに見てさらに興奮した。

　前戯はモジちゃん主導でお願いした。彼女はディープキスやら乳首舐めやら、少なくともボクが望むすべてをこなせる女の子で、密着度が高くて本当の恋人同士のようなプレイが堪能できる。ボク自身は最悪ディープキスとセックスのいずれかを選ばなければならないとされたらディープキスを選ぶくらいに重要視する。マッサージパーラーではそれができない子が多い。部屋に入ったのちに軽いキスすらできないとわかったときのガッカリ感と言ったら、もう二度と来ないと思うほど。だからこそ、事前にプレイの内容がわかるエロ古式はありがたい。

タイで色白女性というと主流は中華系だが、最近は地方出身のタイ族の女の子でも色白な子が増えてきている。タイ人女性の美白への執念はすごい。

いろいろな体位を楽しみ、それを鏡越しに眺めたり、きつく抱き合ったりの90分間。正直、あとにも先にもこれがもっともタイで楽しめたプレイだと言える。

BTSプロンポン駅周辺に泊まって毎日通う

エロ古式を褒める日本人はほかにもたくさんいる。例えば、タイへの旅行は基本的にはセックスツアーだと言い切る30代半ばの木村さんは、コスパもそうだが、なによりも効率的だとエロ古式を称賛する。

「滞在中は毎日必ず来ます。ゴーゴーやカラオケもよく行きますが、必ずいい子に会えるわけでもないし、連れ出せないときもあります。でも、エロ古式ならかわいさは同じレベルで、サービスが日本人の心を掴むもの。コスト的にもトータルで安い。最高ですよね。最近はプロンポン駅周辺に中級の安いホテルも増えたし、泊まりもこの辺りです」

特定の店は決めていないが、スクムビットのソイ24、ソイ24／1、ソイ26の3か所はメッカとも言えるほど名店が密集しているので、とにかくここに来ればいずれかの店でいい子に会えると木村さんは胸を張って教えてくれる。

エロ古式密集地帯のスクムビット通りソイ24。

タイ語で「童貞」を表す言葉はいろいろあるが、「処女」と合わせて「ボリスット」という言い方がある。直訳は「純粋」で、きれいな表現だと感心する。

真の人気嬢は性格も抜群？

東南アジアで貿易関係の仕事をしているため、年に何度か海外出張をする石倉さんは、日本からまずはタイに来る。タイは東南アジアすべての国に直行便があるので便利なのだ。最近はタイでは仕事がないので、バンコクはエロ古式に来るために滞在するようなものだ。

「オススメは昼間だね。昼ごろと夕方前の時間帯が客が少ないみたいで、人気の女の子に出会えるチャンスが高い。やっぱり人気になる子はサービスが違うんだ」

人気ランキングはホームページ上で紹介されている店もあるし、ネットでの評判で探したり、直接ママさんに聞くと教えてもらえる。絶対的に人気が高いのは容姿、性格、テクニックと三拍子揃った女の子だが、いずれかひとつだけ突出していても人気になる。すべて揃っていなくても、セールスポイントがある子は男たちの気を引くようだ。みんなに選ばれるにはなにか理由があるのだ。

ボク自身がややそのタイプになるのだが、あまりにもかわいい、もしくは美人だと気後れしてしまう。しかし、真の人気嬢は顔だけでなく性格もよくて、料金以上の満足感を与えてくれる。例えそれがビジネス上の演技だったとしても、日本人経営者などがちゃんとテクニックを教え込んでいるのでサービスレベルは高い。ゴーゴーなどでは人気になって天狗になっている女の子も稀にいるが、エロ古式ではその確率はゼロに近い。だから、エロ古式ではできるだけ「いい女」を狙っていくべきだと石倉さんは断言する。

童貞は「ソット」（フレッシュという意味）とも言う。「ソート・レ・ソット」と言うと「独身で童貞」という意味になり、タイ人にややウケする。

コスプレが楽しめる店もある

　ある日、エロ古式の受付で立ち話をした日本人大学生はエロ古式のためにバンコクを再訪したのだと笑顔で話した。スクムビット通りソイ24／1に2017年に移転した「スウィートマンゴー」だ。コスプレとローションプレイが有名で、小さいながらもリピーター率が高い店として知られる。

「これまで2回ほどバンコクに来たのですが、ずっとゴーゴーバーで遊んでいました。それで、前回の最後の日、空港に行く直前に試しにエロ古式に来たらあまりのよさに感動しまして、それで今日、やっと再訪したのでまた来てみたんです」

　彼はボクと会った数時間前にタイに到着し、ホテルにチェックインするや荷物を開けずにここに飛んできたのだとか。彼曰く、プレイの濃密さ、ローションなどを使う楽しさに関してエロ古式にはゴーゴー以上の魅力があると言った。

　タイ人女性はよくも悪くも自分に正直だ。素をそのまま出してくるため、それを異文化だと楽しめる人ならいいが、相性の悪さを感じる人もいる。エロ古式は日本人のためのサービスなので、不快になることはほとんどない。そのため、ほかのジャンルには行かずにエロ古式ばかりで遊ぶ日本人も増加している。

日本人好きな女の子も多い

　最近は中国人や欧米の客も増えてきているというエロ古式ではあるが、基本的にはここで働く女の子たちの大半が日本人好きであるという点もサービスのよさに繋がっていると考えたい。

　それで言えばタニヤなどの日本人カラオケ店も

タイの空港は観光客が多く、入国審査はいつも数十分待ち。回避する方法はいくつかあるが、確実なのは、日本人のVIP送迎を依頼すること。（次頁へ）

似たようなものだが、エロ古式のほうが勤める側のハードルがやや高いという事実が、その結果に違いをもたらす。バンコクのエロ古式で一番人気だと評される「101プレミアマッサージ」の日本人社長はこう話した。

「エロ古式に勤める場合、大なり小なり実際に古式マッサージができること、またプレイのなかで様々なテクニックを駆使してサービスをするという必要があります。ただセックスをすればいいというものではないため、それなりに覚悟を決めた女性が集まるのです」

「俺の26」はセクシーギャル系が多い。

生まれながらに男性を悦ばせるテクニックを持った女性も稀にいるが、最初は誰もがなにも知らない状態で入店してくる。そこで先輩からいろいろと教わり、自分のものにしていく。ときに日本人マネージャーやママさんらに怒られることもあるだろう。それを乗り越えた女の子たちが在籍しているのがエロ古式なのだ。

そして、そこまで耐えられるのは、稼がなければならない事情がほかにあるとしても、日本人男性が好きという共通した気持ちがすべての女性にあるといっても過言ではない。先の「アディクト」においてかつて一番人気だった女性は、

「日本人は優しいから好きね。プレイが上手な人も多い。タイ人男性のセックスで感じたことはあ

（前頁より）そのなかには警察エスコートを用意するところがあり、タラップから出国、ホテルまで警察がついてくれる。

まりないけれど、日本人は楽しくていいわ」
と感想を漏らしていた。欧米人のなかにはアジア人を見下している人もいて、サディスティックなプレイをすることもある。ゴーゴーに勤めるボクの知り合いの女の子はプレイ中にピアスを引っ張られて耳たぶを引きちぎられた。日本人はそんなことはしないので、女の子も日本人客なら安心して迎え入れられる。

マッサージ嬢と結婚した日本人もいる！

それから、こんな話も聞いた。スクムビット通りソイ33のあるエロ古式に勤めていた女性だ。ソイ33は2017年に入って不動産開発がはじまってしまい、徐々に日本人向けのエロ古式店が減ってきている。この女性はすでに引退しているが、かつての同僚は日本人と結婚したという。

「今、友だちは大阪にいるよ。日本人と結婚したのだけど、知り合ったのはお店なの。何度も通ってくれて、彼女のことを本当に好きだって言って、付き合いがはじまったみたい。それで最後はちゃんと結婚したわ。もう2年くらいかな、日本に移住して」

日本人向けのカラオケ店にいる女性と結婚する日本人男性はよくいる。近年はそんな結婚話はだいぶ減った。女性側も特に若い世代はかなりビジネスライクになったというのもあるし、日本人が日本語で遊べる場所がカラオケしかなかった時代とは違い、いろいろなジャンルに分散されるようになったという事情もあるだろう。その分、日本人男性がエロ古式の女性と結婚したり、交際しているという話をちらほら耳にするようになった。

ゴーゴーバーの女の子と付き合っているという話はごくたまに聞くが、結婚したという話はほと

タイ女性は全般的には性生活に対し淡泊。しかし好きな人もいて、そういう子に店で出会うとどっちが遊びにきているかわからないほど。（次頁へ）

女の子の親密なサービスに夢中になる日本人男性が後を絶たない。

んど聞いたことがない。ボクも人生の半分、20年もタイに関わってきているが、ゴーゴーの女性と結婚した日本人は2000年初頭に会ったひとりしかいない。その人は結婚後パタヤに移住してゲストハウスを経営していた。欧米人ならゴーゴーの女性と結婚した人は何人か知っているが、これはゴーゴーバーが性質上、日本人だけに特化していないことと、わりとノリで生きている感じが女の子にも男性側にもあって、結婚までは至らないからなのかと思う。

そう考えればエロ古式に勤める女性は日本人男性にとって付き合いやすい対象でもあり、通い続けることで、その場限りではない、先のある遊び方にもなる。

(前頁より) では、そういう子を見分けられるかというと、外見では難しい。クリトリス肥大の子がその傾向が強い。そんな子に出会ったらLINE交換は必須だ。

นวดแผนไทย

エロ古式マッサージ オススメ店舗

新規参入が難しくなったマッサージパーラーに代わり、エロ古式はそのおもしろさと魅力を増している。特にエロ古式はアルコール販売をメインにしていないことと、行政側の管轄がバーやマッサージパーラーとは違うので、他ジャンルほど規制を受ける可能性が高くない。

そんな、いつ行っても楽しめるエロ古式のなかで、ボクが特にオススメしたい店をピックアップして紹介したい。個性豊かで、どの店においても満足できるはずである。

玉もみで知られる老舗「オーキッド」

バンコクのエロ古式マッサージで黎明期から続く店はすでにほとんどが消えてしまった。そんななか、今も続く人気店は「オーキッド」である。2018年で15周年を迎えるのだが、バンコクのエロ古式は結局のところ、まだそれくらいの歴史しかない。だからこそこの急成長がおもしろいのかもしれない。

場所も経営者も変わらずに営業を続けるこの老舗は、日本人オーナー曰く「うちは若い客には向かないかもしれない」とのこと。近年では83歳の日本人が来たというほど、客の年齢層が高い。というのも、ここ「オーキッド」においては最後まできるということに重点を置かず、本格的古式マッサージ店並みにマッサージが上手なことを前

普通の古式マッサージでディープキスをしてもらって1000バーツ巻き上げられた人がいるが、エロ古式ではそういったボッタクリは聞いたことがない。

提に女性を雇っていることが事情でもある。そのため、どうしても若い女の子が集まりにくく、客層もやや高めになるのだ。

この店がマッサージに重点を置くことには大きな理由がある。ここがあるジャンルにおいて第一人者であるからだ。

それは「玉もみ」である。

要するに金玉をモミモミするサービスを一番最初にはじめたのがここなのだ。玉もみはタイ語で「ジャップ・ガサイ」といい、これ自体は古式マッサージに大昔からあった。このマッサージを「玉もみ」と名づけ、さらにタイ伝統医学と西洋医学の医師に助言や効能を調べてもらった上で本格的な睾丸マッサージとしてはじめた。13周年時点で「26万玉」を揉んできたという実績もある。

この玉もみは今では正統的なタイ古式マッサージ店でも実施するところがある。しかし、本家は「オーキッド」である。血行促進などの効能があるのだが、やはり最初は怖い。男のデリケートな部分を握られるのでちょっとした勇気がいる。気持ちいいのだが、緊張からなのか、それとも血行促進の効果なのか、終わるとちょっとランニングをしたような疲労感がある。それでもここまで広まったのはその効果が悦ばれているからにほかならない。

女性も20人以上在籍していて、年齢層も21歳～20代後半までいる（比率としては20代後半のほうが多いとか）。すべての女性が玉もみテクニックを修得しているし、当然、普通のタイ古式マッサージも一定以上のレベルを保っている。在住日本人も多く利用し、日本人常駐で安心できる店である。

「オーキッド」近くに「バーンイサーン・ムアンヨット」という東北料理の人気店がある。店内は西部劇っぽい内装だが、味は本格的で安い。

トンロー駅前にある少数精鋭店「マーメイド」

BTSトンロー駅から徒歩1分にある「マーメイド」はこぢんまりとした少数精鋭のエロ古式だ。

「マーメイド」は少数精鋭で美人系が揃う。

女の子は10人ほどで、日本語が話せる女の子もいる。

ここはローションマッサージがあり、マットプレイも堪能できる。マットプレイの場合は多少テクニックが必要であることから、女の子を雇うときもやる気とテクニックを重視して採用しているという。そのため、オーキッドと同様にここ「マーメイド」もまた女性の年齢層はやや高い。それでも平均で20代半ばといったところか。

駅近にあるといっても、飲食店「えぞや」の裏手に入る路地（駐車場）のなかにあるため、人目につくことなく入店できる。しかも朝は10時から営業しているので、思い立ったらいつでも行けるのがいい。

姉妹店として「プリティ」という店がスクムビット通りを挟んだ向かい側にあり、日本人スタッフはそのどちらかに常駐する。基本的には「マーメイド」にいるので、こちらに足を運ぶと言葉の問題はクリアできるはずだ。

ネット予約も可能なので、トンロー界隈でちょっと遊ぼうと思う場合はこの「マーメイド」をオ

トンロー通りソイ19の近くに「ブレインウェイクカフェ」があり、ここでは日本の天皇にもパンを作ったことがある日本人職人が毎日パンを焼いている。

ススメしたい。

ハズレなし、複数プレイも可能な「パラダイス」

「ハズレなし宣言」を大々的に謳う「パラダイス」は、在籍60人強、常時出勤している女の子が30人以上という大型店。ここまで女の子が揃っていれば、間違いなくハズレはない。

実際にボクも目の前で女性を見て、アルバムも見せてもらった（一般客はアルバムか実物を見るかのどちらかひとつ）。本当にハズレがない。在住30年超という日本人社長のおメガネは厳しく、かわいい子から美人まで素敵な女の子を常時置いている。社長曰くは「ロリ系は置いていない」というが、それはあくまでも年齢の話で、下は19歳から上は30歳くらいまでと幅広く、どんな趣味の人でもテンションアップは間違いない。なあなあではなく、ちゃんと仕事をする女の子を集めているので、部屋での仕事っぷりも定評がある。

多いのは在籍数だけでなく、部屋数も。最上階にはパノラマルームを造り、女の子を3人呼んで遊ぶこともできる。この店の売りのひとつは複数プレイができることで、特に女の子を増やすほどひとりあたりの単価が下がるという嬉しい料金設定になっている。

「パラダイス」の女の子はホームページでも確認できる。

スクムビット通りソイ41に「東来順」という安い中華料理店があり、日本人に人気。同じ路地には焼酎バーなど洒落た店が多数ある。

10年も営業しているだけあって、ここは超がつくエロ古式の有名店になる。プレイも丁寧でリピーターも多く、ロビーで社長と話している間にもひっきりなしに客が訪れていた。タイミングによってはあまりイカした女の子に出会えないのではないか。そんなボクの懸念に対して社長はこう言う。

「狙い目はすべての営業日で20時前後」

この時間は日本人は食事に行っていることが多く、客が少なめ。女の子も選び放題になる。容姿を重視するなら実物を見て、サービスを重視するならアルバムで選ぶ。アルバムは客がネットに書き込んだ声も拾ってあり、常時アップデートされていくので参考になる。

社長の懸念は、最近の若い人は遊びに消極的だということだそうだ。

「こっちはこういう商売しているから恥ずかしがらないでどんなプレイをしたいかズケズケと言ってほしい。そうしたら、それに合う女の子を何人か並べるので、そこから選べば間違いないでしょう？」

そう、タイの夜遊びで大切なのは、自分に正直になることなのだ。

タズヤンが満を持して世に送る「俺の26」

日本人向けカラオケ街タニヤで人気のおっぱいパブ「セクシークラブＦ１」の名物社長「世界のタズヤン」こと田附裕樹氏が満を持して参戦したのがスクムビット通りソイ26のエロ古式マッサージ密集地帯にある「俺の26」。タズヤン参入は２０１７年からだが、店としては２０１３年から営業している中堅的な存在だ。

多くのエロ古式がテクニック重視のなか、（あ

スクムビット通りソイ26の奥にある「アンアンラオ」という中華料理店はタイ南部出身の華人が経営し、北京ダックが350バーツ／1羽で堪能できる。

くまでもボクの目線ではあるが）比較的ギャルっぽい女の子が揃っている印象を受ける。常駐する日本人に話を伺っている最中にもこの店のナンバー1と2を同時に見せてもらったが、かわいいのなんの。細身というよりは肉感的で、抱き心地がよさそうな。性格も明るく、イマドキの女の子といった雰囲気はほかの店の落ち着いたイメージとは違っていた。

「俺の26」のナンバー1と、世界のタズヤン。

女の子の出勤状況はネットに掲載されているので、来る前に確認したり、予約をしてから訪れてもいい。むしろ予約が多いようなので、状況チェックは忘れないようにしたい。実際に訪れた日本人会社員に話しかけてみた。

「会社の飲み会が終わってネットで見たらお気に入りが空いていたので来たんです」

と笑っていた。

名実共にタイ一番の「101プレミアマッサージ」

もっともオススメしたいのが、名実共にバンコクの日本人向けエロ古式業界でトップ店だと評される「101プレミアマッサージ」だ。エロ古式の激戦区、スクムビット通りソイ26にあり、新規、リピーター問わずハマっていくのがこの店である。とにかく客が喜ぶことを第一にし、2011年

世界のタズヤンは恋愛対象が「人間」なので豊富な体験をしている。過激すぎてSNSアカウントが年に何度も停止させられるほど。

テクニック、サービス、容姿。どれをとっても業界1と言われる「101プレミア」。

ごろのオープンから人気の衰えを一切感じない。出張サービスも可能だし、領収書発行もできる。早めの予約には早割もあるし、昼間は11時から営業している。

サービスも「腰が震える」というウリ文句も頷けるほど、日本のソープ嬢も顔負けの極上サービス。料金を見るとわかるが、この設定で本番行為＋アルファと考えたら、日本のソープで遊ぶことがばからしくなってしまうのではないか。コスパから見ればむしろリーズナブルだ。

オイルマッサージもあるが、一般的なタイ古式マッサージではハーブを使い、終わったあとに匂いが残る。この「101プレミアマッサージ」においては無臭のオイルを使っているので、遊び終わったあとに誰にも気づかれずに済む。もし家族でタイに来ても、こっそり遊びに行きたい「ちょいワル」なお父さんだって安心である。

「101プレミア」の向かい辺りに「aube」という若い在住日本人御用達のカラオケ・サパークラブがある。タイでトップの音響設備が自慢。

この店が人気なのは単にサービスやテクニックだけではない。実際に性格よしな女の子が多い。なんだかんだ言って、男も性欲を満たすというよりはある種の癒やしを求めてこういった店に足を運ぶわけで、いくら容姿がよかったところで性格が悪いのに当たっては話にならない。だから、タイ人女性らしい優しさに出会えるのもこの「101プレミアマッサージ」が人気の理由だと思う。

これは日本人社長の信念に関係しているようだ。タイ人経営の風俗店は女性を奴隷のように扱うところが多いが、氏はそれをしない。

「女の子たちも人間。店が大切にすれば、女の子も店を大切にする。ワタシは普通の女の子が得られる幸せをうちの子たちにも得てほしい。ただそれだけを考えています」

風俗店ではあまりない福利厚生もちゃんとしているし、彼女たちが掴みたい幸せを一緒に掴もうとバックアップしている。客には直接関係のない経営理念だが、それが見事に客に跳ね返っているのだ。社風がいいため、ギスギスせず、タイ人女性本来の優しさが前にちゃんと出る。それを客が感じ取る。この店で出会った女性と日本人男性が結婚したケースもある。

そういう点で「101プレミアマッサージ」は現状において女の子のレベルが高く、サービスも行き届いていてバンコクで一番楽しめる店であると言える。BTSプロンポン駅から徒歩圏内で、この店のある通りには和食店も数軒あるので、すべてがここで完結するのもまた素晴らしいことである。

ハイクラスな女の子が揃う人気店「アディクト」

BTSプロンポン駅直近で、ほかにも数軒エロ

「101プレミア」や「俺の26」がある路地の「ばんや」という和食店はレベルが高くて、在住日本人に人気がある。

古式がある場所にあるが、他店とは比較にならないほどレベルが高い。店内、部屋もきれいで、古式ではなくマッサージパーラーの域。定点観測していると5分に1組は入ってくるほど人気がある。要相談だがレズ対応できる子もいるし、あまり宣伝していないが、最近は3Pオプションも導入している。

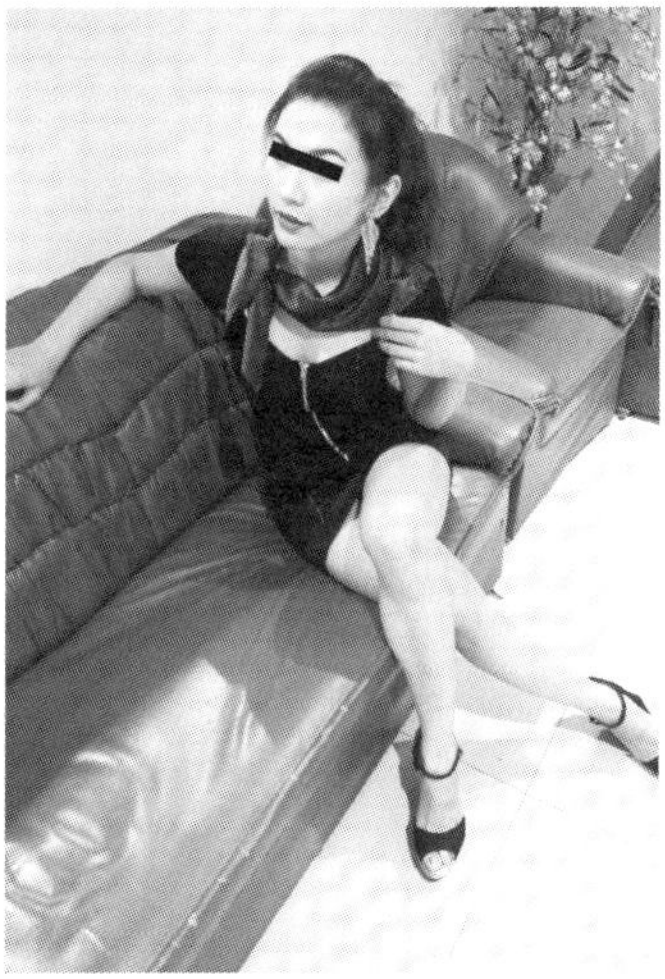
「アディクト」初期の伝説の人気嬢オーポーちゃん。スタイルも性格もよかった。

Mermaid Massage

最寄駅：BTSトンロー駅
行き方：トンロー駅直下にある「寿司居酒屋えぞや」の横の路地を入る。
電 話：094-253-1589、02-381-1191（タイ語、英語）
時間：10:00～24:00　**定休**：ナシ
ウェブ：http://mermaid-bangkok.net/
在籍：約10人（調査時）
年齢：20代半ばが中心
料金：1200～2900THB（調査時。プロモーション価格アリ）
こんな人にオススメ：こっそりと堪能したい人

Orchid Massage

最寄駅：BTSプロンポン駅
行き方：スクムビット通りソイ31をまっすぐに進み（約500m）、交差点を左に曲がりすぐ右側。
電 話：02-259-5770、089-499-4251（日本人携帯電話）
時間：11:00～24:00　**定休**：ナシ
ウェブ：http://www.soi-japan.com/orchidmassage/
在籍：22人（調査時）
年齢：21～29歳（調査時）
料金：1000～6900THB（調査時）
こんな人にオススメ：プレイと「玉もみ」の両方を楽しみたい人

「アディクト」そばにある「一番」は、バンコクにおける昔ながらの日本式ラーメン店で、かつて在住日本人たちはこのレベルで感動していた。

俺の26

最寄駅：BTSプロンポン駅
行き方：スクムビット通りソイ26に入って約150mの小さな路地を入り、左側にある。
電話：095-562-6181（日本人携帯電話）
時間：12:00～24:00　**定休**：ナシ
ウェブ：http://oreno26.com/
在籍：15人、出勤は常時6～7人（調査時）
年齢：19～30歳（調査時）
料金：900～2600THB（調査時）
こんな人にオススメ：ノリよくギャル系と遊びたい人

Paradise massage

最寄駅：BTSプロンポン駅
行き方：スクムビット通りソイ26に入って約150m右側。
電話：089-496-2594（日本語）
時間：11:00～23:00　**定休**：ナシ
ウェブ：http://paradisemassage.x.fc2.com/
在籍：60人強、常時30人以上が出勤（調査時）
年齢：19～30歳（調査時）
料金：2100～6000THB（調査時）
こんな人にオススメ：複数プレイなど、とにかく「エロ」が大好きな人

Addict Massage

最寄駅：BTSプロンポン駅
行き方：スクムビット通りソイ24に入り20mほどのところにある路地を入る。
電話：081-663-2469、080-663-6969（タイ語、英語）
時間：10:00～24:00　**定休**：ナシ
ウェブ：http://www.addictmassagebkk.com/
在籍：60～75人が常時出勤
年齢：20～29歳
料金：2000～2700THB（調査時）
こんな人にオススメ：見た目、スタイルがいい子と遊びたい人

101 Premier Massage

最寄駅：BTSプロンポン駅
行き方：スクムビット通りソイ26に入って約150mの小さな路地を入り、右側にある。
電話：080-782-2120、092-849-4478
時間：11:00～24:00　**定休**：ナシ
ウェブ：http://www.101premiermassage.com/
在籍：常時60人が出勤
年齢：20～27歳（前半が多い）
料金：2200～2700THB（調査時。別途早割アリ）
こんな人にオススメ：エロ古式で失敗したくない人

BTSプロンポン駅前のデパート「エンポリアム」の中に日本語書籍店「東京堂」がある。タイのディープなガイドブックのほか、無料誌も手に入る。

อาหารไทย

タイ料理の作法

バンコクで外せないのはタイ料理だ。地元料理を食べることが、もっともおいしいものにありつくことであり、文化を学ぶことだ。ここではそんなタイ料理のマナーを紹介する。

●注文方法

メニューがない場合は、食材を指さして英語とジェスチャーで注文。基本的な調理方法のタイ語は次のようなもの。

炒める＝**パット**　例・パットガパオ（バジル炒め）
焼く＝**ヤーン**　例・ガイヤーン（ヤキトリ）
揚げる＝**トート**　例・トートマンクン（エビすり身フライ）
煮る＝**トム**　例・トムヤムクン（エビのトムヤムスープ）
蒸す＝**ヌン**　例・プラーヌンシーイウ（魚の醤油蒸し）

●辛くないタイ料理の頼み方

タイ料理は辛くなく、香草が入っていないものも多い。注文時にあらかじめそれを入れないでほしいと指定することもできる。

唐辛子＝**プリック**
パクチー＝**パックチー**
香草＝**サムンプライ**
パクチーを入れない＝**マイサイパックチー**
辛い＝**ペット**
辛くない＝**マイペット**
あまり辛くない＝**マイコイペット**

●食事のマナー

タイでは音を立ててスープを啜ったり、椀に口をつけて飲んだりしてはいけない。顔を皿に近づけるのもよくない。要するに犬食いが嫌われる。

主にスプーンとフォークが基本。（利き手が右なら）右手にスプーン、左手にフォークを持ち、スプーンとフォークで食べものをスプーンにひと口分集めて食べる。スプーンはナイフの役目もする。

●麺類の食べ方

タイの麺には米粉麺「クイッティアオ」、小麦粉中華麺「バミー」がある。スープは薄口で、テーブルのナンプラー（魚醤）、唐辛子、砂糖、酢で好みの味に仕上げる。スープ入り「ナーム」、スープなし「ヘーン」を指定して注文。炒めた焼きそば風もある。代表的なものが「パッタイ」。麺類だけ箸で食べる。音を立てて麺をすすらない。スープも丼に口をつけず、レンゲですくう。

3

カラオケ

คาราโอเกะ

●タニヤ通り（BTSサーラーデーン駅／MRTシーロム駅）

○セット料金600〜1000バーツ

○レディードリンク220バーツ

○ペイバー600〜800バーツ

○ショート2500バーツ　ロング4000〜4500バーツ

คาราโอเกะ

カラオケの基礎知識

知識ゼロでも安心して遊べる日本人カラオケ密集地帯「タニヤ通り」

癒やしを求めてタイの夜遊びに飛び込みたい人は、日本人向けのカラオケクラブに遊びに行くことをオススメする。タイの夜遊びでは英語はほぼ通じるものの、互いにネイティブでないことから完璧な意思の疎通は難しい。日本人向けの店であれば少なくとも店内においては日本語が通じる。また、働く女性のなかには日本語能力が高い人も少なくない。

タイの日本人向けカラオケは、クラブあるいはキャバクラとスナックの形態の2種類がある。東京なら銀座、大阪なら北新地にあるようなプロ中のプロのホステスが相手をしてくれる高級クラブをもっとポップに、かつ安くしたのがキャバレー・クラブ、すなわちキャバクラで、タイのクラブ型のカラオケは日本の高級クラブとキャバクラの中間のようなイメージになる。スナックはカウンターだけの店が多く、カウンター越しに座って女性と話す店だ。若い女の子ばかりのスナックもあるので、むしろガールズバーに近い。

基本的にはカラオケがセットになるが、高級店はカラオケのない店もある。カラオケがなくても遊び方はカラオケ店と同じで、ジャンルとしては「カラオケ」としておく。

最近は特にスナック形態の店が増えてきているが、初心者や旅行者はキャバクラ形態をオススメしたい。スナックは連れ出しができない店が多く、どちらかというと在住者向けになる。

朝夕のBTSは混雑する。特にサーラーデーン駅、サイアム駅、チットロム駅、アソーク駅、プロンポン駅、オンヌット駅が混雑して、すぐに乗れないことも。

夜のタニヤ通り。左手前のビルはランドマーク「タニヤ・プラザ」。

バンコクにおける日本人向けカラオケ店はBTSサーラーデーン駅前にある「タニヤ通り」と、BTSアソーク駅からエカマイ駅の間に点在する。つまりスクムビット通りとそこに繋がる小路のソイにばらけて店を構える。スクムビット通りは、アソーク通りに日系企業が多いため、日本人駐在員が多く居住する。この界隈のカラオケは基本的にこういった在住者を目当てにした店ばかりで、旅行者をあまり相手にしていない節がある。要するにリピーターをほしがっている店が多く、駐在員を狙うために料金もやや高く、クラブに近い雰囲気がある。また、連れ出しができない店も少なくない。家族帯同の駐在員が多く、連れ出しは需要が低いと見られる。

旅行者にとってのオススメはタニヤ通りになる。ボクとしてはカラオケならタニヤが好きなので、旅行者でなくても聞かれたら「夜遊びならタ

BTSサーラーデーン駅と直結するビル1階に「サイアムコマーシャル銀行」（紫）があり、ATMの使用も問題ない。また、同ビルには帽子ショップがある。（次頁へ）

ニヤ」と答える。

タニヤは別名「日本人通り（ソイ・イープン）」とも呼ばれる。イープンとは「日本」という意味だ。わずか200メートルの路地にカラオケクラブ、スナックが約80店もひしめいている。タニヤは在住者も観光客も関係なく歓迎してくれる通りで、しかもセット料金を選択すればどの店も600〜1000バーツほどで1時間飲み放題。タニヤはスクムビット通りのカラオケよりも安く飲めるのでキャバクラっぽく、気軽に遊べることが魅力だ。

タニヤのメリットはそれだけではない。スクムビットのカラオケは離れた場所に点在しているため、ハシゴしたいときにはタクシーを利用する必要がある。タニヤはひとつの建物に2軒以上のカラオケがある。飲み足りない、あるいはいい女の子を見つけられなかったらすぐさま次の店に移動できる。これは力強いメリットだ。

タニヤ通りはかつては日本人向けの歓楽街ではなく、普通のビジネス街だった。ゴーゴーバー街のパッポン通りも同じで、昼間はあくまでも一般企業がひしめくビジネス街だった。このふたつの歓楽街があるシーロム通りにオフィスを構える外国企業の駐在員や観光客を目当てにした夜の店がタニヤやパッポンに増えはじめ、いつの間にか夜のほうが目立つようになった。タニヤは今もランドマークとなっている「タニヤ・プラザ」を中心に日系企業が拠点を構え、そういった企業が接待をするために求めたのがカラオケクラブで、今に至る。

ちなみに、このタニヤ・プラザは在住日本人のゴルフファンにとっても重要な場所で、下層階にはゴルフショップが多数入居する。そのため、移住してきたばかりの駐在員は奥さんに「ゴルフシ

（前頁より）オリジナル刺繍で文字などを縫い込んでもらうことができる。ひとつから注文可。所要30分以内で500バーツ前後。

ョップに寄ってくる」と言いつつ、タニヤで遊んでいく人もいる。この手は在住期間が長くなってくれば奥さんもタニヤがなにかという情報を知ってしまうので使えないネタになってくるのだが。

　ネタと言えば、かつては「パッポン高校、タニヤ大学」という冗談が日本人男性の間でよく言われた。今でも中年以上の日本人男性のブログやSNSでは学歴に「タニヤ・ユニバーシティ」と書いている人が散見される。これは、パッポンのゴーゴーで夜にハマってタイ語を覚え、タニヤ大学でタイ人女性に翻弄されつつ、さらにタイ語を磨くというような意味合いがある。

　ただ、このタニヤ大学といった呼び方はもうすでに死語に近い。かつてのタニヤは今のスクムビット通りのカラオケ店と同じように、旅行者や若者を相手にしていなかった。羽振りのよかった日系企業駐在員たちの秘密の園だったのだ。それが今では誰でも受け入れてくれる懐広いジャンルへとスイッチしている。2010年より少し前にどこかの店がセット料金を導入し、それが広まりあっという間にタニヤがリーズナブルに遊べるエリアへと変貌したのだ。タニヤは日本人がずっと少なかった時代は選ばれし者だけが行ける特権的な場所というイメージもあった。いつか日本に帰る駐在員と、好きになってしまったタニヤの女性との駆け引きは、まさに大人の世界。だから「タニヤ大学」と名づけられた。今はタニヤのほうから歩み寄ったかのように気楽に遊べて、大学と言うほどの格式はない。だから、今はタニヤ大学と呼ぶ人は昔のタニヤを知っている人くらいになっている。

　ボクは2000年から1年間、パッポン通りの横にあるビル内のタイ語学校に通った。アパートもそのすぐ近くだった。そのため、夜のタニヤを

タクシーは、タイシルクの「ジムトンプソン」近くの交差点を渡ったラマ4世通りで拾う。それ以外はメーターを使わないボッタクリばかりなので注意。

歩く機会がたくさんあったが、当時はTシャツで歩く若者に呼び込みが声をかけることは一切なかった。今は日系企業はどこも大変で、駐在員の給料もあまり上がらないようだが、かつては日本の会社とタイ現地法人から給料と駐在員手当、住宅手当などが出て、駐在員はとにかく金持ちだった。だから、Tシャツの若者は見向きもされない。そもそもセット料金もなく、ゴーゴーと比べれば格段に高い飲み代を払うことになるため高級な遊び場でもあった。タニヤはそういうところだった。

そんなタニヤは今もカラオケ店が密集し、河岸を替えやすい魅力がある。ただ、デメリットがひとつあり、たくさんの客に対応するために店側も女の子の確保に四苦八苦し、その結果、あまり質のよくない子も散見されるようになったことだ。スクムビット通りでは料金が高い分、接客の面ではかなり優れている。駐在員がタニヤを敬遠する事情のひとつだ。

しかし、店の数、料金の安さでそのデメリットは十分にカバーできていると思う。嫌ならママさんに苦情を入れて女の子をチェンジしてもいい。日本人の性質を理解しているので、多少のわがままは聞き入れてもらえる。1時間700バーツ、つまり2500円くらいなので、見切りをつけて店を出てもいい。タニヤには女の子が星の数ほどいるのだ。

女の子の日本語レベルはピンからキリまであるが、うまい子はかなり上手に話す。こういう女の子はかなり重宝し、ガイド料や数日分の連れ出し料を先に払ってあげて、観光ガイドになってもらうこともできる。

このようにタニヤは、バンコクの夜を「日本式」に遊びたいと考えたときにもっとも優れたエリアだと言える。

タニヤ通りでトイレに行きたければ、「タニヤ・プラザ」へ。深夜であれば、地下駐車場へのスロープを下った先にトイレがある。

คาราโอเกะ

カラオケの遊び方

入り口で女の子を選ぶところからはじまる

タニヤにはおよそ80軒のカラオケ店が密集する。不人気店は淘汰され入れ替わりも早いが、概ねこの数が常時営業している。大半がタイ人経営だが、数軒、日本人経営、あるいは日本人従業員を置いているところがある。

タニヤのカラオケはキャバクラ形態が多く、数軒ほどスナックもある。スナックはカウンター越しに女性とお喋りしたりカラオケを歌うくらいで、お触りだとか連れ出しなどの直接的なことはできない。ただ、スナックが人気なのは、最近はそこまで女性を求めてないが飲むときくらいは女の子と話したいという需要が増えたからだ。また、錯覚ではあるが、スナック＝売春がない＝まじめな素人女性、というイメージもあって、直接的なサービスを嫌う人は足を運びやすい。なかには時間をかけて全力で口説きに来る男性も少なくない。つまり、スナックはタニヤにおいてもどちらかというと在住者向けになる。

カラオケ店のスナックとクラブ型の店の見分け方は非常にシンプルだ。それは、スナック形態にはだいたい店名に「スナック」、または「Ｓｎａｃｋ」という文字がついている。スナックは規模が小さめなので、看板を大々的に出していない。

スナックは女の子は選べないし、セット料金がある店とない店があるくらいの違いで、遊び方は簡単だ。ここではキャバクラ形態のカラオケでの遊び方を紹介していく。

タニヤはどこもビル自体が古いため、エレベーターが非力。一般的な体型の男性でも3人くらい乗ると動かなくなりそうなレベル。

入店　まずは入り口付近にあるソファーに案内される。予約、あるいは何度か来ている場合はこの時点で席に案内してもらってもいい。

←

選ぶ　ソファー周囲に女の子が集まり、そこから選ぶ。バッジの色、日本語の可否を考慮しながら選ぶ。最初から個室に入ることを決めている場合は個室で選ぶことも可能。

←

席へ　なにも言わないと大部屋の席になる。多くの店が有料で個室を用意しているので、そこを選んでもいい。

←

注文　セット料金はビール、焼酎、ウィスキーが飲み放題になる（店によってはビールとウィスキーだけの場合もある）。ボトル購入も可能。

←

飲む　セット料金に女の子のジュースが入っているが、レディードリンクを奢ってあげてもいい。ほとんどの店が女性用ドリンクは２００バーツ設定。

←

遊ぶ　お喋りしてもいいしカラオケを歌ってもいい。もちろん女の子次第だが、かなり際どいボディタッチをしても大丈夫な場合も。

←

会計　飲み代と同時に連れ出し料を払う（連れ出す場合）。会計後の店へのチップは基本不要。

スナックはタニヤなら「ペンちゃんの店」、「Tiny」あたりがよく知られる。スクムビットだとトンロー通りソイ９の「Kirara」が人気。

選ぶ際は女の子の指の数とバッジをチェック!

店に入るとまずは入り口近辺にあるソファーに座らされる。タニヤの場合、警察の取り締まりの関係で変動するが、店内で選ぶ場合と、すでに女の子全員が通りに待機していて、入店前に女の子を選ぶケースがある。

タニヤでは店の規模によって違うが、5人程度から30人以上も女の子がいて、それがずらりと並んでこちらを見ている。慣れないと緊張して選びにくい。ただ、カラオケ遊びで重要なポイントはこの入り口にあると言っても過言ではない。ゴーゴーバーであれば気に入らなければ追い返してもいいし、すぐに次の女の子に移行できる。しかし、カラオケの場合はチェンジ可能な店は少数派で、基本はその時点で選んだ子とセット料金分は飲まなければならない。あまりにひどい接客であればクレームしてチェンジできるが、そういった事情がない限り、交代の場合は200バーツ300バーツ程度の手数料がかかってしまうこともある。だから、女の子選びは慎重にいきたい。

では、選ぶ際になにを見るか。容姿はもちろんだが、女の子のバッジに注目したい。カラオケでは入店時に自分は女の子を連れ出したいのか、また連れ出したら

ずらっと並んだなかから女の子を選ぶ。ここがカラオケ遊び最大のポイント。

2018年1月にタニヤ通りで麻薬を買ったという日本人が逮捕された。繁華街には警察の公安部門が私服で動いているので、悪いことはしないように。

「ショート」なのか朝までの「ロング」なのかをまず決めておく必要がある。というのは、女の子のバッジには番号が割り振られ、地の色がそれぞれ違う。店によって異なるが、例えば赤色はロング可、青はショートだけ、黄色は連れ出し不可など3タイプがある。これは入店時にママさんかチーママが色の説明をしてくれるので、しっかりと把握しておくこと。連れ出さない場合はどのバッジでもいいが、朝までを希望していてもショートのみや連れ出し不可を選ぶと望みが叶わなくなってしまう。

　余談だが、チーママという存在は日本人カラオケにしかない。ゴーゴーは複数のママさんがいて、それぞれが女の子を抱えている。カラオケではママさんはひとりで、その下にチーママがいて女の子の面倒を見る。ママさんの出自はそれぞれだが、チーママはかつてはタニヤで働いていた女性などが昇格したり、年齢的にポジション変更（昇格？）をしたというケースがある。

　さて、選び方でもうひとつ見ておきたいのが、「日本語の可否」。入店するとママさんが女の子に「日本語！」と声かけをする。すると彼女たちはぱっと片手をあげて数字を示してくる。これも店によって違うが、1はほとんどできず、5がかなりできるなど、数字が大きいほどうまい。ただ、気をつけたいのが、この数字は自己申告であること。こちらの思っている5と、彼女たちが言う5がかけ離れていることもある。かつては「日本語できる子！」と声かけして手を挙げさせていたが、「日本語ができる子」という日本語しかできない子も手を挙げるなどむちゃくちゃだった。今はさすがに1レベルの女性が5を示すことはない。

　日本語が上手な人は勤続年数が長い傾向にある。ただ、だからといって年増だとは限らない。若い

女の子をひとりに絞れない場合、ふたり以上を選んで座ることができる。そのときはふたりめ以降の費用は、ドリンク代としてセット料金の半額くらい。

子でやる気があれば1年、2年でかなり上達していることもある。逆に日本語ができない子はやる気がないか、入店したばかりのフレッシュな女の子のどちらかとなる。

この日本語の可否とバッジの色を考慮して、あとは容姿を見て選ぶ。マッサージパーラーでは支配人などにどの女の子がいいかを具体的に紹介してもらうことができるが、それは女の子と客の距離が遠いのでなんでも言えるという事情がある。カラオケは人間関係もあって、ママさんにいい子を紹介してくれと言っても、名前を挙げてくれることはほとんどない。自分で選ぶ必要がある。

フリーの呼び込みのオジサンが案外使える

話が前後してしまうが、そもそも店の選び方をどうするかという疑問もある。タニヤにはたくさんのカラオケがひしめいているので、どこを選ぶかが問題だ。

まず、事前情報を得ておくといいのは、その店が連れ出しを主目的とした店か、そうでないか。タニヤではスリウォン通り寄りにある「サティカ」や、タニヤ裏にある「クラブ愛」が飲みたい人よりも連れ出したい人に向く。飲むだけもできるが、例えば「クラブ愛」だとセット料金なのにドリンクは2杯しか頼めないなどコスパが悪い。

入店して選んだらすぐペイバー（連れ出し）という形態は2000年代前半は「連れ出し専門店」とも呼ばれた。今はそういった呼び方はなくなった。多くの店が連れ出しサービスを提供するし、連れ出し専門店のような「飲まずにペイバー」という枠を作るようになった。ただ、連れ出しを主目的にした店は大型の傾向があり、女の子の数が多いというメリットがある。だから、最初から

ママさんの出自は、チーママからのステップアップ、パトロンからの出資、元々それなりの富裕層で水商売をビジネスとしてはじめた実業家など。

飲食店やディスコなどに繰り出すつもりなら、こういった店も悪くない。

　それ以外の店は基本的に飲むだけでも歓迎される。連れ出しが一切できない店も存在するので、外にいる呼び込みや女性たちに聞くといい。タイは居抜きで事業譲渡することもしばしばで、突然方針が変更される。そのため、入店前のシステム確認は必須である。セット料金や個室の有無などを説明してもらい、女の子が何人くらい待機しているかも確認する。

　それから、裏技的に使いたい手法として、フリーの呼び込みタイ人を利用することを紹介したい。彼らはほとんどが中年男性で、タニヤを歩いていると声をかけてくる。経験上、ほとんどが「どこで飲みますか?」と声かけをしてくる。どこかの店に所属している呼び込みは縄張りの関係で店の前からはみ出ることはない。無所属のフリーたちはあちらこちらをウロウロしている。

　正直胡散臭いが、いろいろな店の情報を網羅していて、「今日はあの店が女の子が多い」だとか、「今の時間ならここ」といったネタを持っている。彼らを通すと1時間700バーツが600バーツに値下がりしたり（ただ、元々600バーツの店は値下がりはしない）、個室が無料になるなどのサービスもある。

日本語の看板がめまぐるしく並ぶタニヤ通り。

　このフリーの呼び込みたちへの手数料は我々で

昔は「連れ出し専門」という呼び方があったが今はなくなったように、新しい在住者はソイ・カウボーイを「ソイカ」と呼ぶ。古い人は「ソイカウ」。

はなく、店が払う。つまり、我々は一切お金がかからないので利用価値が高い。例えばボクはお客さんのアテンドで閉店間際（タニヤは深夜1時に閉店）になってしまったとき、彼らを呼び止め「どこかまだ開いているところで、女の子が多いところ！」と条件だけ出して案内させたりする。

呼び込みのなかには日本人も何人かいる。彼らはどこかの店の所属で、その店の前だけで自店の紹介をしたり、こっそりとタニヤ全体の最新情報を教えてくれる。ただ、日本の春休みや夏休みは稀にタイ人呼び込みに混じって日本の若者が動いていることもある。基本的にこういった連中は相手にしないほうがいい。店に所属する日本人は身なりはちゃんとしているし、言動もごく普通だ。勝手にフリーでやっている連中は話し方がまともな社会人ではないし、タイを舐めている若者が多い。彼ら自身もタイ語ができるわけもなく、なにかトラブルが起こったときにどうにもならない。タイ人フリー呼び込みは下手なことはしないし、案内してくれた店でトラブルがあっても間に立ってくれる。

個室を使うことのメリットと料金交渉術

女の子を選んだら席へと案内される。このときになにも言わないと大部屋に案内される。大部屋は席料がかからないので安く飲めるが、デメリットは他人のカラオケを聴かなければならないことと、歌いたいとき、混雑時は待たされてしまう。

他人のカラオケに邪魔されたくない、あるいは静かに飲みたいというときには個室を選択する。個室は有料で、店によって料金が違うが、1時間あたり500から1000バーツくらい。数人で行けば頭割りでそれほど高くはない。部屋にも大

フリーの呼び込みには手数料がセット料金から100～200バーツ払われるようだ。そのため、たまにお店から「次はまっすぐ来てね」と言われることもある。

小あって、客ふたり女性ふたりで一杯になる部屋もあれば、数十人を収容できる店もある。当たり前だが、広いほど料金は高くなる。

数人で遊びに行けば安いのは確かだが、裏技を使えばさらにその料金を安くしたり、あるいは無料にすることも可能だ。タニヤは連日たくさんの日本人男性が遊びに来るが、やっぱりタイミングがあってまったく人が来ない日もある。あるいは、人通りはあるのにその店にはさっぱり客が来ないことだってある。そんなときはそこの弱みにつけ込んでしまうのだ。

例えば、ママさんらが「今日は全然お客が入らないから、なんとかお願いします」と言ってくることがあるので、「じゃあ個室をタダにしてくれたらここで飲む」と約束すると高確率で無料になる。

あるいは、呼び込みに個室(タニヤでは「VIP」あるいは「ヘヤ」と言ったほうが通じることが多い)を無料にしてくれと頼み、OKをもらったら入店して女の子を選ぶ、という手もある。この場合は「必ずここで飲む」と約束をしていないので、いい女の子がいなかったら出てしまってもいい。

稀に強気で交渉に応じない店もある。これらは普段から人気の店で、こういった場合はあきらめて有料で入るか、ほかの店に行くか、となる。交渉が苦手な人はタニヤ・プラザ向かいのコンビニ隣にある「みゆき」をオススメしよう。ここは最初から個室が無料だからだ。ただ、大部屋ひとつ、中くらいが2部屋、小さめがひとつと部屋数が少ないので早い者勝ちになるが。

タニヤはセット料金のコスパがいい

部屋に入ると飲みものを聞かれる。セット料金

タニヤ近辺でオススメのタイ料理店は、シーロム通りソイ・コンヴェントの「ブア」。高くなく、オーソドックスなタイ料理全般が揃う。

は店によって違うが、ビール、ウィスキー、焼酎が注文できる。ソフトドリンクも頼める。

ビールはタイ産ビールである。価格的に「リオビール（ビアリオ）」と見られる。リオはタイを代表する銘柄「シンハビール」の醸造所が作る廉価版の位置づけで、今タイでもっとも売れているビールだ。タイには日本のビール銘柄を醸造するところもあり、日本人技術者が常駐する。その技術者でさえ「タイで飲むならリオビールだ」と言う。あまりにも爆発的に売れているため、流通する商品が常に新鮮だからなのだとか。

ウィスキーは「シーバス」だという店が多いが、実際にそうかはわからない。タイでは安いウィスキーというとよくわからないブレンデッドが出回っているが、実際にはそちらだと考えられる。

安いウィスキーが嫌いな人はボトルを入れることもできる。「ジョニーウォーカー」のブラックラベルや「ジャックダニエル」など店によってラインナップは異なるが、2000バーツから5000バーツ前後はかかるので高い。持ち込み可能な店が多いが、持ち込み料が500バーツ程度の店から店で販売するボトル価格と同じ店など設定はいろいろ。基本的には店で買って飲むほうがいいが、そうなるとセット料金設定ではなくなり、割高になる。席料が別途かかり、かつ女の子のドリンクが1時間2杯から4杯分は自動加算されるからだ。ミキサー代もかかるし、タニヤはセットで飲んだほうが断然お得である。ただ、レディードリンク分が自動加算されてもボトルの酒はいくらでも飲ませていいので、ドンチャン騒ぎをしたい人は場合によってはボトルを入れたほうが得。

焼酎はタイ産かベトナム産、あるいはジンロなど店によって違うが、いずれも高級ではない。焼酎の飲み放題が当たり前になったのはここ数年の

ビールは「チャーンビール」の場合もある。これはシンハビールのライバルで、低所得者層向けに開発された。近年は味の改良が成功したのかまずくなくなった。

話で、以前は別料金で一部の店でしか飲めなかった。そういった事情もあって、ウィスキー同様にボトルも用意している店があるものの、選べる銘柄数は少ない。

ウィスキーと焼酎はストレートでもロック、水割り、ソーダ割りでもなんでも頼める。すべてセット料金に込み込みだ。アルコールを濃くしてもらうこともできるが、本物のバーテンダーがいる店は存在せず、稀に濃いものを頼むとほぼストレートの水割りが来ることもあるので注意したい。ビール、ウィスキー、焼酎は好きなタイミングで替えることもできる。ずっとそれを飲まなければいけないというルールはない。

テーブルにはスナック菓子やフルーツが置かれる。フルーツはセット料金に含まれる店と別料金の店もあるが、スナック菓子はほぼ全店で込み込みなので、安心して食べてかまわない。なくなれば補充もしてくれる。

レディードリンクは奢ってあげよう

飲みものが来たら乾杯となる。店によって違うが、ほとんどの店では女性用にもグラスが来る。ここにはジュースか水が入っているだけだ。また、女の子はこの段階では指名されるというノルマ消化はできても、彼女ら自身の売上を得ていない。ゴーゴーバーと同じように、ドリンクを奢ってもらうことでキックバックが入る仕組みになっているため、できれば女の子にも奢ってあげたい。

カラオケのレディードリンクは２００バーツが相場。これもゴーゴーバー同様に30分1杯のペースで奢ってあげれば、女の子も気持ちよく仕事ができる。例えば６００バーツのセット料金の店であれば、２杯奢ってちょうど１０００バーツにな

タイは日本との協定で焼酎や日本酒の輸入関税が無税。しかし、輸出入費用やタイ国内での税金がかかり、いまだ日本酒などはタイ国内では高額。

るので、わかりやすい。女の子は人によるが、ウィスキーのコーラ割り、ビールを注文する。どの飲みものでも値段は変わらない。たまにテキーラなどの強いスピリッツを頼む子もいる。ショットでクイッとやられるのでペースが早くなるが、その分酔いも早くて、後半が盛り上がる。

我々の飲みものがなくなると女の子がドリンクを新しく頼んでくれる。新人は気がつかないこともあるが、複数で行けば先輩格が一応見てくれていて、グラスを替えてくれる。そのときに女の子は席を外すが、ときどきついでにSNSをしていて遅くなる子もいるので、そういうときは本人、あるいはママさんにクレームして、ちゃんと接客してくれるように言うこと。

トイレに行くときも女の子がエスコートしてくれる。その際もちゃんとトイレの前で待っていてくれて、熱いおしぼりを手にして待っていてくれる。人前で口説くのが恥ずかしい人はこのタイミングで連れ出したときの費用各種を確認する。

個室ならより親密になれるのでオススメ

ここからがタニヤ遊びの本領でもあるが、遊び方は人それぞれだ。カラオケに興じる人もいるし、お喋りを楽しみたい人、それから黙々と飲む人もいる。女の子に肩を揉んでもらってもいいし、指を絡めて手を繋いで飲む人もいる。

日本語の可否は最初に確認しているわけだが、日本語はできないけどどうしてもこの子と飲みたいということだってある。そのときは英語で話すか、タイ語の指さし会話帳を使う。持参してもいいし、店によっては会話帳を置いてあることもあるので、聞いてみよう。

カラオケの曲は、10年ほど前は新しくても数年

ベトナムなどではビールがソフトドリンクとほぼ同額なので、タイはアルコール関係の値段は物価価値から考えると高い。

前の歌しかなかったが、今は通信カラオケがあり、最新の日本語曲がある。得点が出るようにしておくと案外盛り上がったりする。また、女性によってては日本語でも結構歌えるので、歌わせてみるのもおもしろい。年齢層と先輩方から連綿と引き継がれてくる関係か若くても昭和の歌を歌えるという子も多い。あるいはタイ語の歌もある。タイ語の場合はミュージッククレーベルがカラオケ用に出している映像を使うので、本物の歌手のミュージックビデオが鑑賞できる。再生音声をオリジナルにすれば、本物の歌声も聴ける。

このタニヤ本来の遊びを堪能するためには、ボクとしては個室を改めてオススメしたい。タニヤの遊び方が日本のキャバクラとはまったく違うという重要なポイントがあるからだ。日本のキャバクラは「お触り禁止」という店ばかりだが、タニヤは女性側が許せば身体にタッチすることは余裕である。二の腕や太もも、軽いハグならそれこそ無許可でできる。ノリのいい女の子に当たれば、下着にまで手を伸ばしてもノープロブレムだ。ただ、このノリのよさに当たるか当たらないかは運でしかない。入り口で選ぶときにかなりノリよくアピールしてきたので選んでみれば、席では全然静かな子だったり、その逆もある。だから見分け方は存在しないので、運に任せるしかない。日本人従業員がいる店なら「おっぱいに触りたいです」とストレートに聞いてしまえば、それじゃあ何番と教えてくれることもある。

いずれにしても、深いタッチが許される場合は個室であることが最低条件になる。さすがに公衆の前でそこまでさせてくれる開けっぴろげな女の子はまずいないし、そもそも警察の取り締まり対策で大部屋ではそういったことをさせてくれない。ゴーゴーバーでさえも多くの店が客席で女の子が

女の子からの猛アピールがあって選んだにも関わらず、個室で太ももを軽くタッチすると、全身が鳥肌立ってしまうタニヤ嬢に遭遇したことがある。（次頁へ）

客にまたがることを禁止しているくらいだ。だから、激しく遊びたい人は個室に限る。例えば延長して女の子にもたくさん飲ませ、ノリが沸点を超えたらみんなで服を脱いでカラオケを歌って踊り狂って、ということもタニヤでは珍しいことではない。特に上半身裸は日常茶飯事で、すべて脱いでしまうこともノリのなかでは起こる。

「セクシークラブF1」ははだけやすいように白いワイシャツがユニフォーム。

　ただ、人によってはそうやって遊んでみたくても恥ずかしくて言い出せないこともあるでしょう。そんな奥手の人は「エロ古式マッサージ」の章でも登場した名物日本人社長タズヤンがいる「セクシークラブF1」をオススメしたい。ここはいわゆる「おっぱいパブ」で、セット料金はタニヤで一番高いが、その分時間も長めで、どのタイミングで入店しても必ず2回の「おっぱいタイム」が訪れる。女の子を膝に乗せながら、席でいちゃいちゃを楽しむことができるのだ。これまでのボクの経験では、初対面でもかなり迫ってきてくれるノリのいい女の子ばかり。セット料金が高いだけの価値がある。最近はタズヤン目当てで来る人も多い。「世界のタズヤン」で検索したら、氏のぶっ飛んだ生活が垣間見られる。

　ちなみにここまで紹介してきた遊び方はスクムビットのカラオケにも当てはまる。もしスクムビットのカラオケを試してみたいというならば、日

（前頁より）逆にプロだなと感じたのは、生理的にボクを受け付けないながらも1時間笑顔で耐えた女の子だ。

本人居住者や日本人向けの飲食店が多い、トンロー通りソイ13にある「クラブ・ライン」に行ってみよう。ここはスクムビットのカラオケでもっともノリのよさとスケベさを謳っている。座敷形式の個室も完備し、非常に楽しく飲める。ここは日本人社長の店で、偶然、先のタズヤンの学生時代の後輩が経営している店になる。

連れ出しは会計のときに申告する

楽しい時間が終わったら会計に入る。最初に2時間と言っていた場合は別だが、必ず時間が終わるタイミングでママさんかチーママが延長するかどうかの確認に来る。このときに延長を伝えれば単純にセット料金がプラスになる。稀に忘れて言いに来ないこともあるが、それは店の落ち度なのでその点はクレームして交渉すること。

延長しないで会計をすると伝えると、熱いおしぼりとお茶が来て終了となる。このときにママさんらから「ペイバー」を確認される。連れ出す場合はここでペイバーの意思を伝え、女の子に着替えに行ってもらう。ペイバー料金は600バーツから800バーツになる。ボクの個人的な嗜好だけれども、女の子が着替えから戻ってくる瞬間が結構好きだったりする。タニヤでは多くが店が決めたドレスなどをコスチュームにしている（日替わりも多い）。そこから私服になったときのギャップに萌えるのだ。

連れ出し後の女の子へのチップはタニヤ通りはどの店も協定しているのかほぼ同じで、ショートが2500バーツとなる。朝までのロングは店によってやや違い4000バーツか4500バーツ。かつてタニヤが高級な飲み屋街だった時代とあまり変わらない設定で据え置きが続くのだが、ゴー

「クラブ・ライン」の1号店・2号店それぞれの近辺は和食店が充実していて、腹ごしらえのあとに遊びに行ける便利さがある。

ゴーが高くなった今、タニヤのほうが割安感がある。タニヤの女性のほうが営業形態の雰囲気の関係か、ゴーゴー嬢よりもやや落ち着いている。しかも日本語もある程度できることを考えると、コスパはかなりいい。

連れ出さない場合は飲んだ分だけの支払いになる。セット料金と女の子に奢った分だ。スクムビット通りの場合はここにタイの消費税7％とサービス料10％が加算されることが多いが、タニヤはセット料金にすべて込みなので明朗会計である。

クレジットカードが使える店も多い。スキミングなどの悪いことはされないので安心して利用できる（100％ないとは言い切れないが）。接待などで利用した場合でも領収書も出してもらえる。

店にチップを渡すかだが、ほとんどの店でそれは不要だ。気に入った場合は釣り銭が来たときのトレーに100バーツか200バーツを置く。これはゴーゴーよりは相場が高い。

また、連れ出さないときにも女の子にチップをあげてもいいし、あげなくてもいい。店と同じで100バーツ以上、マックス300バーツくらい。

連れ出さなくてもSNSなどを交換することは問題ない。タイ人はフェイスブックとLINEならほぼ確実にあるので、我々も事前にアカウントを持っておきたい。

忘れずに伝えておきたいのは、写真は一緒に撮らないこと。特に既婚者の場合はなおさらだ。彼女たちは悪意なくSNSで公開するし、携帯に残しておいた写真を平気でほかの客に見せる。ボク自身もたくさんの写真を見せてもらったが、写っている姿はみなさん楽しそう。しかし、それが見ず知らずの日本人に晒されていることを忘れないようにしたい。

それから、タニヤは19時前後から営業開始する。

女の子をホテルに連れ込む際にかかるジョイナーフィー（500バーツ～1泊分）。無料のホテルはタニヤ近くにある「PPツアーズ」で押さえるといい。

ゴーゴーと違いその時間帯でも女の子はそれなりに揃っている。閉店は1時だが、入店したら3時くらいまでは延長できることもあるので、遅くに入店してもしっかり楽しむ時間は残されている。

タニヤの最後のチャンスは閉店後の屋台

実はタニヤには閉店後にもうワンチャンスが残っている。それはタニヤには2か所、深夜営業をするタイ料理屋台が出現することだ。タニヤ・プラザの向かいとスリウォン通り寄りにある、タニヤの裏路地に抜けるふたつの小路だ。タニヤで働く女性たちが仕事終わりに飲んでいたりする。ここでナンパをして、一緒に食事を楽しむこともできる。

男性と一緒にいる女の子に気をつけれぱ、誰に声をかけても問題ない。ただ、タニヤの女性（パッポンの子もいる）であるから、金銭が発生する場合もある。相場はタニヤの相場か気持ち安いくらい。

シーロム通り寄りの小路（「魚ふく」の前）の屋台がタニヤの子が多く集まる。

それから、タニヤには「同伴」システムがある。ただ、同伴をするくらいなら、数日分のペイバー代を払って連れ回したほうがいい。1日連れ回す場合には5000バーツから1万バーツくらいかかるのだが。

同伴はセット料金ではない金額がかかるので、店によって違うが、数時間遅めの出勤に対して3000バーツ以上かかるのではっきり言ってもったいない。

คาราโอเกะ

ボク《カラオケ》の体験記

タニヤの女の子は純粋？

タニヤは疲れたときに行くとちょうどいい。

ボクは在住15年を超え、さすがにタイ語を話せる。どんなローカルな遊び場に行っても普通に遊んで帰ってくることができる。でも、やっぱり多少の酔いを楽しみながらも、しっかりと言語を理解しようとなると100％エンジョイできない。

そんなときにタニヤに行けば、日本語で遊べるので楽だ。ボクはわざと日本語で貫き通して遊んだりする。「マーメイド」は常時女の子が多く、楽しめる店だ。ある日のこと。一切タイ語ができないフリをして、店の指さし会話帳を使って「あなたはかわいい」、「あなたに会って、タイも好きになった」などと延々1時間褒め続けたことがある。するとどうだ。最後は彼女のほうから「お金はいらないから、一緒にホテルに行っていい？」と言ってきた。それにはボク自身も驚いてしまった。

すでになくなってしまったある店では顔見知りのママさんから、その日が初日という女の子を指名してほしいと頼まれた。ディスカウントはないが、常連になるとこういったお願いごともされるようになるのがタイの夜遊びでもある。19歳の子どもっぽさの残る女の子がボクの隣に来た。まさに彼女のはじめての客がボクとなり、さすがにそのときはタイ語で話した。

友人が働いていたのでその伝手で彼女も働きに来たのだという。夜の店で働く子はほとんどが伝

自営業者が同伴などを経て懇意になったタニヤ女性を自社にで雇ってしまうこともあるが、99％の確率でトラブルになるのでやってはいけない。

手で就職している。友人、親戚、あるいはママさんやチーママの知り合いなど様々だが、自ら店を探してくるというケースは少ない。

「日本人とホテルに行くことに抵抗はないの？」

それはちゃんと友人から聞いていて、覚悟は決めているという。タイも現代っ子は13歳から18歳くらいで初体験を済ませている。だから、この子も経験はすでにあり、友人からは日本人は優しいと聞いていると言った。ウブな雰囲気はかわいらしく、ボクはちょっとイタズラをしたくなった。

「でも、日本人は子作りのとき以外はアナルセックスだけど、大丈夫？」

最初は笑っていたが、何度もボクが真顔で言うものだから、ついには信じてしまい、顔が青ざめていった。ちなみに翌日彼女は出勤してこなかったらしく、ママさんに心当たりを聞かれた。ヤバいと思い正直に話したら、ママさんはカンカン。ママさんが説得をして彼女は仕事に復帰したらしい。

悪ふざけ中のボクだが、これくらいのタッチはまったく問題ないのがタニヤのいいところ。

タニヤはこういった純粋な女の子も多い。こういう子はいちいち客に対して真剣になる。そして、日本語もがんばって習得しようと努力する。特に若いとその吸収力は素晴らしいもので、日本に行ったことがないのに1年、2年でかなりの日本語スピーカーに変貌していることもある。

気をつけたいのは、写真だけでなく、女の子に名刺を渡してしまうこと。これも知らない間にほかの日本人に流れてしまうので注意したい。

2000年のタニヤは高級飲み屋街だった

そんなボクがはじめてタニヤに行ったのは、2000年のころ（23歳）だった。当時住んでいたアパートの隣人が、パトロンがついてタニヤを引退した姉さんで、その人に連れられて行ったときだ。「楠」という店だった。ふかふかのソファー。ドレスを着た女性たち。ゴーゴーバーとはまったく違った態度のボーイ。なにもかもが違い、正直場違いだと感じた。当時はセット料金がないのでかなり高かった。姉さんが払ってくれたのでいくらかはわからないが。

その後、再びその姉さんに連れられて行った店は小規模の店だった。ここで姉さんが勝手にあてがってきたのが、エーンという女の子だった。当時17歳だった。2000年のころはまだそのあたりがかなり緩い時代で、パッポンでボクが見かけた最年少は14歳だったし、ボク自身が20代前半で年齢差が小さかったこともあって、エーンの年齢にはあまり驚かなかった。

むしろエーンのほうが衝撃を受けたようだ。当時のタニヤはセット料金で飲ませる店がほぼなく、現地採用で働く在住日本人もまだ少ないし、タニヤを利用する駐在員でも当時は若い世代で30代以上。20代前半がタニヤに来るということがあまりなかったらしく、エーンは若い日本人をはじめて見たようだった。

ボクに興味を持ったらしいエーンは急速に接近してきて、結局、合計で3か月もないと思うが、同棲するに至った。容姿はかなりよかったので、エーンには客がひっきりなしについていた。おそらく月収は日本円で30万円を超えていたと思う。エーンは会ったときこそそれほど日本語はうまく

日本政府統計では日本男性とタイ女性の結婚は2000年2137組に対して、2016年はたった970組だった。移住者が増えているが、国際結婚は減っているようだ。

なかったが、やはり若さゆえに上達が早く、めきめきと日本語力が上がっていった。腐れ縁というか、別れたあとも顔を合わせることが何度かあったが、20歳になるころにはメールを日本語で打てるレベルになっていた。

　地頭もよかったのだと思う。今考えてみれば、彼女がボクに近づいたのは、ボク自身への恋愛感情だけでなく、あの姉さんに近づくためだったのではないか。ママさんとも仲がよく、当時のタニヤではパトロンをつけて成功した有名人だ。人脈として姉さんに近づくのに手っ取り早いのはボクを落とすことだったのだ。そうでないと、全然金のないボクに興味を持つ理由がない。

　タイ人はこういった人間関係の高低などを見抜く力があって、おさえるべきポイントを瞬時に判断できる。第2次世界大戦以前にヨーロッパ列強国に植民地化されなかったのは、タイ人の交渉能力の高さだとされる。アユタヤに渡ったサムライ山田長政《やまだながまさ》を描いた『王国への道　山田長政』という遠藤周作の小説があるが、このなかで描かれるタイ人の表と裏の使い分け方は、実際に遠藤周作がタイに住んでいたのではないかと思うほどタイ人の本質を表している。

　タニヤには純粋でマジメな子もいるし、このように世渡り上手な女性もいる。よくも悪くもストレートなのがゴーゴーであれば、タニヤはドロドロとしたものを抱えている。

ボクが育てた女がいる！

　おそらく彼女自身はそうは思っていないが、「ボクが彼女を育てたのだ」と思っている女の子がいる。ジェーンという、2011年1月に「ラベンダー」という個室のない小さな店で出会った23歳

タニヤで体験したことのあるトラブルというのは、ボクの場合は会計のミスくらい。指摘するとすぐに直して持ってきてくれる。

くらいの女性だ。

ある日、何気なしに入ったその店でジェーンを見かけて指名した。驚くべきことに当時彼女は入店して半月だったが、ボクがはじめての客だった。普通、そこまで指名されなければ辞めるだろう。彼女は昼間は工場で働いていたので、とりあえずタニヤを辞しても生活は大きく変わらない。それにも関わらず働いていた。顔は正直きれいではない。化粧っ気がないし、眉毛が繋がっているしで、近くで見たらひどい有様だった。ただ、中肉中背で体つきは悪くない。ボクがはじめての客、はじめてのドリンクゲットとなった。

その後半月ほどして再びラベンダーに行った。たまに1週間くらいで客の顔も名前も忘れてしまう女性もいるが、ジェーンはボクを覚えていてくれた。それもそのはずで、その後客がふたりしかつかず、ボクとはじめて会った日からカウントして1か月間で客が延べ4人。そのうちふたりはボクだった。よく辞めなかったなと思うが、彼女は健気に働き、その後もボクがときどき店に足を運んだ。

半年すると徐々に固定客が彼女につくようになった。ときには連れ出されてジェーンがいない日もあり、12月には客とプーケット旅行に行き、1日6000バーツを稼ぐまでになった。ボクは座っている間にときどき日本人の性格を教えたり、彼女の長所を指摘したり、どっちが接客しているのかわからないくらいに話をした。その結果、彼女は客を掴んだ。

日本人男性の心を掴むテクニックのひとつとして「客の顔と名前を覚えておくこと」だと教えた。異国の地で夜遊びをしたときに馴染みの店、馴染みの顔があると嬉しいものだ。名前を覚えてくれていると悪い気はしない。ときどき10年くらい経

タニヤではクレジットカード使用でも問題が起きたことはない。ただし、これはボクの経験で、スキミングをされたという人もいる。

っても顔と名前を覚えているタニヤ女性もいて驚かされるが、嫌な気分ではない。だから、できる限り覚えておいてあげるべきだと話した。

2012年にはもうジェーンの姿はラベンダーになかった。パトロンがついたのか、どこかに移籍したのか。ある日、そこそこに美人なスタイルのいい女性に話しかけられた。ジェーンだった。人気店に移籍して働いていた。繋がっていた眉毛もちゃんと整えられ、本当に美人に成長していた。実はその時点ではボクは彼女のことはすっかり忘れていたが、彼女はちゃんと覚えていてくれた。かつての彼女はもういないのだと思うと寂しくもあり、嬉しくもある。でも、わざわざ話しかけてくるところに、タニヤっていいところだなと思った。

タニヤの平均年齢はゴーゴーよりやや高いが、このふたりは高校を出たばかりだった。

タニヤ周辺には高級タイ料理店もある。徒歩圏内ではないがサートーン通りの「バーンカニタ」、BTSスラサック駅前の「ブルーエレファント」など。

คาราโอเกะ

カラオケ みんなの体験談

初心者から上級者まで、タイの夜遊び好きを懐深く受け入れてくれるタニヤ。カラオケと飲食店が並び、夜の行動がここだけで完結できる。

そんなタニヤの経験者は日々あの手この手でカラオケ店を攻略しようと企んでいる。ここではそんなタニヤ通たちの経験談を聞き、はじめてでもこの通りを謳歌するためのヒントを探ってみたい。

タニヤは世界トップレベルの日本人街

夜遊びで現地の女性と接するのは、ある意味異文化交流として、海外に出たときの男の楽しみでもある。ただ、特にはじめての国では右も左もわからない状態であるため、心安まらない人もいる。そんなときに日本に精通して、日本語ができる人がいる店なら安心感があるし、いろいろと勉強できる。製造業に勤め、出張ベースで年数回バンコクに来る折田さんはタニヤのはじめての夜の衝撃を忘れていない。

「看板が全部日本語。どの店でも日本語が普通に通じる。東南アジア諸国にも出張に行ったことはあって、たしかに日本人向けのカラオケはどこにでもありましたが、ここまで密集しているところをほかに知りません」

特に和食店や居酒屋も並んでいるので、食事をしてそのまま遊びに行けるというのも便利でいいと感じるのだそうだ。シンガポールの日系商社に駐在する桑原さんはタニヤに限らず、バンコクに出張することが楽しい。というのは、「バンコクの和食のレベルがほぼ日本と同じ」だそうで、「シ

女の子が日本語ができるに越したことはないが、大切なのはフィーリング。言葉が通じないなりの楽しさもあるので、あまりこだわらなくてもいいのでは?

ンガポールよりもいい」と絶賛する。

　中国の深圳《シンセン》に駐在する製造業の森田さんは、夜遊びの質そのものが違うとタニヤを褒める。

「中国は会計したらそっぽ向かれちゃいます。タイは会計をしても外に出るまでずっといちゃいちゃできますし、閉店後に外でばったり会っても、ニコニコと話しかけてくれます」

　タイの夜の女性はいい意味でも悪い意味でもプロに徹していないところはどのジャンルにも共通。どこまでもフレンドリーで、こちらも一瞬、客とホステスの関係ということを忘れてしまう。それに同意するのが、タイに年2回は訪れるというフリーターの小林くんだ。

「タニヤは2000円くらいで1時間飲み放題だし、パッポンで遊んだあとにその辺りの屋台に来ると、タニヤの女の子たちと知り合えるのもいいです」

　パッポンなどのバーは深夜2時が閉店時間になる。情勢や取り締まりの厳しさの度合いで変化するが、全土的にタイではそのようになっている。カラオケなどのクラブは閉店は深夜1時だ。入店が深夜1時直前だったり、すでに入っている場合は延長で1時過ぎまで飲めるが、その時点で客がついてない女性は、閉店時間に店を出る。

　そして、タニヤ通りには夜深くまで（朝の4時とか5時ごろ）営業する屋台が出る。タニヤ通り内2か所は両方とも夕方は別の屋台街になっていて、そのときにもタニヤの女性らと知り合うことができる。ただ、この時間帯は出勤前で、遅刻しないようにと急いでいる子もいて落ち着かない。仕事が終わったあとのリラックスした時間に屋台に来ると、わりと女の子もオープンに話に乗ってきてくれる。春休みと夏休みは決まってタイに来るという大学生の庄司くんもまたこのタニヤの屋

かつてはタニヤの子から日本への行き方をよく聞かれたが、現在日本はタイ人に対して約2週間のビザなし滞在を許可していて、その質問はなくなった。

台の魅力を享受したという。

「逆ナンですね。友人と屋台で飲んでいたら、タニヤのカラオケで働く女性たちに声をかけられました。全部奢ってくれましたし、そのなかのひとりにはアパートに誘われてタダで最後までという感じでした。日本語もできるから、いろいろタイのことを知ることができてよかったです」

個室を最大限に楽しむテクニック

深夜まではさすがに疲れるという人も、営業時間中は目一杯、全力で遊んでほしい。特に個室でならかなり楽しめるのがタニヤの特徴だ。タイ在住で、日系商社に勤める日本人Aさんは、接待はタニヤだと断言する。

「大部屋でセット料金だけで遊ぶのもいいけれど、カラオケの醍醐味は個室にある。個室なら人目を気にせず騒げるので、例えば胸を触らせてもらうとかはもちろん、盛り上がれば女の子もテンションが上がって自ら脱いでしまう子もいるくらい」

女の子を選ぶ際に、ママさんや日本人従業員に聞けばギリギリまで触ってもいいだとか、ノリのいい女の子、つまり盛り上がり次第では裸族になってしまう性格の子などを教えてくれることもある。ただ、部屋で最後までするのは禁じられているので、タッチまでに留めておきたい。

タニヤにどっぷりと取り憑かれた30代の旅行者、上原さんは何度か個室で盛り上がった体験をしている。そのときの経験から、盛り上げるコツはドリンクにあると見ている。

「何杯も飲ませてあげて、その日のドリンクのノルマを達成させてあげつつ、酔っ払わせてしまえばこちらのものです。かなり飲める子ならボトルを入れてもいいかもしれないですね」

2018年5月現在、タニヤで女の子が多い人気店と言われるのは「プレイガール」、「みゆき」、「さいあい」、「AGEHA」、「ゆめ」、「マーメイド」など。

ドリンクは30分1杯ペースでも喜ばれる。さらにペースをあげて奢ってあげれば、女の子もテンションが上がって、多少のタッチも許してくれるし、すべてをさらけ出してくれる子もいる。

友人の勧めでタイを訪れ、なにもわからないままやってきた浜川さんは、はじめての夜はタニヤにした。そのときの感動を熱く語る。

「ボクはわりと若い子が好きなんで、そのときは見た目がロリ系を選んだんですよ。そうしたら19歳で、本当に若かったです。結構日本語ができたので話もできて、ペイバーもして。中国人っぽい子で色が白く、小ぶりの胸にピンク色の乳首に感激しました。それがたった2500バーツ。当時のレートでは7500円くらいで安い。日本ではありえないですよね」

タイでは法的には夜の仕事に18歳から就けるが、現役高校生はまずいなくて、年齢的には高卒後の19歳になる年の18歳というのはいる。一応気をつけたいのは、それより下の年齢とベッドを共にしてしまうともちろん犯罪になる。あまりにも見た目がロリータすぎる場合はIDカードを見せてもらってもいい。タイ人は14歳からIDカードの常時携帯が義務づけられているので、生年月日の西暦を見れば年齢は一目瞭然だ。

タニヤの個室は店によってきれいかどうかは全然違う。写真はきれいなほう。

2000年代初期のタイは和食店が少なく適当な味でも客が入ったが、2018年現在は日本と同じレベルでないと客が入らない。逆に言うとどこもおいしくなった。

タニヤの女性の日本語は努力の賜

一般的に「タイ人」と呼ばれるのは総称で、タイ国籍があるといっても多民族になる。もっとも多いのは肌がややブラウンのタイ族（正確には小タイ族。大タイ族はミャンマーや中国にいるタイ族系列の少数民族を指す）、次に色白が多い中華系、それからタニヤではあまり見かけないが顔の濃いインド系やマレー系もいる。出身地も様々で、タニヤに一番多いのが東北地方（イサーン地方と呼ぶ）、それから北部出身者だ。最近は戸籍こそ地方だが、バンコク出身者も増えてきている。中央部や東部もあまり多くないがいる。南部出身者は距離や宗教的なこともあって（イスラム教徒が多い）か、あまり見かけない。

会話の切り口として出身を聞き出すのもいい。タイは78県あるので、話が弾むかもしれない。タイ語では「マー・ジャーク・ナイ？（どこから来ましたか）」、「マー・ジャーク・ジャングワット・ナイ？（どこの県から来ましたか）」となる。

タニヤは日本人以外でも入ることができるが、システム的に理解されづらいのか、大半が日本人客になる。だからここで働く女性もみな、覚える外国語は日本語だ。

ボクの話になるが、移住したばかりの2002年ごろに少しだけ日本語教師のバイトをしたことがある。ラチャダーという、本書では「マッサージパーラー」の章で紹介する通りにあった学校だ。そこにはたくさんの夜の女性たちも住んでいて、タニヤ勤めらしき女性（見た目23歳前後）とほか数人を受け持つことになった。18時スタートの講習だったことからその女性の出席率が非常に悪い。たまに来ても、当然、覚えが悪い。

スリウォン通りをラマ4世通りを超え北上すると、右側に競馬場がある。月に2回くらいの開催で、ドレスコードを守れば日本人でも遊べる。

ある日、数字の勉強になった。1から10までまず覚えさせるわけだが、これはみんな苦戦する。後半で単位が上がった途端に女性が実力を発揮しだした。千と万の単位になると急激に1から9までも含めてスラスラと言える。ただ、おもしろいのはある言葉とセットになっていることだった。何度直しても、たぶん口に馴染んでしまっているのだと思われる。

「1000円、2000円……、5万円、6万円」

「円」が語尾につくと、スラスラ数字が出てくる。幸い、ほかの生徒には気づかれていなかったので、彼女の正体はクラスではばれずに済んだが。

彼女が本当にタニヤの女性かはわからないが、このように日本人向けカラオケで働く人で熱心な子はわざわざ学校にも通うほどで、少なくとも日本好きであるということがわかる。タニヤにはたくさんの女性が在籍しているので、なかには不真面目な人もいる。しかし、多くが少なくとも盛り上げる手段としてカラオケ曲を覚えておこうという努力をする。リピート観光客の鶴岡さんは、日本語があまりうまくない子とカラオケを通して仲よくなる方法を考えたという。

「タニヤの女の子はどの店も先輩から受け継がれるのか、まずは決まった曲から覚えていくようです。キロロの『長い間』、小林幸子『恋に落ちて』、それからデュエット用に『ロンリーチャップリン』。本当に日本が好きな子だと最近の歌も勉強していたりしますね。一緒に歌ってあげたり、読み方を耳元でリードしてサポートすると喜ばれます」

ひらがなは読めるがカタカナと漢字が読めないという子も多く、その部分だけでもサポートしてあげられれば、特にその歌を知らなくても問題ない。また、ひらがなも読めない子は自分の手帳にタイ文字で歌詞を書き出していて、それをカンペ

スクムビット通りのカラオケもセット料金を用意する店もあるが、高め。スナックはまだ良心的な料金設定で遊びやすい。

にして歌う。そのときにサポートをしてあげると「この人はいい人」という印象を与えて、心を開いてくれやすくなる。

数人で何軒かハシゴするつもりの前半戦、あるいはその日は飲むだけという場合は、ひとりひとりが自分の好みを選ぶというのではなく、全体で選ぶというチームスタイルにするのもいいのではないかと、自営業の湯川さんが提案する。

「タニヤはどの店もかわいい子からそうでない子、若い子から、そこそこに歳を取っている人と幅広く揃えています。若い子は経験が浅い場合もよくありますし、かわいい子はテングになっていることもあるでしょう。そんなときに、ひょうきん系の女性や、日本語ができてノリのよさそうな年増系をひとりくらいグループの中に入れると案外おもしろいことになりますよ」

湯川さんが言うには、そういった女性が初対面の緊張感を緩和してくれるし、客と女の子の双方を同時に和ませる話術を持っていることが多いという。客がなにを求めているか、女の子がどこまで許容してくれるかなどを読み取って采配を振る。「そういう女性はなかなか選ばれないので、まずはその女性自身のテンションが上がって、釣られてほかの子も盛り上がる可能性が高い」のだとか。

ひとりに絞れないなら3Pもアリかも

タニヤがいいのは、ある程度、日本人のクセや性癖を理解しているところだ。定年退職後に離婚し、老後はバンコクでと移住してきた日本人Bさんは「プレイガール」でどの子もかわいくて、なかなか選べないと嬉しい悲鳴を上げた。そのときのBさんの最終手段はこれだった。

「それなら3P(複数プレイ)をしようと持ちか

女の子も慣れてくると調子に乗ってしまう子もいて、ドリンク追加を勝手にオーダーしてしまうこともある。そのあたりはちゃんと手綱を引くべき。

けたんだよね。最初はひとりが嫌がって、ペイバーを拒否するなんて言いだした。でも、何度もお願いしたら、最終的にはOKしてくれて、引っ越したばかりの我が家で朝まで楽しんじゃったよ」

タニヤもゴーゴーバーと同じで、気が合わない、不潔そうだといった理由で女性からペイバーを断ってくることがある。それでも日本人の性への探究心をタニヤは理解してくれる傾向にあり、複数プレイに応じる女性もいる。Bさんの相手のように最初は敬遠されても、誠心誠意お願いすることで折れてくれることもある。

日本語ができることで、観光案内と通訳として昼間同行してくれるように頼めるのもタニヤの魅力だ。50代に入ってから初訪タイし、すっかりタイ・フリークになった島田さんは、年齢的にはタイ語を習得することは難しいとあきらめている。

「タイ国内でかかる費用はタイ語ができるのとできないのではずいぶん違うと言われました。ですが、今さら勉強する気はないので、タニヤで知り合った日本語ペラペラの女の子を滞在中に数日間ペイバーして、通訳と観光案内をしてもらっています。たしかにだいぶ滞在費は安くなります。その代わり彼女への日当がかかりますけど」

タイは「外国人料金」というものが公然とあり、タイ人には安く、外国人は高くというのが常識に

タニヤでは連れ出したときにドレスから私服に着替えるわけだが、案外その瞬間がいい。

最近はマナーの悪い日本人がいて、連れ出して料金の交渉をしたが一銭も払わないという輩も現れた。その男は女性とLINEの交換をしていて、（次頁へ）

なっている。タイ人を通すことでタイ人価格で物が手に入るなどの利点があり、滞在にかかる諸費用が安くなる。ただ、その女性と懇意になっているなら無料ということもあるが、最初のうちは日当は必要になってくる。日中含め、24時間拘束する場合はタニヤの女性なら5000バーツから1万バーツはかかると見たほうがいい。これでも通訳を本業にしている人を雇うよりずっと安い。

愛人契約やプライベート交際もアリ！

特殊な方法だが、愛人契約もできるのがタニヤである。会社経営をするCさんの話だ。

「女性から持ちかけられたのは毎月2万バーツ、あるいは1万バーツ台の仕送りをすると、女性はタニヤは辞めないけれども訪タイ時にはすべて無料で一緒にいてくれるというものでした。完全な愛人として囲う場合は、店に数万バーツを損害分として要求されることもあるみたいです。その場合、月々の仕送りは5万バーツ以上と見たほうがいいです」

人によっては安くしてくれることもあるし、高い設定の場合もある。ボクの知り合いの女性は家と車を買ってもらい、親の借金などをすべて肩代わりしてもらったことで、月3万バーツで専任愛人関係を続けている。その女性はタニヤを辞め、かといってダラダラと過ごすのはいけないと考え、自宅近くの工場で働く。

こういった愛人契約はよくあるが、いずれにしても、男性側にそこそこの収入がないとやっていけない。彼女たちにとっても死活問題でもあるため、滞れば容赦ない請求の電話がかかってくる。ちゃんと払っていけることと、できれば毎月数日以上はタイに滞在しているような生活サイクルで

(前頁より)翌日から店の入り口に顔写真付きで晒された上、ネットでも公開された。踏み倒し日本人の話はゴーゴーでも聞く。

ないと愛人契約はオススメとは言えない。

　できるだけ安くタニヤの女の子と遊びたいとなればナンパや、タニヤの子とプライベートで付き合うということになる。ナンパは先にも紹介した事例のように、深夜の屋台がかなり効果的だ。客にタニヤの子が多く、アフターファイブ的なリラックスした時間帯であるため、仲よくなりやすい。

　ほかにプライベートでも仲よくなる方法は、最初は何度も足繁く通い、ドリンクを奢り、ペイバーをするなどを繰り返すことだ。そこでもっとも効果的なやり方は食事に誘うこと。タイのビーチ巡りが好きだった松岡さんは、20回以上タイに足を運んだ今、海よりもタニヤのほうが好きになっている。

「すでに何人かの女の子と交際しました。その経験から言うとまず食事、あるいは早めにペイバーをしてあげて、ディスコなどに連れていってあげるのもいいですね。連れていってあげると言っても場所はわからないので、金を払ってあげて、彼女の好きなところに行くという感じです」

　タイは空前の和食ブームが続いているが、ごく普通の店に連れていくだけで、女の子も大喜びする。また、若い子だとクラブやディスコなどの遊びも好きだ。費用を出すから一緒に遊ぼうということで彼女たちに案内させる。もし可能なら彼女と仲のいい子も一緒に連れていってあげるとさらに盛り上がるだろう。

　そうやってプライベートの雰囲気を作っていくと、いつしかほろりと女の子も落ちていく。初期投資は必要になるが、長い目で見れば十分に元を取ることができる。これもタニヤのおもしろさのひとつである。

2014年ごろの話だが、世界のタズヤンの「F1」に行った際、白いワイシャツを着ていた女の子のなかに、なんとかつての義妹がいたことがある。（次頁へ）

คาราโอเกะ

カラオケ嬢のホンネ

タニヤの根底には日本好きがある

タニヤに勤める人は、男女問わず、基本的には日本に対して悪い感情を持っていない。現実的には日本が嫌いだという人もいないわけではない。しかし、タニヤではそれは皆無に等しい。「スーパークイーン」に勤めるネーンちゃんの意見はタニヤのスタンダードと見ていい。

「日本人は優しい人が多いと思う。知的で紳士的というイメージ」

タイの夜遊びのどのジャンルにおいても働く女性はタイ人男性に失望している人がかなりいて、結婚するならばタイ人以外と考えている人が少なくない。そのなかでは憧れの国のひとつでもある日本人がいいと思うようだ。そういう意味では我々は日本人というだけでタニヤでモテる要素があると言っても過言ではない。

また、わりと高学歴の女の子がいるのもカラオケの特徴だとボクは見ている。コヨーテのなかには大卒が混じっていることもあるが、ゴーゴーは高卒が圧倒的で、なかには中卒もいる。学校を出てすぐ友人・知人を伝手にゴーゴーで働く子も少なくない。タニヤも似たようなものだが、一般企業に勤めてからタニヤに来るということもよくある。そういう子のなかには大学をちゃんと出ていることも少なくない。ボクがまだ会社員をやっていたころ、ある店の女の子はよく知る同業他社の事務員だった。

「昼間の職場は給料は悪くはないけど、家族のた

（前頁より）ボクの妻の弟と離婚した元嫁さんで、さすがにその日は入ることはできなかった。友人からは「燃えるシチュエーション！」と言われたが……。

めにもっと稼がなくてはいけなくて……」

聞けば、週3から4日の出勤で、昼間の会社の給料くらいは稼げるそうだ。どうやってタニヤを知ったのかというと、日本人駐在員らの会話からその名前を聞いて、自分で調べて応募してきたのだとか。大卒なので行動力があるようだった。このケースはゴーゴーでは皆無で、日本人向けカラオケ店特有のものかと思う。

「日本人男性はベッドでのプレイがいい」と言うカラオケ嬢もいる。中堅の店Cに在籍していたボーさんはタイ人や中国人よりもいいと評価した。

「タニヤの前に中国人向けのカラオケにいました。元彼はタイ人です。彼らのセックスに比べたら日本人のプレイは女性を楽しませようという努力があって、かわいく思います。タイ人のプレイは淡泊で自分勝手が多いんですよ」

この「かわいい」はタイ語では「ナーラック」という。女性の容姿を褒める「かわいい」ではあるが、タイ人女性もよく男性に対してこの「ナーラック」を使う。目に入れても痛くないといったような、実際的なかわいさというよりは、抱きしめたいだとか愛情を表現するニュアンスになる。だから、タイ女性に「ナーラック」と言われたら素直に喜び、かつ「脈あり」だと見ておこう。

日本人男性の場合、男性器の大きさもほどよいという点は好ましいのだとか。タニヤ女性のほとんどが普通サイズを好む。大きければ感じるというものでもなく、逆に大きすぎるのは痛いらしい。彼女たちによれば、タイ人男性は日本人と比べると大きめの人が多いとのことで、その点も逆に日本人がいいという評価に繋がる。

毎年4月13日から15日は旧正月で、13日14日は水かけ祭になる。その際、シーロム通り、タニヤ、スリウォン通りは水かけのために1日中解放され、（次頁へ）

もっとリラックスして遊んでほしい！

日本人に対する意見は高評価だけではなく、やや悪い面もある。シーロム通りに近い店Aに数年ほど勤める女性は概ね日本人に好意を持っているが、残念なことがひとつあると言う。

「マジメすぎるかな。あと変な人もいる。ワタシが接客したことがある人は、カラオケ歌いませんかとオススメしただけでものすごく怒ったのね。気分じゃないのはわかったけど、それは見た目でわかることではないから、怒られてもどうしようもないわ」

タニヤは日本人のことを理解してくれているし、融通もかなり利く。それもあって、ときにここがタイであることを忘れてしまう瞬間もある。残念ながら、タニヤはあくまで「日本風」であって日本ではない。日本と同じ水準の接客を期待してはいけない。そもそも、タイ人と日本人があうんの呼吸で物事が通じることはまずない。

それからタイ人女性から日本人がマジメすぎると捉えられるのは、あまり笑わない人がいることと、仕事の関係で来ると飲んでいるにも関わらず上司や目上の人に一所懸命に気を遣うところだ。仕事関係の場合は接待、社内接待なら仕方がないが、感情を表に出すタイ人にとっては楽しむために来ているカラオケなのにあまり笑顔を見せない人には違和感を感じるかもしれない。

客として嫌われるタイプを聞いてみると、案の定「ケチな人」という答えが返ってきた。タニヤの中央辺りにある「スーパークイーン」にいたSちゃんが言う。

「やっぱり飲ませてもらえるとワタシたちも楽しいので盛り上がりますよね。特に初対面の場合は

（前頁より）ずぶ濡れの女の子たちと遊ぶことができる。タニヤなど夜の店はその期間も営業。その後に女の子が帰郷し、店がガラガラになることもある。

どういう人かわからないので、奢ってくれるかそうでないかがその人を判断するバロメーターのひとつになってしまいます」

プライベートの関係になる瞬間は金じゃない！

　最初は店で客として知り合い、そのうちに恋人の関係になるというのもタニヤでは珍しい話ではない。ある日本人男性は製造業のタイ工場駐在員としてバンコク郊外に派遣されてきた。この人は生まれも育ちも、大学も全部地元。就職先も地元で、生まれてから日本のある県から出たことがない人であった。

　子どもがある程度大きくなったことと、タイに不安があったため、出向命令が出たときは退職するかで迷った末、試しに単身赴任でやってきた。当初はなにも楽しいことが見いだせず、毎週金曜の夜に飛行機に乗って日本に帰り、月曜の早朝着の便でタイに戻る生活を半年も続けた。しかし、あるとき接待で行ったカラオケで女性に出会った。若くてかわいく、そして日本語ができる。

　ひとりの寂しさからその女性にハマっていったが、同時にタイも好きになった。毎週の帰国が月1回になり、半年に1回になり、ついには出向直前に会社に提示していた「出向期間3年は絶対に守ってもらう。延長はしない」という条件を自ら覆し、プラス1年半ほどその女性とのタイ生活を満喫して帰任した。

　タニヤの女性にとって客と恋人との線引きはどこにあるのだろうか。タニヤのある小さな店にいたジャックさんはこう語る。

「少なくともお金ではないです。正直、お金でお客さんとベッドに入るので、恋人とはそういう関係ではいたくない。好きになる瞬間はやっぱりそ

タイ人は生まれてすぐにあだ名をつけられる。理由は、悪霊に本当の名前を知られないように。また、実名は長くて実用的ではないという理由も。

の人がワタシをどれくらい好きでいてくれるか、大切にしてくれるかがわかったとき」

　当然最初は金銭が介在する関係ではあるが、何度も顔を合わせているうち、誠実であれば惹かれていく。それは短期間で感じ取ってもらえることもあるし、旅行者でも好き合うようになれば物理的な生活圏の距離も関係ない。

　タイには昔から愛人文化がある。タイ語では本妻を「ミヤ・ルアン」、愛人を「ミヤ・ノーイ」と言う。いわば戦前の日本のようなもので、女性はミヤ・ノーイがいることを快くは思わないものの、許容してしまうところがある。タイは男性の数が女性より少ない。同時にオープンな社会観からゲイやレディーボーイも多いため、より女性と男性のバランスに差ができ、ミヤ・ノーイを作りやすい環境がある。

　ある政治家が「富豪や権力者はミヤ・ノーイを持つことが多いが、自分は家族を大切にしているのでミヤ・ノーイは作らない」というような発言をして、高く評価された。当たり前のことを言っているだけである。それでも「おお！」と喝采されているので、タイはそういう文化なのだ。

　タイ女性は田舎で地元の男性にこっぴどく振られた経験などからタイ人男性が嫌いだという人が少なくないし、誠実さにほろりと落ちてしまいやすい傾向にある。

　我々にとって夢があるのは、タイ女性はとにかく「自分が好きなものこそが好きなもの」であり、雑誌やテレビなどで作り出される流行に左右されない。頭髪が薄かろうが、肥満体型であろうが、貧乏であろうが、年寄りであろうが、なんであっても誠意さえ伝われば、どんな男性にもタイ人女性と恋に落ちるチャンスがある。そんなときに日本語が通じるタニヤはかなり有力な場所なのではないかと思うのである。

夜の店の女の子は源氏名としてあだ名を新たにつけている場合もあり、本当のあだ名を教えてもらったら親密な証拠。

カラオケ オススメ店舗

個室が無料で使える優良店「みゆき」

タニヤのカラオケ店はどこもそれぞれに魅力があって甲乙つけがたいが、なかでもボクが一番利用する店がこの「みゆき」だ。Tくんという日本人従業員が常駐しているのもあるが、女の子はギャル系から美人系まで様々。タイミングによってはかなり上玉な女性もいて、誰でも満足できるはず。なにより、個室が無料で利用できる点は高評価に値する。10人以上が入れる大きな部屋もあれば、座敷風の靴を脱いでリラックスできる部屋もある。日本語のカラオケも充実していて、何時間でも楽しめる。

屋根裏の隠れ家「さいあい」

BTSサーラーデーン駅至近で、屋根裏にあるような小さな店。しかし、これが行ってみると意外にも優良店であることがわかる。女の子の在籍数が多く、出勤数は常時20人弱くらい。平均年齢は低めで、かわいい子が多い。ひな壇が小さいからか、目の前に女の子が並んでも不思議とこの店は緊張しないので、はじめての人は馴らしで来るといいかもしれない。実はここからチーママが巣立って独立したカラオケ店がタニヤに数軒あり、どこもそれなりに人気店になっているので、隠れた実力派とも言える。一時期は鳴りを潜めたが、2017年には盛大に復活してオススメの店に再浮上している。

南部出身者がバンコクに来ないのは、プーケットで働いたほうが距離的にも近いからというのもある。最近は東北の人もプーケットで働くことが増えた。

名物社長&店長と飲むのが楽しい「神楽」

この店ほど個性的なところはなく、普通のカラオケをイメージしていくととてつもない違和感を持つ。店内構成としては上の階にボックス席などがあり、下の階はほぼガールズバーの雰囲気。在籍女性数も少なく、飲み方としては名物社長と店長からタニヤにまつわるエピソードや最新情報を聞き出すなど男飲み。社長は商船系の大学を出ているので、船が好きな人にはたまらない話が聞ける。店長はタニヤで日本人が表に立つようになった初期から呼び込み営業をしていて、他店情報も結構持っている。ほかの店の女性を同伴すると料金割引があるなど、本当にいろいろと変わっている店。

「世界のタズヤン」経営のおっパブカラオケ「F1」

今バンコクの日本人夜遊びスポット経営者で有名なのがこの「F1」の社長である田附裕樹氏。「世界のタズヤン」として日本のマスコミにも取り上げられ、奔放な「性活」をSNSにて赤裸々にライブ中継する。おっぱいパブとしてはおそらくタイ唯一なのに、それが霞むほどにタズヤンの個性が強く、ファンも多い。そんなF1は他店と違い、セット料金は70分制。30分に一度「おっぱいタイム」が来て女性が服をはだける。タズヤンの厳選女性ばかりなので、かわいい、または美人が勢揃い。しかもワンセット内なら3人までチェンジ可能。静かに飲みたい人には向かないが、女の子とエロエロに遊びたいけど恥ずかしくて言い出せない人ならこの店はばっちり。

中国人観光客は日本人の4倍以上。スリウォン通りのソイ・タンタワン近辺には中国人向けのカラオケ店もある。タイ語すら通じず、3000バーツも取る。

規模も人気もタイ最大の「プレイガール」

店の規模も人気もタイ最大ではないかとされるカラオケがこの「プレイガール」。現在は「プレイガール2」もあるほどで、その人気ぶりが窺える。とにかく女の子が多い。店に入ると常にたくさんの女の子が待ち構えていて、選ぶのも大変。コスチュームがメイドなどのほか、日替わりなので、毎日違った雰囲気で飲むことができる。これだけ女の子が多いと競争もあって、いい意味で切磋琢磨し、接客態度もかなりいい。ちなみに、店の前にある日本の牛丼店を真似たような「牛野屋」はグループ店で、和食店も数多く運営する。社長は単身タイに乗り込んできた日本人のなかでは、近年もっとも成功した人でもある。

生バンドでカラオケが歌える人気店「アテッサ」

「アテッサ」はここ数年はグループ店含め、タニヤで大人気の店だったが、場所を近くのビルに移転させて統合した。日本で話題になった映画「バンコクナイツ」に出演した女の子たちが多数在籍し、また生バンドをバックにカラオケが歌える、タニヤでも珍しい店。在籍女性も多く、フリーの呼び込みがまず最初に名前を挙げるのがここ。それくらい安心して行ける店でもある。

女の子の人数が常に多くて選びやすい「マーメイド」

ボク個人的にはシーロム通りから見てタニヤ通り左側の店は相性が悪いが、ここ「マーメイド」だけは別。美人系の女の子が多い。みんなノリが

スクムビット通りソイ5のほか、スクムビット界隈には韓国人向けカラオケ店も。観光客の韓国人女性とはディスコなどで知り合うことができる。

よく、入り口で選んでいるときはおとなしそうでも、個室に入るとノリノリになる子も少なくない。セット料金は他店よりもやや高めかもしれないが、そのハンデを十分に超えるメリットがあると言っていい。姉妹店の「クラブM」は連れ出し完全不可であるものの、美人揃いで人気がある。

スクムビット通りなら「クラブ・ライン」へ

スクムビットのカラオケ店はタイ在住者向けで、観光客を店側が好まない。それでも試しに行ってみたいという場合はこの「クラブ・ライン」がオススメ。社長が「世界のタズヤン」の後輩で、スクムビット界隈でもっともノリのいい店を標榜する。実際に女性の採用条件が「エロい」、「かわいい（あるいは美人）」、「酒が飲める」なので、座敷タイプの個室でみんなでワイワイやると時間を忘れる。スクムビットのカラオケによくあるのが連れ出しナシの店だが、この店の2号店なら連れ出し可能な女の子もいる。

タニヤでショートの定番連れ込み宿「バワナ」。ソイ2の角にある。

2018年5月現在、日本人が常駐するタニヤの店は「F1」、「みゆき」、「神楽」、「AGEHA」、「Sofia」、「エゴイスト」など。

【タニヤ】SAI-AI

場所：シーロム通り寄りヤダパーキング手前の5階
セット料金：600THB
連れ出し料：700THB、飲まずに連れ出し1200THB
個室有無：アリ（500THB）
在籍女性数：40人以上
URL：https://www.facebook.com/Sai-Ai-Club-Taniya-926043367481315
こんな人にオススメ：美人よりかわいいタイプが好きな人

【タニヤ】MIYUKI

場所：シーロム通り寄りにあるセブンイレブン横のエレベーターで4階
セット料金：700THB
連れ出し料：800THB、飲まずに連れ出し1200THB
個室有無：アリ（4部屋、無料）
在籍女性数：40人
URL：—
こんな人にオススメ：絶対個室、でも安く遊びたい派

【タニヤ】SEXY CLUB F1

場所：タニヤ通り中央辺りの細い路地を入って右側4階
セット料金：1000THB（70分間）
連れ出し料：700THBと1000THB（女性により違う）、飲まずに連れ出し1300THB
個室有無：アリ（4部屋、500THB）
在籍女性数：約50人
URL：https://www.facebook.com/sexyclubf1/
こんな人にオススメ：店内で際どく遊びたいけどシャイな人

【タニヤ】Club神楽（かぐら）

場所：シーロム通りから入ってすぐの右側
セット料金：700THB
連れ出し料：800THB
個室有無：ナシ
在籍女性数：15人
URL：http://kagura-thailand.wixsite.com/girls-bar-karaoke
こんな人にオススメ：タニヤの温故知新を知りたい人

タニヤの女の子たちは元気な子が多く、閉店後に「スクラッチドッグ」などのディスコで踊っていたりすることがよくある。

【タニヤ】ATESSA

場所：シーロム通りからタニヤに入り、右側の「つぼ八」のビル3階　**セット料金**：600THB（ビール、ウィスキー）、800THB（ビール、ウィスキー、焼酎）、1000THB（ビール、生ビール、ウィスキー、焼酎）　**連れ出し料**：600THB、飲まずに連れ出し1200THB
個室有無：アリ（500THB、1000THB）
在籍女性数：約80人
URL：http://atessaentertainment.com/
こんな人にオススメ：タニヤの人気店を試したい人

【タニヤ】Play Girl

場所：ヤダパーキングの路地を入って右側4階
セット料金：800THB
連れ出し料：700THB、飲まずに連れ出し1200THB
個室有無：アリ（500THB）
在籍女性数：180人以上
URL：—
こんな人にオススメ：遊びから接待まで1軒で済ませたい人

【スクムビット】Club LINE

場所：トンロー通りソイ13の奥の右側
セット料金：1200THB（ビジター飲み放題料金1時間分）
連れ出し料：700THB
個室有無：アリ（500THB、1000THB）
在籍女性数：50～80人以上が常時出勤
URL：https://www.facebook.com/clublinebkkthonglor13
こんな人にオススメ：スクムビットのカラオケの雰囲気を知りたい人　**備考**：ペイバーはトンロー通りソイ9の2号店のみ

【タニヤ】Mermaid Club

場所：スリウォン通り寄りにあるファミリーマートの向かいのビル3階
セット料金：800THB
連れ出し料：800THB
個室有無：アリ（500THB）
在籍女性数：約80人
URL：—
こんな人にオススメ：接客レベルが高い店で飲みたい人

2回目の訪タイなどでは女の子にお土産持参も喜ばれる。タイのチョコレートは成分配合が違うのかおいしくないので、日本製は喜ばれる。

ทานข้าวคนเดียว

バンコクひとり飯

単独で夜遊びをする場合、どこで食事をしたらいいか。

そもそもバンコクは世界屈指の屋台大国。規制が厳しくなり減りはしたが、それでも24時間どこかで食事できる。屋台は一皿料理が基本で、1品が40バーツからと安い。立ち食い系のヤキトリや揚げた肉のすり身団子など串ものなら1本10バーツくらいからだ。

ここでは、夜遊び前の腹ごしらえや、小腹が空いたときの簡単な食事を、「タイ料理以外」で考えてみた。

●コンビニおにぎり&弁当

コンビニ、特に「セブンイレブン」の日本化は激しく、日本風のおにぎり――塩鮭やツナマヨなどが25バーツ前後で、味も日本と遜色ない。都心だとカレーライスや豚塩カルビ丼などもあり、会計後レンジにかけてもらえる。スクムビット通りソイ33の入り口のコンビニなら簡易的な席もある。

●ハンバーガー

ナナとソイカウにはスタンド式ショップがあり、１００バーツ程度から買える。チェーンではない店が特に美味しい。主に２００バーツ台と高めだが、例えばスクムビット通りソイ11の「ファイアーハウス」、ソイ22の「ニューヨークスタイル・ステーキ&バーガー」ならゴーゴーバーにも近くて行きやすい。

●定食

パッポン2やナナ近くの24時間スーパー「フードランド」の食堂なら軽食もある。ＢＴＳプラカノン駅そば「うま食堂」ならご飯が大盛り設定。

●丼&麺類

タニヤには「牛野屋」という日本の人気店を真似た牛丼スタンドがある。１２０バーツ前後で、ボリュームもある。

麺類なら、タニヤやＢＴＳプロンポン駅周辺の「生そば　あずま」が日本そばで人気。ラーメンは東京以上の激戦区と言っても過言ではない。そのなかでオススメしたいのは、スクムビット通りソイ39中ほどにあるつけ麺の「フジヤマ55」。濃厚スープと極太麺が美味。タニヤの家系「内田家」と、トンロー通りソイ18の「のじ屋　ゆうし」は深夜まで営業。後者はラーメン二郎などをハイクオリティーに再現した店で、いろいろなラーメンが楽しめる。

「フジヤマ55」のつけ麺。

4

マッサージパーラー

อาบอบนวด

●ラチャダーピセーク通り
（MRTホワイクワン駅／MRTスティサン駅）

○サービス料1900～10000バーツ

อาบอบนวด

マッサージパーラーの基礎知識

タイ人向けプレイスポットで、その規模感は必見

タイの性風俗として古典的な遊び方がマッサージパーラーだ。日本のソープランドにあたり、タイの夜遊び通には「MP《エムピー》」とも呼ばれる。日本のソープに近く、部屋で身体を洗ってもらい、店によってはローションでのマットプレイがあり、そのまま最後まで楽しめるというもの。

日本のソープとMPが決定的に違うのは施設の外観と規模だ。知らなければホテルかと思うような巨大な建物で、駐車場完備だし、基本的にはレストランも併設する。店によってはATMもあるので、カードで現金引き出しもできる。

ただ、エロ古式マッサージ店が都心で台頭している現在、日本人にとってMPの存在意義は薄れていると言ってもいい。料金も高騰気味だし、元々はタイ人向けの風俗店であることから、日本人が満足するサービスを受けられないこともある。タイ人はプレイに関してわりと淡泊で、様々なバリエーションでエンジョイする土壌はまだない。いろいろなプレイをお願いしてみても、拒否されるというよりは、そのやり方や楽しさを理解してくれないことが多い。だから、安く遊べることは大きなメリットであるとしても、その分、満足度がやや落ちてしまうことは否めない。

それに、なにか問題――例えばサービスが極端に悪い（よくある）、女性が暴言を吐いたり暴力を振るう（めったにないが）など――があっても、クレームに対して相手にされないこともある。日

外国人料金は国立公園や公営の観光施設、遊園地などで見られる。外国人にはわからないようにタイ数字を使って表示などしている。かつては(次頁へ)

荘厳な建物がマッサージパーラーの目印。写真は人気店「エマニュエル」。

本のように客に満足してもらおうという精神は薄く、あしらわれてしまう。

　とはいっても、タイに遊びに来たからには一度はMPに足を運んでみてほしい。MPの料金はタイ国内の物価指数からは高額になるが、コストパフォーマンスは決して悪くない。ゴーゴーバーは勢いで入ってノリよく遊ぶのが基本だが、考えてみれば、飲んで口説いて、その費用とペイバー代にチップ代、タクシー料金、食事をすれば食費といろいろと手間と金がかかる。MPは1か所ですべてが完結する。ベテランはロビーで食事をしたり、じっくりと時間をかけて優雅に楽しむ。

　高級店や人気店はかなりゴージャスな造りになっているのも特徴だ。女性が多いタイミングで入ることができたら、まず誰もが感動するくらいに女性がずらりと揃っている。これは実に壮観だ。豪勢なロビーに、明るい照明で女性たちがまさに

（前頁より）交渉したり、タイが好きだとアピールするとタイ人料金になったが、近年は労働許可証や納税証明書を提示しないと下がらない傾向に。（次頁へ）

スポットライトを浴びている姿は美しい（ただ、ライトで美しさが3割増しになっているという意見もあるが）。

タイではときおり「外国人料金」を見かける。国立公園や観光施設などがそうだが、MPに関してはタイ人も外国人も同じ設定になる。逆に言えば、タイ人にとってMPはそこそこに高級な遊びだ。それなりのクラスの人が遊ぶ場所なので、だからこそホテル並みに巨大で、ゴージャスな内装なのは当然でもある。

高級MPは一般の人とは違う出入り口も用意されている。政治家や富裕層、芸能人などの有名人が誰にも顔を合わせずに部屋に入れるように作られているのだ。政治家や芸能人はマスコミで名前が出るわけだが、ハイパー富裕層の場合、芸能関係者でなくてもタイでは名前が知られている。というのは、相続税もないことから代々地位や財産が受け継がれ、財閥や名家というものがある。タイ人にとっては、その姓を聞くだけでどんな一族かがわかるのだ。タイは名前のバリエーションは多くないが、苗字は一族ごとに違う。そういったハイクラスな人が出入りするための入り口が設けられるほど、MPはタイ人向けの遊びなのだ。

バンコクのMPゾーンは ラチャダーとペッブリー

バンコク都内にはMPはたくさんあるが、点在していて、中心だけでなく郊外などにもある。中心寄りだと、日系企業や日本人観光客が多いスクムビット通りのアソークから北に向かった「ラチャダピセーク通り（以下ラチャダー）」。特に地下鉄のMRTホアイクワン駅周辺は密集していて、徒歩圏内に数軒ほど集まる。

それから、MRTペッブリー駅（スクムビット

（前頁より）タイ人と一緒に行って、窓口で買ってもらい、しれっとゲートを通って入れることもある。バレることもあるが。

駅の次の駅）前にある「ペッブリー通り」にも、駅から東に向かうと何軒かMPが点在する。ただ、徒歩圏内ではないことから、タクシーの利用が必須だ。そうなると言葉の壁やボッタクリなど別の問題が出てくる。だから、本書ではラチャダー通りにあるMPを中心に紹介していく。ここなら、はじめての人でも問題なく足を運ぶことができる。

近年は近隣住民の反対運動や営業許可証が発行されないことからMPは新規開業が難しい。そのため、目新しい店がなかなか現れない。また、2016年前後から警察による違法営業のMP摘発が相次いでいて、閉店や営業停止に追い込まれているところも少なくない。そのため、日本人が遊べるMPもだいぶ減ってきていることも現実にある。入浴中に警察に踏み込まれるリスクは伴うが、海外でこういったサービスを受けるというのはそもそもノーリスクではない。現状タイで起こっているMP摘発の違法営業というのは外国人不法就労が主で、客はお咎めなしというケースがほとんどだ。

人気店は入り口にある「ひな壇」あるいは「金魚鉢」と呼ばれる女性が待機する場所は壮観で、一度は見ておいてほしいと思う。タニヤのカラオケのひな壇よりも豪華で、人数も多く、照明の当て方に凝るなど、格が違う。例えば地下鉄で行ってみて、見るだけみて帰ってくるというのもひとつの手だ。ひな壇のフロアはレストランも兼ねていて、ビールを飲みながら、あるいはコーヒーを注文してただ女の子を眺めるだけでもいい。必ずしも門を潜ったら女性を選ばなければならないわけではない。タイのナイトライフでよく聞くカタコト日本語のフレーズに「見るだけタダ」というのがあるが、まさにそれでいいのだ。

厳密にはタイも2016年2月に相続税ができたが、1億バーツを超えた部分が10％課税で、一般層には関係ないし、富裕層にも抜け道はいっぱいある。

マッサージパーラーの遊び方

遊び方はシンプルだ。流れを知っておくとベテラン感が漂い、意地悪されることもない。エロ古式マッサージの遊び方と概ね同じだが、細かいポイントが違うので、その点を押さえておくといいだろう。

では、まずはMPの遊びの流れをチャートで見ていただきたい。

入店　ホテルのロビーのような造りが多く、ソファーが並んでいる。タイ人客はうしろに座る傾向にあるが、女性を見やすいのは一番前。

↓

選ぶ　女の子は「ひな壇」あるいは「金魚鉢」と呼ばれるステージ、あるいはガラス張りの部屋にいる。

↓

決定　エロ古式と違う点はサービスの説明などがないこと。そのため、コンシアと呼ばれる支配人にいろいろと質問をぶつけて女性を選ぶ。

↓

支払い　前払い制。カード可もあるが、なにかあった場合に責任追及が困難なため、できれば現金で支払いたい。

↓

部屋へ　女の子に案内されて部屋に移動。部屋につくと飲みものを聞かれる。ただし有料。

↓

タクシーは日本のように2種免許があるが、マナーが悪い。ボッタクリは日常茶飯事。そのため本書ではできるだけBTSやMRTを使うことを推奨する。

プレイ　浴槽に湯が溜まるまで飲みものを飲んだり、話をしてリラックス。その後入浴して、ベッドに移ってイチャイチャ。女性によっては2回戦以上も可能。

↓

終了　時間制で、MPは90分か120分（店ごとに固定で選べない）。終了間際に電話が鳴る。このときに女の子にチップを渡す。

タクシー利用は注意したい

店選びにも関わる大切なことであり、同時にMP遊びの問題点。それはタクシーの使い方だ。この問題もあって、本書では地下鉄で行けるラチャダーのMPをオススメしているという事情もある。

バンコクの、特にペッブリーにあるMPはタクシー運転手が案内するとキックバックを払う仕組みがある。契約タクシー運転手が、そこに客を連れて行くと数百バーツが支払われるのだ。よくあるのが「プラザ」というMPで、あまり人気のないところがこの仕組みを採用していることが多い。このシステムの大きな問題点は、そのキックバックを客に負担させていることである。

通常料金が2500バーツで、タクシーへのバックが500バーツだった場合、コンシアが我々に提示する額は3000バーツになる。稀に良心的なタクシー運転手は、バックをもらう代わりに片道、あるいは往復のタクシー代を無料にしてくれることもある。しかし、郊外店でも、日本人が乗るような場所から往復するのに500バーツもかかることはない。

また、男性だけでタクシーに乗るとときどき運

タクシー運転手が到着時にMPの従業員と話している場合は高確率でキックバックの話をしている。普通は到着時に言葉を交わすことはない。

転手が「ボディーマッサージ？」とか「マッサージパーラー？」あるいは「アタミ」と言ってくることがある。アタミはかつてそういった名前のMPがあったので、その名残である。これは運転手が契約するMPに連れていき、キックバックをもらいたいということだ。

運転手の紹介で連れていってもらった場合にキックバック分を負担することは仕方ないにしても、例えば先のプラザに自ら行きたいと思ったとき、たまたま乗ったタクシーがプラザと契約していると、運転手は勝手に「オレが連れてきた」とMP側に報告し、キックバック分が上乗せされてしまうことがある。降車時に気がついて「そうではない」とタイ語でちゃんと言えるくらいでないと、タクシーでMPに行くことはオススメできない。タイの夜遊びでは最低でも英語は通じる。しかし、こういうときに限って英語が通じなかったりするのもタイの夜遊びあるあるだ。ラチャダーのMPはそういった店が少ないし、地下鉄を使えば問題がない。

ひな壇の壮観な眺めは一見の価値アリ！

さて、どこか気に入ったMPがあれば、まずは入ってみる。大きな造りは一瞬怯んでしまうが意外とオープンで、気に入った女の子がいないから帰るとしても嫌味は言われないし、ましてやひっぱたかれることだってない。

入るとわかるが、ひな壇は入り口から見えにくい場所にある。歩を進めていくと視界が広がり、その先に女の子たちがスポットライトに照らされて座っている。ひな壇が見えた瞬間は、登山で山頂に登り切ったときの感激のような「おお！」という驚嘆が心に響く。

ひな壇の照明は美しさが３割増しとも言われる。ゴーゴーバーなども赤い照明を多用して美しく見せる店が多く、ペイパーした後に「あれ？」となることも。

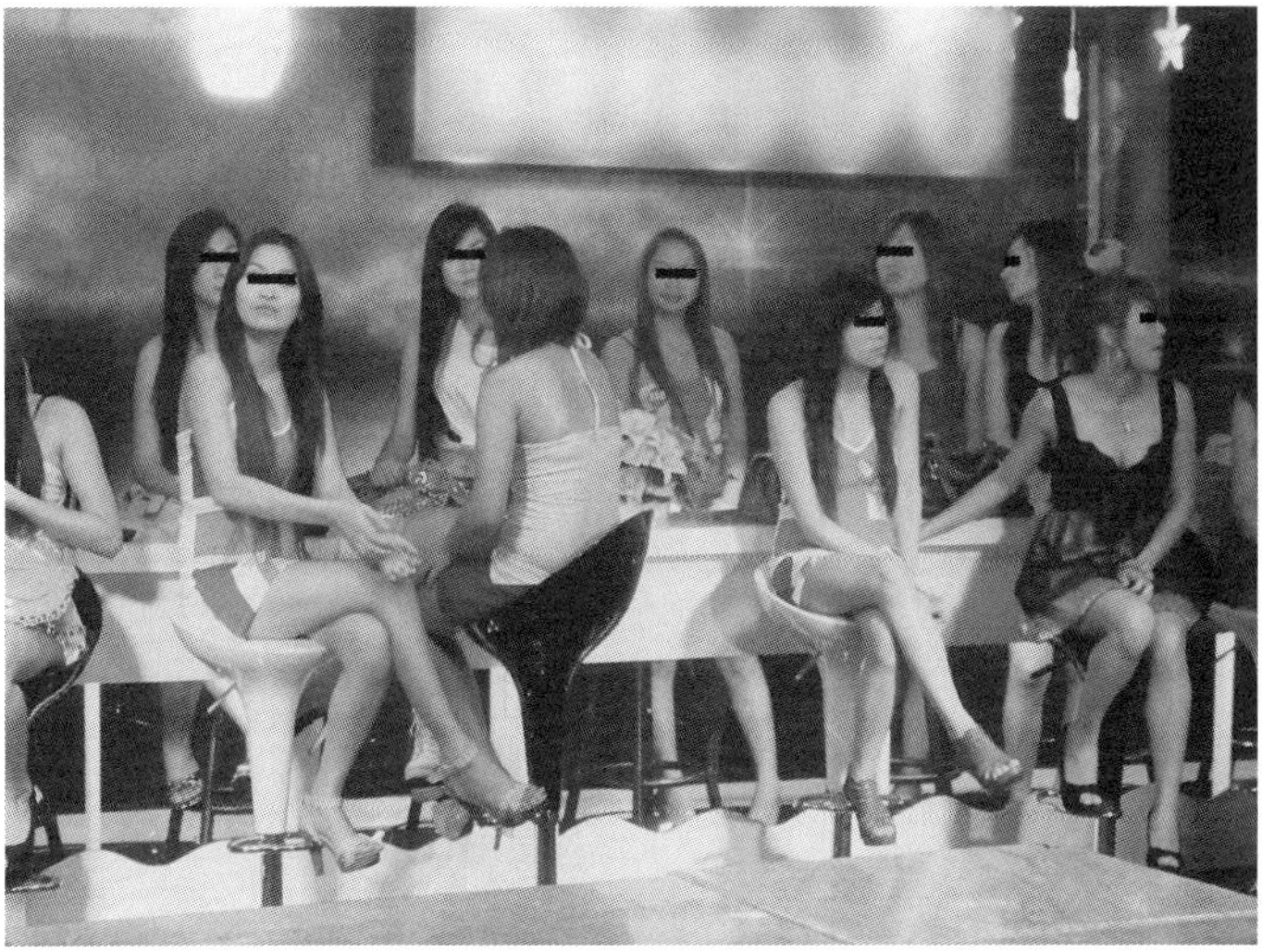

本来は公開されることがない「ひな壇」の様子（この店はすでに閉店）。

ひな壇はガラス張りの部屋になっている場合と、ガラスも壁もなく、ソファーが置かれているだけの場合がある。ガラスの場合、全面ガラスの店と、一部帯状にガラスが抜けているところがある。ボクはそれを知らず、相手からは見えないと思って「この店は年寄りばっかりだね」とコンシアにタイ語で言ったところ、女性たちに思いっきり睨まれたことがある。

コンシアというのは、支配人、あるいはマネージャーで、男性女性両方いてサービス内容を質問できる。コンシアなら英語は通じるし、ラチャダーのMPなら多くの店で少なくとも料金やサービスの説明は日本語が使われる。

料金体系は複雑で、女性によって料金設定が違う。コンシアには料金の確認はもちろん、どの子が人気で、どういったサービスができるかを聞く。彼らはそれらを一応把握している。エロ古式との

ラチャダー通りのホワイクワン交差点を東のほうに進むと新中華街が形成され、安くおいしい中華が食べられる。オススメは「中華小吃（ジョンフア）」。

違いは、それが１００％信用できる情報ではないこと、あるいは女性が気分によってそのサービスをしない点にある。この点はタイ人向けの風俗だと思ってあきらめるしかない。

　ひな壇の女性たちはクラス分けがされている。一応、料金グループごとに座っていて、この辺りの子はいくら、ここからここの女の子がいくらとコンシアが説明をしてくれる。日本のソープにあるような、入浴料とサービス料が別々というわけではない。要するに最後まですべて込み込みということになる。時間はＭＰによって違い、90分と１２０分。エロ古式と違い店全体、もしくはクラスごとに固定で（要するに時間は選べない）、最近は90分が多くなった。

　また、女性のクラス分けはひな壇内だけでなく、ひな壇と外でも違っている。かつてはひな壇の女性と、外のソファーに座る女性は区別され、外のほうは「サイドライン」、もしくは「モデルクラス」、「スーパーモデル」などと呼ばれ、やや高めの料金設定になっていた。

　今もサイドラインとひな壇を分けるところは料金差が大きい。１０００バーツ近くも違うので、和食１回分の食事ができるくらい差がある。近年はひな壇をなくし、すべてをサイドラインに設定して高級店化を図るＭＰも増えている。しかもその場合、料金設定が非常に細かく、紙に書いてもらわないとわからないくらいに細分化されている。目印は女の子が胸や腰の辺りにつけているバッジにアルファベッドがあったり、バッジの色が違うなどで見分けているようだが、バッジが小さくわかりにくい。

　気になるのはクラスによるサービス差だが、これはほとんどないと言っていい。ＭＰにおけるサービスの差は料金ではなく、個人差。高い人を選

タイ人は美白信仰が強く、とにかく色が白ければ美しいと考える。そのため、サイドラインの女の子でも日本人には納得いかないラインナップもある。

べばいいというものではなく、コンシアの話を参考に、好みの容姿とサービスの善し悪しを天秤にかけて選ぶしかない。ただ、エロ古式のように具体的なサービス（「ディープキスができる」、「アナル舐め可」など）の説明より、優しいとか上手とか抽象的な紹介のほうが多いが。コンシアもオススメの女性はどの子とどの子、人気の子はこの子などと、料金設定に関係なく紹介してくれる。

　それから、このクラス分けも店によって方針が違う。店側が「この子はかわいいからサイドライン」などと分けている場合と、働く女性が自ら料金設定をしている場合がある。

　まず前者は運営側が判断しているので、たしかにかわいい子が多いのは事実だ。ただし、センスはタイ人のものなので、必ずしも日本人好みとは限らない。稀に巨乳の色白というだけでサイドラインに配属され、日本人にとっては残念な容姿と感じる女性もいる。

　後者は自分で稼ぎたい金額を考えて料金設定する。かわいい子はかわいいし、そうでもない子は「なんでいるの?」と思うことだってある。

支払いは現金をオススメする

　女の子を選ぶ際はただ眺めるだけでもいいし、ビールなどを注文してじっくり選んでもいい。100バーツから200バーツ程度で、レストランで飲むのと同じくらいで高くない。特等席はやはり一番前。タイ人客やベテラン客はここで女性をいったん隣に座らせ、食事をしたり飲んだりしてフィーリングを確認するため、うしろの席に陣取る。見たことはないが、ここで気に入らなかったらチェンジしたり帰ることも可能。ただ、時間を取らせた分、チップは払う必要があるだろう。

ラチャダー通り裏手にあるプラチャソンクロ通り。この通りのソイ27は学生街で、夜は学生向けのパブなどが盛り上がる。

女の子が決まったら支払いになる。その前にコンシアにチップを100バーツほど渡す人がいるが、これはプレイが終わったあとのほうがいい。サービスが言っていたほどよくなければチップは渡さず、よければ100バーツを渡す。これによって次回来たときにコンシアにもっといい子を紹介してもらえたりするし、いいか悪いかが明確になってコンシアの情報精度も上がり、次に来る日本人たちへちゃんとした情報が伝わるというメリットがある。

支払いはカードも使えるし、領収書も出る。ただ、カードはスキミングなどはほとんどないにしても100％信頼しきれないので、できれば現金で払いたいところだ。万が一問題があっても、それを解決するタイ語力が必要だし（こういうときは店側もあえて英語を使わない可能性がある）、現地在住でない限りその問題を解決するには時間が足りなさすぎるのだ。

複数プレイ「アレキサンダー」ができるMPもある

MP特有のサービスが存在する。

それが「アレキサンダー」である。これは複数プレイをするMPの遊び方で、日本人には「アレキ」とも呼ばれ、発祥の店とも言われるラチャダーの閉店した名店「シーザー」のVIPルームの名称が由来とされる。ただ、できる店とできない店がある。この違いはVIPルームの有無による。大きなMPだと最上階がVIPルームで、複数の女性を選んで3P以上の遊びができる。このときにかかる費用は「基本料（基本のプレイ料金）×女性の数＋VIPルーム使用料」になる。アレキサンダーの場合は時間が3時間など長くなるMPもあるようだ（その場合少し高くなることもある）。

アレキに似た遊びに「ノーハンドレストラン」がある。ラマ6世通りにある「スラット」というレストランは、個室で女性が料理を食べさせてくれる。（次頁へ）

VIPルームのなかにはグループで入れる大部屋があり、カラオケができるような広いソファーとテーブル、複数で入ることができるジャグジー、そして複数のベッドルームが用意されている。複数でアレキを楽しむ場合、普通はワイワイ食事してジャグジーをみんなで楽しんだあとに、各自部屋でエッチに勤しむという遊び方になる。乱交を前提にしていないので、望むならばコンシアや女性と事前交渉が必要になる。

VIPルームを使うとき、MPによってはメンバーになったほうが得なケースもある。加入には数万バーツがかかる（2万から3万バーツ台など）。期限は1年間などと設定されるが、いわば払った分プラスアルファのサービスがつく課金制のようなもの。設定されるサービス分を遊び尽くしてしまえば、メンバーも無効となる。特典にはジャックダニエル（ほかのウィスキー銘柄を選べる場合もある）が数本、VIPルーム無料使用権、女の子の料金が割引かひとりサービスなど、MPによって様々。一見高額設定であってもひとりだけ加入して、あとは数人で頭割りすれば普通に遊ぶときとそれほど変わらない費用になる。だから、アレキの場合、もしくは仲間数人でMP遊びをするならメンバーになってしまうのも賢い遊び方だ。

MPの料金設定は複雑なので注意が必要だが、ちゃんと話を聞くとお得情報もあるので、コンシアとの関係は大事にしておきたい。

お湯が溜まるまでの間が楽しい？

料金を支払ったらエレベーターで部屋に向かう。日本のソープや風俗店と違い、MPは堂々とほかの客とかぶる。エレベーター、廊下などで普通にすれ違い、結構気まずいが、タイのMP遊びのあ

（前頁より）だからノーハンドと呼ばれる。チップを300バーツ払うと女性が上半身裸になり、おっぱいタイムがはじまる。ただ、外国人は漏れなくぼったくられる。

るあるだと思って楽しむしかない。

部屋につくと女の子は浴槽に湯を張りはじめる。その間、時間が余ってしまうので、部屋に入ったときについてくる掃除の女性に飲みものを注文しよう。ビール、水、コーラ、ジュースなど基本的にはなんでもある。一般的なレストランと変わらず、ビールなら１００バーツを少し超えるくらい。

このとき、ジャストで支払うのは残念ながら格好悪いことだと思っていてほしい。水だったら20バーツくらいなので、50バーツ札あるいは１００バーツ札で払い、「釣りはいらない」といったことを伝えてあげるのがスマートだ。

浴槽にお湯が溜まるまで10分はかかる。その間は注文した飲みものを飲みながら女の子と話したり、イチャイチャと身体を触ったりして待つ。ＭＰは時間制だが、女の子によっては2回戦目を拒否、あるいはいくらかチップを出せと言ってくる子もいる。しかし、この風呂前のイチャイチャで身体を触られることを拒否する女の子はボク自身見たことがない。どんどん触ってかまわない。

ＭＰはタイ語では「アープ・オップ・ヌアット」と呼ぶ。直訳すると、「風呂に入り、蒸して、マッサージする」という意味になる。一応、形式上はエロ古式と同じでマッサージ店。そのため、どのＭＰでも室内のどこかに「本番行為は禁止」とタイ語で看板がかけられている（ないところもあるかもしれないが）。そういった法的な縛りもあってドアには鍵がかからないし、のぞき窓は大きく開いていて外から中を覗くことができるようになっている。ただ、あくまでも建前に過ぎないので、盗撮や覗きは絶対にないと言っていい。

お湯が溜まって、いよいよ風呂に入る時間になったら服を脱ぐわけだが、服は女の子が丁寧に畳んで置いてくれることが多い。シャツなどはハン

ラチャダー通りソイ10の入り口（エーライナーの向かい辺り）にある「クワンシーフード」はタイ人にも人気のシーフード料理店。

ガーにかけ、ドアの前に吊す。これでのぞき窓から中が見えないようになる。

次があるかもしれないから SNSは聞いておくべき

タイの風呂はかなりぬるめだ。一般的な家庭では湯船がなく、シャワーしかない。地方ではお湯さえなくて水シャワーが普通だ。そういった事情もあって、タイ人は熱い湯には入れないからMPの風呂はぬるい。

浴槽に浸かったら、あとは女性が身体をくまなく洗ってくれる。ちなみに、このときに使うボディーソープなどはすべて女性が自腹で買っているものだ。備品として用意されているが品質がよくないからと、女の子は客のためにちゃんとした銘柄を買って使っている。

MPによってはマットプレイもある。ローションプレイがあるところもあるし、ローションの代わりにボディソープを使うこともある。

全身を洗い流してもらったら、女の子が身体を拭いてくれる。このとき、浴槽近辺の床はよく滑るので注意したい。ここで転んで骨折する人が年に何人かはいるらしい。

身体を拭いてもらったら、ベッドで女の子が身体を洗い終わるのを待つ。天井や壁には鏡があるし、MPによってはテレビでポルノを流していることもあり、プレイへの期待は高まることだろう。

あとは時間いっぱいまで楽しむ。先にも書いたように2回戦拒否もあるが、そのときはお喋りをしたり、マッサージをしてもらってもいい。悪い女の子だと「もう時間だ」と言い出すが、制限時間に近づいたら（約10分前）室内の電話が鳴るので騙されてはいけない。拒否をされてもどうしても2回戦、というのであればチップを払うが、そ

MPの個室にはトイレがないことが一般的。飲み過ぎてトイレが近い人は注意。女の子によってはバスタブ横でするよう促す場合もある。

れは交渉次第だ。相場としては５００バーツから１０００バーツ程度と見る。

　時間が来たら服を着て外に出る。このときに女性のサービスが満足のいくものであればチップを渡す。相場は１００バーツからせいぜい３００バーツ、最大でも５００バーツで十分だ。

　このときにＬＩＮＥやＳＮＳを交換したりしておくのもいい。ＭＰは閉店が深夜0時。タイの夜遊びのなかでは早くに閉まるので、このあとにディスコなどに出かける女の子も多い。ラチャダー通りソイ4に「ハリウッド」という大衆向けディスコがあって、ＭＰに勤める女性が好んで行く。ＳＮＳなどで繋がっておけば、店外デートができる可能性が高まる。

　リアルな話をすれば、ＭＰの子もゴーゴーバーと同じで田舎の家族や兄弟、自分の子どものために働く。今はだいぶ少なくなったが、20年前くらいは親の借金の肩代わりでＭＰに入れられる子もいたくらいで、ゴーゴーよりもやや悲壮感があった。だから「ディスコに連れていってあげるよ」と言うと、タダで遊べるとあって喜ぶ子は多い。「友だちも誘いな」と言えばさらに誘いに乗る確率は高まる。彼女たちの日頃のストレス解消に付き合ってあげるくらいの気持ちで気軽に誘えばいいのだ。

ひとつのテクとして、最初にある程度のチップを匂わせておくとサービスがしっかりする子もいる。もちろん相当のサービスをしたら払うよ、と前置きして。

อาบอบนวด

マッサージパーラー ボクの体験記

タイのMP今昔物語

MPはタイの古典的な古式マッサージが関係していると見られる。街中にある古式マッサージ店ではなく、大きい施設で個室完備の古式マッサージ店がタイ国内の、あまり外国人の目には留まらない場所にあるのだ。安宿街の「カオサン通り」や、涅槃像《ねはんぞう》で有名な「ワットポー」近辺からチャオプラヤ河を西に渡ったピンクラオ地区などにいまだ健在で、本番ができるところもあるし、客も男性ばかり。入り口にはひな壇もあって、まさにMPと同じ。こういった昔ながらのサービスと日本のソープランドや他国にあるマッサージパーラーのサービスが融合して、今のタイ式MPが誕生したのだとボクは推測している。

ボクのMP初体験は1998年だった。タイにはじめて来た翌日、道で知り合ったタイ人男性にわけがわからないままに連れて行かれてボッタクリに遭ってしまった。当時は1000バーツ程度のMPが多かったが3000バーツくらい払わされたのだ。「ジェーワン」という日本人観光客には有名な店だったが、2015年ごろに案の定というか、閉店した。

その次の経験は、2000年代初頭に人気があった、ペッブリー通りの「バンコクコージー」というMPだ。もう取り壊されたが、2004年ごろに一度改装工事が行われた。それ以前は古びていて魔窟のような場所でもあった。改装前はひな壇とは違う別室があった。ガラスのドアで中が

「ハリウッド」のような大衆系のディスコだと、MPの子だけでなくタニヤやゴーゴーの女の子も多数遊びに来る。ナンパに応じるのも夜の女の子が多い。

見え、どう見ても10代前半の女の子が座っていた。聞くと、中華系の人には処女信奉があって、処女と交わることで長生きができるとかで需要があったらしい。もちろん当時も未成年者との性交は重大な犯罪だ。警察が厳格に取り締まるようになったのは、2003年からだったと記憶する。

　タイの名物政治家チューウィット・ガモンウィシット氏――日本人にはチューウィット兄貴と呼ばれるこの人は「デイビスグループ」という主にラチャダーでMPを数軒経営していた富豪で、後の章で紹介する援交喫茶「テーメーカフェ」の向かいの公園ができるきっかけを作って逮捕された。当時その公園の土地はビアバー密集エリアになっていて、ホテル建設のために地主だった兄貴はビアバーに出ていってほしかったようだ（ただ、それは表向きで、実際はMP建設だったとも言われる）。しかし立ち退き拒否をされ、ある夜、兄貴は手下に命令してブルドーザーですべてを破壊し、逮捕された。

　兄貴はマスコミに対し、多額の賄賂を警察に払っていたことを暴露したり、MPの室内で客と女性がなにをしているかは知らなかった、といったエキセントリックな名言を多数残した。これにピリついてしまった警察がMPを厳しく取り締まりはじめ、当時のタクシン元首相が推進していたナイトエンターテインメント業界とアルコール販売への締めつけも重なって、18歳未満の風俗店勤務に厳しくなったという経緯がある。

　あくまでもこれはきっかけの話で、今はタイも18歳未満との性的関係や売買春に関しては厳罰が待っていて、ケースによって終身刑もある。これは麻薬と同じで知らなかったでは済まされないので、絶対に手を出してはいけない。

　MPにおける処女との出会いは常連であれば今

地下鉄MRTも延線工事が進んでいて、ピンクラオ方面にも延びる予定。開通すれば、タイ人男性向け古式マッサージに外国人も行きやすくなる。

でも可能だと言われる。農村などの貧困家庭の女の子がスカウトされて、MPにやってくることはよくある。MPも人員確保が大変でそういった手段で女の子を集める。そのとき、スカウトした子が処女だと、あらかじめコンシアなどに頼んであった常連客に打診される。料金設定は女の子や店によって違うが、5万バーツや10万バーツなど。2回目はその半額、3回目は2回目の半額と回数を重ね、普通の料金に落ち着いていく。

MPの現実がちょっと厳しい事情

近年はMPへの取り締まりが厳しくなっている。特に2016年、2017年はMP受難の年だった。ラチャダーで日本人に絶大な人気を誇っていたMP「ナタリー」が2016年に強制捜査が入り、5年間の営業停止処分を受けている。これまでも見せしめのような摘発はときどきあったが、それでもせいぜい1か月の営業停止程度で済んでいたものが、5年間と厳しい処分になった。これは実質廃業である。

ナタリーはロリ系の女の子が多くて日本人に人気だったが、どうやら本当に未成年者がいて、かつ外国人の不法就労もあった。

ボク自身もディスコで知り合った女性がナタリー勤務で、のちのち聞くとミャン

日本人に人気だった「ナタリー」は閉店ではなく期限付きの閉鎖だが……。

タイの刑務所は最低限の食事が与えられる程度で、病気になったら金がないと診察も受けられない。また、外国人受刑者には労働義務がないため日銭が稼げない。（次頁へ）

マー人だったことがある。

それから、2018年1月にはラマ9世通り（ラチャダーから近いエリア）の「ヴィクトリア・シークレット」というMPが摘発された。ここもやはり未成年者と外国人就労のコンボで数年間は営業停止、すなわち廃業ということになりそうだ。

性風俗関係の取り締まりの裏事情に詳しい人に聞いたところ、ヴィクトリアにはたしかに外国人（ミャンマー人やラオス人）と未成年者が働いていたことは事実だったが、ほかにも捜査が行われた事情があるのだと言う。取り締まる側（ヴィクトリアの捜査は警察ではなく、タイ法務省特捜局だった）とMP経営者側が、政情不安のタイにおいて敵対していたことが理由だそうだ。タイではタクシン元首相側を「赤」、それ以外の保守派を「黄」としていて、警察内部には両方の派閥が存在している。この先も警察か政府のトップが交代して色が入れ替われば、報復として似たようなことが起こることが懸念される。

タイでは15歳未満とのセックスは合意の有無にかかわらず逮捕される。この一連の摘発を見ていると、場合によっては遊んでいる最中に逮捕されるリスクもあるということになってしまう。

とはいっても、そういったケースはレアであり、MPはその施設の大きさなど、とにかく見るだけは見てほしいと思う。

コンシアの言うことはよく聞こう

ボクのMPの遊び方はコンシア頼りである。コンシアに「とにかくサービスがいい子はどの子？」と聞く。ボクが女性の容姿に関しては大リーガー並みの広いストライクゾーンを有しているのでできる技でもあるのだが、顔や容姿は不問で、とに

（前頁より）万が一のために支援者に金をもらうか、所内でビジネスを創出して金稼ぎをしなければいけない。ただ、本来は金稼ぎは禁止のため、（次頁へ）

かくサービスが丁寧で性格がよく、2回戦の拒否をしないという子を紹介してもらう。

ペッブリー通りの「エビータ」ではロビーの柱が邪魔でひな壇にいる女の子の顔がまったく見えないままに指名した。それでも大当たり。まず、部屋に入って浴槽にお湯が溜まるまでに1回戦。風呂後に2回戦目。そして最後に向こうからのおねだりで3回目。顔もかわいくて、素晴らしい子に当たった。もちろん退店前にコンシアの彼には100バーツを握らせた。

一度「ナタリー」ではコンシアの意見を無視してひどい子に当たったことがある。マットプレイができると説明されたが部屋で別料金を請求されたし、入って40分しか経っていないのに「もう時間いっぱいだから帰れ」と言われた。この経験からコンシアは大事だと学んだ。

MPは学業が休みの期間に女子大生がバイトで働きに来るという話もある。タイは夏休みが3月から5月の2か月間と長い。ただ、地元で働いては顔がばれてしまうこともあり、バンコクの子はチェンマイのMPに、地方の大学生はバンコクのMPに来て働く。実際、ここ数年は特にチェンマイのMPは長期休暇期間は急激に都会的なかわいい子が増えて、盛り上がるのだという。

チェンマイ在住の日本人も言っていたのは、バンコク出身の子は洗練されていて、サービスも地方出身女性よりずっといいらしい。たぶん、それは地方の男性たちの偏見だ。バンコクのMPでも地方出身女性に大当たりがいて、十分に満足のいくサービスを受けられるのだから。

（前頁より）抜き打ち検査によって保有する金銭は全額没収ということも頻発する。一応日タイ受刑者交換の条約があるが、あまり実施されていない。

อาบอบนวด

マッサージパーラー オススメ店舗

ラチャダーピセーク通りのMPは地下鉄のMRTホワイクワン駅に集中している。この辺りはバンコクの下町で、タイ人向けのナイトバザール「ホワイクワン市場」や、中国の四川省や雲南省の本格料理が楽しめる新興中華街、安いタイ料理店もたくさんあって見所が多い。ラチャダーとホワイクワン市場の交差点は「占い横丁」になっていて、連日タイ人女性たちが恋愛運や金運を聞きにやってくる場所でもある。

そんなラチャダーのなかでオススメできるMPをいくつかピックアップして紹介したい。部屋に入ってからの内容はどこも似たようなものなので、ロビーにて感じたボクの雑感を中心に記述する。

コスチュームが豊富で女の子も多い「エーライナー」

「エーライナー」はきれいな建物で、かつ今のタイのMPのなかでは料金設定のスタートラインが低めのオススメ店だ。サイドラインのみで構成されるが、他店の料金が上がっているので高いとも感じない。人数も揃っていて、選択肢も多い。

ここはMRTタイランド・カルチュラルセンター駅（タイ文化センター駅）のほうが体感的には近い。見るところがいろいろとあるので、歩きでも飽きない。

この辺りは商業施設がいくつかあり、なかでもオススメは飲食店が充実したナイトバザール「タラート・ロットファイ（鉄道市場）」だ。飲食店と服飾店がたくさんあり、バーも多数。タイ人の間で人気のスポットで、バンコクにいる日本人ナ

ペッブリー通りのMPは「ラベル」、「エビータ」、「プラザ」の中にある「アクア」、かなり遠いところにある「タラワディー」がオススメ。

ンパ師もここがアツいと言う。たしかに、芸能人かと思うほどかわいい女の子がたくさんいて、目に優しい場所であることは間違いない。市場の隣にある商業施設「エスプラネード」の4階駐車場からこの市場を見下せるポイントはSNSに向いたフォトジェニックさで、驚嘆する。

ナイトバザール「鉄道市場」は女の子を連れて行っても喜ばれる。

さて、エーライナーに話を戻すと、訪問時の女性の数は35人。その日は夜9時を過ぎていて、コンシアの説明では17時から18時に女性が多いという。それでもその時間帯にそれだけの女性が揃っているので、なかなか選び甲斐があるとボクは感じた。

ドレスやバニーなど多種多様なコスチュームを着ていて、顔立ちとしては美人系が多い。細身もいるし、むっちりとしたスタイルもいて幅広さがあった。ときどき人数はいても似たり寄ったりでピンと来ないMPもあるが、エーライナーはぐっと惹かれる子が何人もいた。

コンシアもマジメで、ビールを飲みながらいろいろと質問をしてみても嫌な顔をせずいつまでも付き合ってくれた。

「エマニュエル」は老舗で客も多い人気店

チューウィット兄貴がかつてオーナーだったこの「エマニュエル」は今や老舗格。建物もずいぶ

チェンマイのMPは「サユリ」が有名だがやや高めの設定（ボッタクリ?）。しかし、女の子はきれいめな子が多いのも事実。

んと貫禄が出て、昔ながらの遊びを楽しむ感覚になる。

そんなエマニュエルは今も人気で、客の数がとにかくすごかった。ロビーにいた男性が一斉に女の子をチョイスしてしまったら、あぶれる男も現れるのではないかというほど。それでもその時点での女性の数は30人。美人が多かった。

客層はタイ人が圧倒的多数で、次に多いのが中国人、それから日本人だった。中国人客が多いのはMRTホワイクワン駅近辺のMPの特徴でもある。ラチャダーには中国大使館もあるし、近くには新興の中華街もある。

日本人男性客ふたりは表でタクシーを捕まえると「スリウォン通り、ソンブーン」と運転手に告げて立ち去っていった。ソンブーンとは「ソンブーン・シーフード」というカニのカレー炒めで有名な海鮮レストランだ。スリウォンはタニヤやパッポンがある通りで、ここのソンブーンは日本人に有名。タニヤの女の子を連れた日本人も少なくないのだが、ソンブーンはバンコク都内に数軒ほど支店があり、実はそのひとつはエマニュエルから徒歩1分のところにある。女性との待ち合わせならともかく、ただシーフードを食べたいだけなら、あの日本人たちはタクシー代を損したと言える。

エマニュエルの徒歩圏内にあるMPには「ハイクラス」、「メルシー」、「VIP」がある。このなかでもっとも客が入っていたのがエマニュエルだ。

コンシアはあまりにも忙しすぎるのか、素っ気ない感じだったのはちょっと残念。ただ、擁護しておくとコンシアひとりで10人以上を一気に相手にしなければならず、時間がなかった。コンシアが推奨する時間帯は19時ということだった。この時間は客が少なく、女性が多くて選びやすいとの

「ポセイドン」近辺も中級ホテルなどが多く、MRTスティサン駅が近くて利便性が高い。都心にも2つの空港にも行きやすいというメリットがある。

こと。

バンコクでもトップクラスの壮観な施設「ポセイドン」

ラチャダーのＭＰを語るときに外せないのが「ポセイドン」だ。ちょっとしたホテルよりもずっと大きな建物全体がＭＰになっている。女の子がいるフロアがふたつあり、１階のひな壇ゾーンと、ラウンジのようになった3階になる。

１階は夕方のほうが女性が多いそうだ。訪問した21時ごろはたった4人しかいなかった。かつて名を馳せていたポセイドンにしてはがっかりの人数だ。全在籍人数は不明。

在籍人数や待機人数をあまり言いたがらないのはすべてのＭＰに共通する。エロ古式では在籍人数や、常時待機する女性の数を平均値ではあるもののの、明確に数字で出してくれる。しかし、ＭＰはなにを警戒してか、絶対に総数は言わない。今現在何人出勤しているのかと聞いても、１００％の確率で「今、みんな上で（部屋で）仕事をしている」と濁される。例えば麺類の屋台で１日何杯売れているのか聞いても、税務関係の摘発を警戒して本当のことは一切公表しない。おそらく、それに似た事情があると見る。

さて、3階のほうはサイドライン、モデルクラスと呼ばれる、やや高級なフロアになる。このときもそこには10人も女性はおらず、聞けば18時がベストだとのこと。こちらは1階よりも設定料金が高い。ポセイドンが人気全盛だったときはこのサイドラインのラウンジで女性を選ぶことがステイタスでもあった。

今ではほかにも大きな設備や高級を売りにしたＭＰが増えていることから、ポセイドンはややピークを過ぎた感はある。しかし、日本人はバンコ

タイ・ポルノは完全なアングラものだが、ペッブリー通りの「パンティップ・プラザ」の海賊版DVDショップなどで売られている。

クのMPではポセイドンを推す人が多い。女性と設備のトータル的な高級感は圧巻なので、一度は見ておくべきだ。

「マリアホテル&スパ」はとにかく高級一辺倒!

名称がMPっぽくないが、この「マリアホテル&スパ」はとにかくゴージャス感が半端ない。ラチャダーのMPはマップ上ではすべて通りの西側にあるが、ここだけぽつんと離れて東側にある。

ラチャダーの入り口にはかつて「アムステルダム」という超高級MPがあった。その後ホワイクワンに「ロードパレス」が登場し、バンコクのMP業界全体が追随するかのように高級化する時代に入った。その後アムステルダムが閉店してしまい、ロードパレスのひとり勝ちになるかと思いきや、ここにマリアホテルが登場する。

ちなみに、MPのサイドラインの女性をモデルクラスと呼ぶが、実際にモデルをやっている女性も少なくない。ただ、ファッション誌などではなく、いわゆるエロ本、ポルノ雑誌などのモデルになる。タイは肌の露出が多い被写体は御法度となる。子ども向けアニメでプールや海などで男の子が水着で泳ぐシーンで身体にモザイクがかかったり、極端な例では犬の飼育本でゴールデンレトリバーの子犬の股間にモザイクがかかっていた。逆に目立って仕方がないが。そのため、ポルノ本やビデオは違法商品になるが、タイ人男性から一定数の需要があるようだ。

そこでモデルをしたのがかつてはMPの女性だった。最近はタイ映画などに日本の「セクシー女優」が何度か「女優」として出演し、日本ではセクシー女優と性風俗産業従事女性は別であると周知されたが、15年以上前は日本のポルノ雑誌を見

ゴージャス系の話なら、イベントのキャンギャルのなかには芽の出ないタレントの卵などがバイトで5時間2000バーツで食事に行くなどの接待をしていることがある。(次頁へ)

たタイ人男性に「この子とエッチするにはいくらくらいかかるのか」とよく聞かれた。タイではポルノ雑誌のモデル＝MPの女性というのが常識で、「会いに行けるセクシーモデル」でもあった。

　マリアホテルの女性がそういったモデルかどうかは定かではないが、施設同様、かなりゴージャスな雰囲気を醸していた。ただ、タイ人感覚の美人なのでむっちりなフジコちゃん体型の女性が多かった。

　訪問時はソファー席で客について談笑している女性を含めて25人はいた。客も多く、他店よりも設定料金が高いなか、非常に人気のあるMPだった。建物もラチャダー通りに面していないので入りやすく、また仮に知らない人が入ってきたら、そこがMPだと思いもしないのではないかというほど、ロビーがホテルの高級ラウンジといった雰囲気だった。

　このときに話をしたコンシアは女性で、感じのいい人だった。ほかのMPでも女性のコンシアはいるが、気のせいかやや男を蔑んだ目で見ているような、愛想の悪い印象を受ける。ここのコンシアはそんなことはなかった。彼女の説明では、毎日15時から17時の間が特に女性が多くて選択肢が多い時間帯とのことであった。

グループ店の閉店で女性が増えた「ハイクラス」

　大型店「オーシャン」が閉店し、そこの女性たちが移籍している。総勢で40人はいると言うが、ぱっと見はそこまでいない。そんなときは少し待つと別のグループ店（次に紹介するVIP）から女の子が補充されることもある。施設は古いがMRTホワイクワン駅からもっとも近いMPなので、この近辺を巡るついでに寄ってみるといいかもし

（前頁より）商業施設などのイベントで自分で声をかけるか、パブのマネージャーなどに頼むと手配してもらえる。セックスのサービスはないが、（次頁へ）

れない。

完全に中国人向け？「VIP」

訪問時はオープンしたばかりで、看板には「会員按摩」としかなかった。要するに「VIP」ということらしいが、表記からもわかるように中国人客向けに特化したMPで、呼び込みやコンシアも我々には中国語で話しかけてくる。中国人ではないと伝えても、「そうか、そうか」と頷きながら中国語で説明をはじめる対応はいかがなものか。ただ、ハイクラスと同じグループなので、オーシャンにいた日本人好みの女性たちがここ、あるいはハイクラスに移籍しているので、覗く価値はある。

Emmanuelle

行き方：MRTホワイクワン駅3番出口から南下して約110m。
時間：12:00～24:00
オススメの時間帯：19:00ごろ
規模：大
料金：2200～8000THBの9段階（調査時。このほか古式マッサージコースもある）
こんな人にオススメ：老舗で安心プレイをしたい人

ALAINA

行き方：MRTホワイクワン駅3番出口から南下して約580m、もしくはMRTタイランド・カルチュラルセンター駅4番出口から北上して約600m。
時間：12:00～24:00
オススメの時間帯 17:00～18:00ごろ
規模：中
料金：2000～5900THBの8段階（調査時）
こんな人にオススメ：きれいな女性を求めている人

（前頁より）食事代を入れても1時間あたりの単価はかなり安くなる。一度知り合えばLINEなどで次に繋げられる。キャンギャルならある程度英語が通じる。

MARIA HOTEL&SPA

行き方：MRTスティサン駅3番出口から南下して約500mのラチャダー・ソイ16もしくはその次のソイ（小路）を入る。
時間：13:00～24:00
オススメの時間帯：15:00～17:00ごろ
規模：中
料金：5100～10000THBの5段階（調査時）
こんな人にオススメ：高級MPで遊びたい人

Poseidon

行き方：MRTスティサン駅4番出口から南下して約340m。
時間：13:00～24:00
オススメの時間帯：1階夕方、3階18:00ごろ
規模：大
料　金：1階2600～3000THB、3階3200～5500THB（調査時）
こんな人にオススメ：有名店を見てみたい人

VIP

行き方：MRTホワイクワン駅4番出口すぐそば。
時間：12:00～24:00
オススメの時間帯：—
規模：小
料金：2000～3400THBの3段階（調査時）
こんな人にオススメ：もしもの出会いを望む人

Hi Class

行き方：MRTホワイクワン駅3番出口から約30mにある路地を入ったところ。
時間：12:00～24:00
オススメの時間帯：—
規模：小
料金：2000～3400THBの3段階（調査時）
こんな人にオススメ：まさかの出会いに期待したい人

ホワイクワン市場などのタイ人向けの安い海鮮屋台でも生牡蠣が食べられるが、小粒のむき身が出る。これは食中毒になる可能性が高く、危ない。

เทคนิค

夜遊びのマル秘テクニック

ママさんと仲よくなる

　タイ人は目上の人を大切にするし、上司の言うことは絶対という風潮がある。だから、ママさんがなにか言えば従うし、従えなければその店を去らなければならない。女の子もママさんに嫌われると困るため、ママさんの知り合いに対しては接し方を丁寧にする傾向にある。ママさんと仲よくなる方法は、会ったときには挨拶をして、たびたびドリンクを奢ったり、帰り際には楽しかったと言うなどで十分仲よくなれる。ただ、ドリンクをママさんから要求してくる場合、店がよくない証拠なので注意。それから、ママさんにチップは不要。これも要求してくるようなら、店自体が悪質である可能性が高い。

予約を入れてから遊び回る

　ある日本人男性は、夕方に夜遊びを開始した時点でお気に入りを予約してしまう。予約＝その日のペイバーをしてしまうのだ。しかし、このときには店には入らない。夜のパートナーを確保しつつ、約束の時間まではほかの店で遊んで、いい子がいればショートで楽しむ。

　これはゴーゴーバーでもカラオケ、ビアバーも使える戦法。女の子に直接アポイントしても逃げられることもあるが、店に押さえておいてもらえば約束が果たされる可能性が高い。ペイバー分は店の売り上げだし、女の子もその日のチップはゲット確実。全員にメリットのある遊び方である。

「夜遊び研究会」に参加する

　ちょっとマニアックな店にも行ってみたい人は「タイ夜遊び研究会」への参加をオススメする。中心メンバーは、かつて東南アジアのアングラ・スポットを紹介していたタイ発の雑誌「Gダイアリー」（２０１６年に休刊）のウェブサイト（こちらは現在も日々更新中）編集長と、バンコク在住の夜遊び通たち。ここのメンバーたちはさらなる情報更新や仲間を増やすため、毎月「Gダイｗｉｔｈ夜遊び研究会」を開催。ここで情報交換や「ここに行ってみよう」と誘い合う。１回でも参加すれば研究員として認められ、研究員グループＬＩＮＥに参加することが可能となる。あとは訪タイ時に待ち合わせれば、本書で紹介している王道ではなく、裏の遊びまで楽しめる。

タイ発アジアWebマガジン
G-DIARY

5

テーメーカフェ

เทอร์เม่บาร์

●スクムビット通りソイ15
（BTSアソーク駅／BTSナナ駅）

○ドリンク110バーツ～
ショート2500バーツ　ロング4000～5000バーツ

高確率&コスパ抜群の出会いの場

バンコクの夜遊びを語るなかではこの「テーメーカフェ」は単独で見るべきだ。「テーメー」、あるいは「テルメー」と呼ばれ、日本人からは「援交喫茶」というジャンルで呼ばれている。

テーメーはよりタイ語に近い発音で、テルメーはつづりからそう呼ばれるが、要するに、一時期日本で流行ったローマと日本の銭湯をテーマにしたマンガ「テルマエ・ロマエ」のテルマエのことである。テーメーにはときどきオーナーが店員と同じユニフォームでウロウロしており、一度公衆浴場を意識してテルマエとつけたのかと聞いたことがあるが、「適当につけたので深い意味はない」と返ってきた。

場所はスクムビット通りソイ15近くにある「ルアムチットプラザ・ホテル」の地下になる。ホテル併設のレストランにたくさんの女性が集まり、男性がナンパ形式で声をかけ意気投合したらホテルへ行くという仕組みだ。女性はカラオケやゴーゴーで働く子もいれば、昼間は学生や会社員という子もいるし、ここ専門に立っている人もいる。出自は多種多様だが、どこにも所属していないという点で共通しているので、日本人からは援交喫茶と呼ばれる。

英語では「ジェントルマンズ・クラブ」と呼ばれ、スクムビット通りソイ7の「ビアガーデン」もそれに当たる。ただ、ここはどちらかというと白人目当ての女性が多く、日本人でここに遊びに来る人は少ない。

かつてはペッブリー通りに「サイアムホテル」があって、そこもかなりたくさんの女性がいた。早朝まで営業していて路上にまであふれるほど女

スクムビット通りソイ17のジェントルマンズ・クラブ「ビアガーデン」は普通のパブレストランとしても使えるので、ビールを飲みがてら見学できる。

ハマる人が多いのがこの「テーメーカフェ」。入口や地下に降りる階段にも女の子がたくさん。

の子がいたが、タイ人向けのスポットであり、またホテルがなくなると同時にそのカフェも消えてしまった。

テーメーもかつては早朝まで営業していて、今以上に活気があったが、いつしか深夜2時には閉店するようになってしまった。それでも援交喫茶としてはテーメーのひとり勝ちであり、21時ごろからたくさんの客でごった返している。

怪しさ満点だが、慣れたら楽しい

テーメーが一種異様な光景なのは、入り口から怪しさが満点であることだ。まず、スクムビット通り沿いに女性たちが立っていて、声をかけてくる。テーメーに入る前の男性を青田買いしようという作戦なのかもしれない。そこを過ぎるとテーメーがある地下へ続く、やや曲がっていく階段を

ソイ11近辺からテーメーカフェ前辺りまではアフリカ系黒人の麻薬密売人が多数いる。タイでドラッグの刑罰は重いので、手を出してはいけない。

降りる。そこでも女の子が声をかけてくる。

木製のドアを開けると、今度は青いユニフォームを着たおじさんが立っている。彼らは店員で、無料でウロウロさせないためにドリンクを買わせる。拒否は基本的にはできない。15年くらい前はなんでもありで、ドリンクを買わない人もいたし、外で買ったビールを持ち込む輩までいた。今はそれはできない。とはいえ、ビールが１１０バーツからで、飲み代は安い。ドリンクはカウンターで注文し、カウンターで受け取る。注文ごとに支払うし、釣り銭を誤魔化すようなセコいこともなければ、チップも不要だ。ソフトドリンクもあるし、ウィスキーやスピリッツとなんでもある。

飲みものを受け取ったら、ここからが本番だ。店内中央にはS字のカウンター。サイドにはテーブル席がある。女の子は店内をぐるりと囲むように立っていて、１００人は超えるほど。これが壮観なのだ。そこに日本人と韓国人を中心にした外国人がパートナーをみつけるべく店内を歩き回っている。男と女の欲望に忠実な姿が垣間見られ、一種異様でありながら、実に人間らしい素直さも感じられる。日本ではまず見られない光景だ。

席は空いていれば自由に座ってかまわない。カウンター席はわかりやすいが、テーブル席は女の子が座っていたり、荷物が置かれている。女の子は基本的にはドリンクを買っていないので、店的にもドリンクを持つ男性客のほうを優先しており、そういった席は女の子に譲ってもらうか、店員にどいてもらうように言ってもらってもいい。その際に席料は取られないのでご安心を。ただ、トイレは有料になっている。奥の階段を上がるとあり、1回5バーツ、複数回利用する場合は15バーツだ。

テーメーの女の子は積極的に話しかけてくるタイプとそうでないタイプがいるが、基本的にはこちらから動くこと。店内にレディーボーイはいない。

何周も歩き回ったその先に出会いがある

　女の子へのチップ代はショートで2500バーツ、ロングで5000バーツが相場となる。料金は交渉可能だ。ショート2500バーツはあまり下がらないが、ロングは4500バーツ、あるいは4000になることもある。遅い時間帯だと比較的交渉しやすい。テーメーの外にいる女の子はやや料金が安い傾向にある。

　ここにいる女性たちは最低限の英語はできる。日本語がペラペラの子もいるなど、テーメーにはとにかくたくさんのタイプが来る。ハッとさせられるほどかわいい子、太めの中年女性、様々な需要に対応している。正直、ここでいい子がみつけられないくらいの好みの狭さだと、タイのどのジャンルで遊んでもいいパートナーをみつけられない。それくらいたくさんいる。もちろん時間帯や日によって違うという点は付け加えておく。強いて言えば、土日は関係なく、年末年始やタイ旧正月のソンクラーン（毎年4月13日から15日）前後は少なめになる。

　テーメーでは席を確保したら、その範囲にいる女の子しか見えなくなる。そのため、単独で来る人のなかには席には座らず、何周でも店内を歩き回って意気投合できそうな女性を探す人もいる。グループで来た場合は拠点として席を確保し、交代で見て回ることもある。

　テーメーではナンパと違って相手がひとりかどうかをチェックする必要はない。ここにいる女の子はみんな、我々を待っている。気に入ったら話しかけてかまわない。稀に向こうがこちらを好みとしない場合は目を逸らされるのでわかりやすいが、それでも容姿が気に入っていれば話しかけて

行き違いから女性ともめごとが起こるかもしれない。その場合、テーメーの店員は宥めるくらいしか手助けはできないので、自分で解決すること。

もちゃんと相手にしてもらえる。話しかけるきっかけとしては名前を聞いてもいい。英語でもいいし、タイ語では「チュー・アライ・カップ（名前はなんですか）」と聞く。慣れている人だといきなり料金の話をする人もいるし、肩の力を抜いて、自分が興味を持っていることを聞く感じでいけばいい。

自由にプレイを要求し、閉店後は路上で声をかける

テーメーは地下に入るし、周辺に女の子も多くて、はじめてだとその光景にちょっと不安を感じる。しかし、ここを1店舗と考えたらゴーゴーやエロ古式マッサージ、マッサージパーラーなどよりも女の子が多い。きれいな子もいるし、いろいろな体型の子もいる。3Pなどの特殊なプレイに応じる子もいる（スカトロ系に対応はほぼいない）。怪しい反面、自由に遊べるのが魅力だ。

気に入った子がいたら忘れずにLINEの交換はしておこう。後日待ち合わせができるなら、彼女たちにとってもわざわざテーメーに足を運ばずに済むし、一度顔を合わせているので警戒する必要もない。だから、交換することを拒否されることはめったにない。

ちなみにテーメーの場合は泊まっているホテルでプレイをするか、テーメーの上のホテルに行くか、あるいは女の子が知っているホテルに行くかになる。それからテーメーは本業としてはレストランである。ここのガパオライス（バジル炒めライス）やビーフストロガノフはおいしいと評判だ。注文は制服の男性店員にする。

深夜2時ごろになると閉店となる。情勢によって変わり、1時閉店のときもあれば、3時くらいまでやっていることもある。閉店間際になれば気

「タオライ＝いくら？」、「1000＝ヌンパン」、「2000＝ソーンパン」、「3000＝サームパン」、「4000＝シーパン」、「500＝ハーローイ」、「ダイマイ＝できますか？」

がつくと女の子もかなり減っている。しかし、外に出ればそこに女の子たちの姿を見ることができる。客を探している人はまだ残って男性を待っているし、近くの屋台で食事をしていることもある。この時間帯だと料金の交渉もしやすい。

　テーメーのなかにはレディーボーイはほとんどいないが、地上には多数混じっているので注意したい。この近辺のレディーボーイは、窃盗や暴力事件を起こすなどのトラブルも多いので、オススメしない。

　それと、タクシーがテーメーの前にたむろするが、これも乗らないほうがいい。メーターで行かないので、テーメーを背にして左手（アソーク方面）に少し歩き、歩道橋近辺で流し（走っている）のタクシーを捕まえよう。乗り込む前にドアを開けて行き先をつげ、ＯＫとされたらそのまま乗り込む。金額をふっかけてきたら乗るのはやめておこう。日本の物価からは安いかもしれないが、ふっかける時点でまともな人間ではなく、のちのち別のトラブル（恐喝など）に巻き込まれる可能性もあるからだ。

　とにかく、テーメーははじめてのときはやや緊張感があるが、入ってみたら実におもしろいところであるとわかるはずだ。カラオケやエロ古式と違って自己責任の部分が大きくなるが、それでもあれだけたくさんの女の子がいるならきっといいパートナーに出会える。ペイバー代などもないので、トータルすると安いのもテーメーのメリットである。

テーメーでは、ふたり組でいる女の子は友だち同士の場合が多く、3Pの交渉がしやすい。女性側も効率的なのかも。

ทิป

チップの相場

タイは慣習的にはチップが不要である。しかし、貧富の差が激しく、また低賃金で働かされているため、実質的にチップがないと生きていけない層もいる。ここでは、そんなタイにおけるチップの相場を簡単にまとめてみる。

●タクシー

メータータクシー：釣りの小銭
ボッタクリタクシー：不要
バイクタクシー：不要
トゥクトゥク：不要
レンタカー運転手：0 ～ 300THB

●ホテル

ボーイ（荷物を運んでくれた場合）：50 ～ 200THB（荷物ひとつを 50 ～ 100THB で）
ベッドメイキング：不要
ドアマン：不要
ガイド（観光案内がよかった場合）：0 ～ 300THB

●飲食店

屋台：不要
食堂：不要
レストラン:0 ～釣りの小銭、最大でも 100 THB 程度（サービスチャージ 10% が含まれていれば不要）

●ゴーゴーバー

ダンサー（ホテルに行かない場合）：0 ～ 200THB
コヨーテ（ホテルに行かない場合）：0 ～ 200THB
女性（ホテルまで行った場合）：0 ～ 300THB
ママさん：不要
ウェイトレス・ウェイター：0 ～ 100THB
店：0 ～釣りの小銭 or50THB
トイレの係：0 ～ 20THB

●エロ古式マッサージ

女性：0 ～ 500THB
店：不要
掃除担当者：不要

●カラオケ

女性（ホテルに行かない場合）：0 ～ 200THB
女性（ホテルまで行った場合）：0 ～ 300THB
ママさん：不要
チーママ：不要
ウェイトレス・ウェイター：不要
店：0 ～ 100THB

● MP

女性：0 ～ 500THB
店：不要
掃除担当者:ドリンクの釣り（頼んだ場合）
コンシア：0or100THB

●ビアバー

女性（ホテルに行かない場合）：0 ～ 100THB
女性（ホテルまで行った場合）：0 ～ 300THB
ママさん：不要
店：0 ～釣りの小銭

●ディスコ、 クラブ

ウェイトレス・ウェイター：不要
トイレの係：0 ～ 20THB

●カフェー

歌手の女性（花輪として）：100 ～数千バーツ

6 ビアバー

บาร์เบียร์

●**パッポン通り**
（BTSサーラーデーン駅／MRTシーロム駅）

●**ナナ・プラザ**（BTSナナ駅）

●**ソイ・カウボーイ**（BTSアソーク駅）

●**クイーンズパーク・プラザ**
（スクムビット通りソイ22／BTSプロンポン駅）

●**SMバー／ブロウジョブバー**
／3P専門バー／野球拳ビリヤードほか

○ドリンク100バーツ～

○レディードリンク100～200バーツ

○ペイバー600～800バーツ

○ショート2000～2500バーツ
ロング3000～4000バーツ

บาร์เบียร์
ビアバーの基礎知識

安く遊びたい人にはビアバーが穴場

タイの夜遊びの代表格であるゴーゴーバーに寄りそうように存在しているのが「ビアバー」だ。タイではタイ語の文法に関係して「バービア」とも呼ばれるジャンルで、ほぼ欧米人に向けたサービスであると言える。バンコクではどちらかというと主流ではないこともあり、日本人からもあまり注目されないのだが、パタヤやプーケットなどリゾート地においてはむしろビアバーのほうが数が多い。そのため、バンコクにおいても南国の飲み屋といった雰囲気が感じられる。

ビアバーの形態はカウンターに数人の女性が働くといった小さい店舗が一般的で、オープンエアだからエアコンもなく、通りに面した店であることが多い。大型店もあり、エアコン付きやビリヤード台を置くところもある。女性はカウンターの中のみで向かい合って飲む店もあれば、一緒に座ってくれる形態もあり、日本のガールズバーをタイ風にして、女性との距離感をかなり縮めたようなジャンルと言える。

ビアバーと言ってもビールだけではなく、いろいろと用意されている。品揃えとしてはゴーゴーバーと変わらない。専門のバーテンダーがいる店もほとんどないので、素人が作るカクテルになってしまう点もゴーゴーと同じだ。ただ、ゴーゴーよりも飲み代が安いのでオススメである。レディードリンクも店によっては客のビールと同じくらいの設定で、トータルでとにかく安い。

BTSオンヌット駅周辺などにはタイ人向けのビアバーが散見される。飲み代は安いがタイ語以外まったく通じないのでオススメはできないが。

また、ビリヤード台がある店では女の子と玉突きを楽しめるので、ただ話すだけでは間が持たないという人には遊びやすい。ビアバーは人気店でも大混雑ということはほとんどないので、女の子も暇にしていることが多い。そんなときは、自分が選んだ女の子とタッグを組んでほかの子とプレイすることもでき、スポーツ（東南アジアではビリヤードやスヌーカーはゲームだけでなく、スポーツとしても人気）を通じて意気投合できるというメリットもある。

ビアバーはオープンで開放的な南国の雰囲気が魅力。

ただ、2005年ごろまではバンコクもビアバーが多かったが、2018年に入った時点ではかなり少なくなってしまった。現在のバンコクの外国人向けビアバースポットはパッポン2通り、ナナ・プラザの外、ソイ・カウボーイとその周辺、スクムビット通りソイ22くらいになる。

かつてのビアバーは不良外国人の溜まり場だった

かつてはビアバーは至るところにあった。特にスクムビット通りが多く、スクムビット通りの起点にある高速道路高架下に「ソイ・ゼロ」というビアバースポットがあった。ここは知る人ぞ知る場所だったがあっという間に閉鎖され、今はタイの「一村一品運動」のアンテナショップになっている。また、その斜め向かいの建物もビアバー施

タイでスポーツ観戦をするのは大概男性で、多くがギャンブルに関わる。サッカー、ムエタイなどはその典型。賭博は公認のムエタイ会場以外では違法。

設だったが、今は建物だけが残っているような状態だ。

　ナナからアソークにかけてもいくつかビアバーが点在し、違法ギャンブルを提供するような悪い店もあった。さらに、援交カフェ「テーメー」からアソークにかけても屋台形式のビアバーが無数にあったが、タイは２０１４年に起こった無血クーデター以来軍事政権になり、取り締まりで屋台全体がなくなりつつあって、路上ビアバーも消滅しようとしている。

　ソイ・カウボーイに近いアソーク交差点はバンコクでも屈指の都会的な風景になっているが、シティーバンクが入居するビルが建つ前はビアバー街だった。ビアバー街と言っても、掘っ立て小屋が並び、スラム街のバーみたいな雰囲気があり、一般的な観光客は近づかない場所ではあった。今以上にマニアックな雰囲気で、場末感が半端なく強かったことから、不良外国人の溜まり場のようなイメージがあった。

　今もあるパッポン2のビアバーも含めて、かつてはバンコクのビアバーは24時間営業が当たり前。それが２００１年前後に当時の首相タクシン・チナワットが規制をして、ゴーゴーバーなどと同じ夕方開始の深夜2時閉店となった。そうして、不良の巣窟だったような場所はどんどんなくなり、今のビアバーはわりと健全に飲める店になっている。

　しかし、侮れない一面もあって、例えばふらりと見て回ると案外かわいい女の子が働いていたりする。ゴーゴーよりも安いので、ごく一部ではあるものの日本人のなかにはビアバーファンがいる。パッポンやソイカウならゴーゴーバーで遊ぶついでに立ち寄れるので、ぜひ一度は見に行っていただきたい。

ビアバーではなく小さなバーであれば、BTSナナ駅近辺からプロンポン駅にかけて無数にある。白人が多い。

บาร์เบียร์

ビアバーの遊び方

日本のガールズバーぽいが、料金体系はシンプル

タイのビアバーの遊び方は、入って、座って、飲む。これだけだ。ビアバーは席料を取られることはまずなく、飲んだ分だけを払うという、実にシンプルな会計になる。

ビアバーの形態は様々で、オープンエア、エアコン付き、カウンターだけでトイレも他店と共有などがある。大きな店ではソファーやテーブル席があり、ビリヤード台もある。ビリヤード台がある店は英語ではプールバーと呼ぶが、バンコクでプールバーと言うと、純粋にビリヤードをプレイしに来る、ホステスとしての女性がいないバーを指す。

さて、ビアバー遊びを流れでざっと紹介すると、まず入店したら適当に座る。案内されることもあるが、ほとんどの店が空いているところにどうぞといった感じで、好き勝手に座っていい。それからドリンクを注文する。ゴーゴーよりは安い設定で、ビールなら100バーツから140バーツ程度、カクテルでも200バーツしない。

日本語が通じる店はほとんどなく、英語が基本になる。積極的に一緒に座りたいとアピールしてくる女の子も多いものの、ゴーゴーほど「奢って攻撃」はない。ゴーゴーはウェイトレスやママさんが「女の子を呼べ」だとか「奢ってやれ」だのと余計なお世話が多い店も少なくない。商売としては当然とは思いつつも、やはりこちらから奢ってあげる意思を見せてあげ、それを喜んでもらい

日本人は飲み終わったら会計をするが、欧米人は1杯注文するごとに払う人も多い。面倒だが、さっと帰れるので合理的かもしれない。

「クイーンズパーク・プラザ」のビアバーで出会った女の子。ここまで若い子は珍しい。

たいというのが客にはある。要するに男心がわかっていないというか。ビアバーはわりとそのあたりの積極性が低めなところがいい。

かといって、女の子を選ばないからといって接客がおざなりになることもない。だから、限りなく飲食店に近いとも言え、それが一部の日本人がビアバーに足を運ぶ理由のひとつになっている。

レディードリンクを奢る場合でもゴーゴーよりも安い。客と同じ設定の店もある。高い店だとゴーゴーと同じ200バーツくらいなることもあるが、それはゴーゴーバーに近いエリア（特にナナ・プラザ周辺）にその傾向が強い。

ビリヤードをプレイして打ち解けよう

女の子をつけてもつけなくても、店にビリヤードがあれば遊んでかまわない。基本的には有料の店が多く、それでも1プレイ20バーツ程度になる。客が仲間同士で遊ぶ場合や女の子と遊ぶ場合はこの金額を必ず支払い、もしほかの客と対戦するなら負けた人が払うことになる、サービスの一環で無料の店もあるなど、プレイ料金設定はいろいろある。店によっては女の子に1杯でも奢れば無料というのもあるし、それは店員に聞いて確認すること。客同士の対戦は、客が少ないと指名し合う

MRTホアランポーン駅3番出口前に21時ごろから早朝まで出現するゴザ居酒屋では、タイ式焼酎に漢方薬を入れた酒とソムタムが食べられる。

こともあるし、台の横にホワイトボードがあって順番に名前を書いておき、負けた人が入れ替わっていくというシステムもある。ビアバーのビリヤード・ルールはエイトボールが一般的だ。

　ビリヤードはうまい子はプロ並みのテクニックを持つ。毎日毎日、何十回もプレイするので、異様なまでに腕が上達する。パッポン2のある店の女の子は利き手と反対の腕プラス後ろ向きで打つというハンデを客に与えてもなお負けるところを見たことがない。

　ビアバーの女の子が「ドリンクを奢ってくれ」とか「チップを寄こせ」とあまり言わないのは、おそらくこのゲームの強さにあるとボクは見ている。厳密には違法であるがまずみつかることはないので堂々と賭け、そこから利益を得るのだ。ビリヤードに自信のある客をみつけたら勝負をけしかける。賭け金は100バーツから場合によっては数千バーツ。客が引かない程度の額を見定めてオファーをする。女の子が負ければ同額を払う、あるいはペイバー代とホテルでのチップをすべて無料で、とすることもある。彼女たちは自信があるので、賭け金を総取りする気満々でいる。ただ、ここはタイ人女性のしたたかさでもあって、自分が勝てばきっちり賭け金を回収するものの、負けたら「あれは冗談よ」と誤魔化してしまう。客も酒が入っているし、負かした余韻で大概は許してしまうようだ。

　ビアバーにはほかにもゲームがたくさんある。サイコロを振って、出た目の片方あるいは合計の数字を見て任意で1から9を消していくという「ジャックポットダイス」というゲームや、2色のプラスチックコインを先に4つ繋げて並べた人が勝つ「立体四目並べ（ビンゴゲーム）」、それから積み上げた木製ブロックを抜いて再度積み上げ

タイではトランプは賭博扱いのため、表で遊ぶことはない。コンビニで売ってはいるが、棚には置かれず、店員に言うと持ってきてくれる。

ていく「ジェンガ」がある。こちらは基本的に無料で遊べるので、話だけで間がもたない場合には重宝する。

ただ、これも女の子からなんらかしらの提案があることもある。客が負けたらドリンクを奢るなどだ。やはりこれも女の子は強い。特に四目並べはなかなか勝てない。やるのであれば運で勝敗が左右されるジェンガかジャックポットにしておきたい。また、1試合ずつにするとたくさん奢ることになってしまうので、5ゲーム、10ゲームごとに1回だけ奢るということにするといい。

連れ出し不可店もあり、素人っぽさが強い

飲み終わったら会計となる。このときの手順はゴーゴーバーと同じだ。店や女の子にそのときに渡すチップの相場も同じと考えていい。むしろゲームで巻き上げられていたらチップは不要だ。

ビアバーは連れ出しができる店とできない店がある。少数で店を回しているので、連れ出し対応にすると商売として成り立たなくなることもあり、バンコクのビアバーは連れ出し不可の店も多い。もし店外に連れ出したい場合は入店前に確認しておいたほうがいいだろう。

連れ出し可能な場合、ペイバー代はゴーゴーと同じ程度で600バーツから800バーツが相場だ。ベースとしてはゴーゴーより気持ち安めのショートで2000バーツ、ロングで3000バーツから4000バーツが平均料金と見ていい。むしろ交渉できるのであれば、そこからマイナス1000バーツくらいからはじめたほうがいい。ショート1000バーツ、ロング2000バーツくらいだ。

働く女性の傾向としては、ゴーゴーからビアバ

パタヤやプーケットでは連れ出し可能なバーが多いが、バンコクはできない店のほうが多い。ショートならOKというパターンはたまにある。

ーに流れてくることはあまりなく、ビアバーで慣れたのちにゴーゴーに移籍するということがよくある。つまり、女の子にとってもわりと入門に近いジャンルでもある。ビアバーの女性の平均年齢は高く、ざっと見て全体では30歳オーバーと感じる。若い人は19歳、20歳と若いが、ゴーゴーとは違って40歳以上の女性も多い。それで平均年齢が底上げされている。しかし、若い人は入門として働き、古株はずっとそこにいる人でよそを知らない女性が多い。だから、ゴーゴーよりもより素人感が強く、チップもあまり強気設定にならないのだろう。

まったくオススメしないが、スクムビット通りソイ33などにある白人向けのバーの場合はペイバー代とショートを込みで5000バーツから7000バーツに設定していることもある。これは外国人から取れるものは取るというつもりなのか。

連れ出しの可否同様に、ビアバーとはいえ事前にシステム確認をしておいたほうがいいこともある。

最初にも書いたように、ビアバーはどちらかと言えば欧米人に好まれるスタイルで、日本人客は極めて少ない遊び場と言える。逆に言えば日本人に会わずにタイらしく飲めるので、外国のバーを楽しんでいるという実感はある。日本語がほとんど通じない遊びにくさと安さをどう天秤にかけるか。女の子も素朴な雰囲気が多いので、より素人っぽさを求めるならゴーゴーバーよりもビアバーになる。

スクムビット・ソイ33はエロ古式や日本人向けカラオケ、ビアバーが乱立して一大繁華街になるかと見られたが、不動産開発で2017年後半に一気に衰退。

ボク《ビアバー》の体験記

地方でビアバーを見直した

ボクにとってはビアバーは「不良白人の巣窟」という印象が強い。2000年（23歳のころ）にタイ語学校に通っていたのだが、そのころはまだパッポン2は24時間営業だった。そこに同じクラスにいたスウェーデン人が入り浸っているのを見たことが頭に残っているからかもしれない。スーツ姿で毎日授業を受けていたが、放課後はそのままビアバーに向かうギャップにちょっとショックだった。

当時パッポンのゴーゴーバーに勤めていた、マイキューを持つ女性と付き合っていた。ビアバーの営業が緩かったのと同じで、ゴーゴーバーも当時は3時くらいまでは普通に営業していた。彼女はその後ビアバーで白人たちと対戦するが、ことごとく勝利する。そのときに「こんなに遅くまでなんでこの人たちは球を打っているのか」と自分を棚に上げて不思議に思った。不良だなと感じたのだ。

それもあってビアバーにはあまり行かなかったが、タイの北側で接する隣国ラオスからの帰り道で、東北地方の町ウドンタニーに寄ったときにビアバーに行って、少し見直した。2012年のころだ。

ウドンタニーは空港がタイ空軍と併用されている。ここにはベトナム戦争のころに米軍が駐留していたことがあり、東北地方のなかでは比較的大きく発展した町でもある。近年はベトナム戦争時

ビアバーはママさんが若かったり美人だったりするケースがよくある。パトロンの欧米人が目をかけて、店を持たせているのではないかと推測する。

にここに来たことがある、当時は若い兵士だったアメリカ人が定年するなどで再訪していて、そんな彼らのためのビアバーが多数ある。一時期はゴーゴーバーもあったが、バンコクと違って隣の人も見えないほど暗かったらしい。そのため、今もビアバーが主流になる。

　立ち寄った店には若い女の子ひとり、ママさんと中年女性ひとりの3人しかいない。ビールも100バーツしない。女の子に奢ってあげようと思ったが角が立つのでほかのふたりにも奢るしかなくなる。そこでカウンターについている鐘を鳴らすことにした。ゴーゴーバーの章で紹介した、鳴らすと全員に奢ることになる鐘である。ゴーゴーではたくさんの従業員に奢ることになるが、ここではどうなるか。高くないのは間違いないが伝票を見たら300バーツもいっていなかった。ママさんと中年女性はビールを、若い女の子はなんと牛乳を飲んでいた。タイの夜遊びを知って早20年になるが、バーでプレーンの牛乳を飲んだ女の子はいまだこの子だけである。

　ここでビアバーへのイメージが少し変わり、ある日パッポン2を歩いていたときに腕を引っ張ってきた女の子の店に入ってみた。かなりかわいい子で、その後何度か通った。パッポン2の24時間スーパー「フードランド」そばにあるカウンターしかない小さなビアバーだった。ただ、その女の子は徐々にボクとの距離感を勝手に見失い、用事で通っただけで入る気がないとわかるとものすごい剣幕で怒るようになった。終いには罵倒されながらタニヤ通りまでついてきたときは、どんなプレイなのかと笑ってしまった。ここまでくるとすがすがしいものだが、さすがにその店にはもう行かなくなった。

ビアバーはパタヤの大規模店でない限り、鐘を鳴らしても数百バーツから2000バーツ程度で収まるので、気分で鳴らして盛り上げてみよう。

ビアバー入門なら「パッポン2」からはじめたい

ビアバー体験をしたいという人にはパッポン2をオススメしたい。スリウォン通り寄りにムエタイショーで人気の「ピンクパンサー」直営ビアバーがあって、ここは店もきれいで座りやすい。ほかにもその並びに数軒ビアバーがあり、どこも小規模でアットホーム感はある。ただ、ビアバーは女性の平均年齢が高いので、特にパッポンのビアバーはどこも30歳前後が平均年齢になる。

また、パッポン2中ほどにはゴーゴーを数軒抱えるキングス・グループが運営するビアバーも多い。キングス・グループのビアバーは確実にペイバーができる。パッポン2のビアバーは若干女性の平均年齢が高い傾向にあるが、その分英語が通じるのはメリット。なかには日本語ができる女性もわずかだがいる。同グループのビアバーでは「キングス・ガーデン」がいい。スーパー「フードランド」の前にあり、レディーボーイ専門ゴーゴーの「キングス・コーナー2」の隣だ。ここは「ティップトップ」という同グループの飲食店から食事も取り寄せることができる。意外とちゃんとした味でオススメだ。ただ、ドリンクはグループに合わせていて、一般的なビアバーより高い。ビールが140バーツからで、同グループのゴーゴーから気持ち安いくらいでしかない。ペイバーも600バーツなど同じ水準。しかし、このグループのビアバーでは若い女の子も揃っているので、歩きながら見て、よさそうなら座りたいところだ。

キングス・グループのビアバーは決して安くないのだが、女性の数は多く、若い女の子もよく見かけるので、のぞいてみてもよいかも。

ちなみにこのキングス・ガーデンには、キングス・コーナー2と兼任の名物ママさん「板尾ママ」がいる。知る人ぞ知るレディーボーイのママさんで、かつては日本の芸人、板尾創路に似ていたためにそう呼ばれる。今は歳を取ってしまったので落ち武者のようになっているが、日本語は雰囲気で理解しているので、話もおもしろい。

　ほかにもパッポン1に生バンドが入るビアバーがあるし、スリウォン通り前にはソイ・カウボーイの人気店「シャーク」が経営するビアバーもある。特殊な店では後述するブロウジョブバー、SMバーもある。

　パッポン2のスリウォン通り寄りに2階に上がる階段があって、そこにもビアバーが並ぶが、ここはタイ人向けで、外国人にはやや不穏な空気が漂うので、オススメしない。

ノリと勢いのビアバーは「ナナ」

ノリのいいビアバーを求める場合はナナ・プラザ周辺がいい。スクムビット通りから入ってナナ・プラザに着く前に3軒程度、ナナ・プラザから先に何軒ものビアバーがある。夜遊びというよりは飲食店になるが、アメリカ発のセクシー制服で有名な「フーターズ」もナナ・プラザ前にある。

　ナナ・プラザ周辺のビアバーは大型の店が多い。全体的なノリはゴーゴーのようで、音楽も大音量でかかり欧米の客が踊っていたりする。かなり盛り上がるのがこの近辺のビアバーの特徴だ。

　デメリットは欧米人が多く、酒癖の悪い連中はひどい。東南アジアにいる欧米人はロクでもない人が少なくない。東南アジアだと例えば列に並ぶときに割り込みをするのは現地人だと考えている

「フーターズ」はバンコクやパタヤに増殖しつつある。アメリカ人経営だからか、女の子は色黒で濃い顔つきが多い気がする。

ナナにある「フーターズ」。タイはプーケットで一号店がオープン。

人も少なくないのではないか。しかし、実際にボクが目にしたものだと、割り込みをするのはほぼ100％が欧米人だ。こういう輩はアジア人蔑視があるので、我々はただ飲んでいるだけで絡まれる可能性がある。

　それから、ナナ近辺のビアバーは、ゴーゴーバーとフリーのストリートガールたちの影響もあって、ホテルまで一緒に来てもらったときのチップがやや高い傾向にある。ゴーゴーと同じ2000バーツから3000バーツくらい、あるいはそれ以上になることが多い。ボッタクリはタイではよくある話だが、案外日本人よりも白人のほうのボッタクリ額は大きかったりする。ナナのビアバーは特に白人向けなので、その傾向が強い。

　ドリンク代はゴーゴーよりは安いのでナナで遊ぶついでに寄るなど、トラブル回避に自信がある人はここで飲んでも問題ない。ちょっとやだなと思う人は、パッポン2かソイ22をオススメする。

　ナナの盛り上がるビアバーは、プラザ前の「モーニング・ナイト」、「スタンブル・イン」、「ビッグドッグス」、プラザを通り過ぎた「ヒラリー4」。最初の3軒は隣接していて、ナナに遊びに来たら嫌でも盛り上がりが目に入る。ビアバーとしては特殊な部類に入るほど賑やかで、入ってみたくなる空気を醸し出している。

本文では店の女の子と一緒に飲むことを前提に紹介しているが、ゴーゴーバー同様に誰もつけずにひとりで飲むこともまったく問題ない。

野球拳ビリヤードができる！

ソイ・カウボーイ周辺のビアバーは、アソーク側だと路上の屋台式ビアバーが少々、ソイ・カウボーイのなかに生バンドがあるバーや、ゴーゴーの間にビアバーが5軒ある。それから、スクムビット通りソイ23側はソイカウとスクムビット通りの間にも何軒かある。

ソイカウのなかだと、ゴーゴーバーが店外に席を用意していて、ほとんどビアバーの感覚で飲める。ゴーゴー店内の女の子を呼んで飲むこともできる。ここなら喫煙も可能で、ソイカウは店内でタバコを吸えるゴーゴーが少ないから、タバコを吸う人にはいい。店外席は行き交う男性、連れ出された女性などを観察できて、人間模様がおもしろい。ほかのゴーゴーの女性も眺めることができるので、幅広く偵察するにももってこい。そのなかでは「バカラ」はかなりいい。連れ込み宿も見える位置にあるし、さらにバカラのビールの品揃えはクラフトビールのバー並みだからだ。

ソイ23沿いはカウンターだけの細長い店もあれば、バンドも入る大きな店もある。そこで特筆したいのは2階にビリヤード台が置かれた個室があるバーだ。ソイ23にあるビアバーだと何軒か2階があり、ビリヤードを仲間内で楽しむことができる。そしてこの閉ざされた空間で、日本人たちが「野球拳ビリヤード」と名づける遊びもできる。

負けたら服を脱ぐという遊び方で、女性によっては応じない子もいるが、可能な子が集まれば盛り上がることは必至だ。といっても、全部脱いでしまうのは警察の取り締まりや、万が一ほかの客が間違って入ってきたときに危ないので、せいぜい上半身裸、あるいは最大でもパンツは脱がない

個人的な印象になるが、ソイ23のビアバー群はどこよりも人通りがありながらも、どこよりも場末な雰囲気。

というルールになる。

一度ボクも経験があるが、勝っても負けても盛り上がるので、パーティーとしては楽しい余興ではある。特に女の子が盛り上がるのは、おもしろいという点が大きいが、1ゲームプレイするごとにドリンクを奢るというルールも別にあるため、チップも入るし、酔っ払えるし、ギャンブル欲も満たされるし（タイ人はギャンブル好きが多い）でテンションが上がっているようだ。

ざっと見た感じでは、ほかのエリアではこういった閉ざされたビリヤード部屋というのがないので、野球拳ビリヤードはソイ23の特別な遊び方と言える。

SMバー、ブロウジョブバー、3P専門バーもある

プレイと言えば、どこのジャンルに入れるかで迷うバーがあり、一応ビアバーの部類に入るかなと思うのが、「SMバー」と「ブロウジョブバー」だ。

「SMバー」はバンコクには2店しかなく、パッポン2のシーロム通り寄りの「バーバー」と、スクムビット通りソイ33の中ほどにある「デモニア」になる。デモニアが2003年、バーバーが2006年オープンで、タイ国内だとほかにパタヤにもある。この3店は同じグループ店だ。ナナに軽い「スパンキング（ウレタンでひっぱたかれる）ゴーゴー」があるくらいで、本格SMとしてはここだけになる。正確には「BDSM（ボンデージ・ディシプリンSM）」ということで、要するに幅広いジャンルのSMということのようだ。

ドリンク代は非会員だとチャージ込みで最初の1杯目が950バーツ、2杯目から300バーツになる。気に入ったら会員になるといい。そうすればドリンクはこの半額になる。ショーがあって、

SMはタイではあまり浸透していないので、プレイとしてもあまり見ない。3PはOKするゴーゴーやカラオケの女の子はいるが、SMはまずいない。

それを見ながら飲めるし、客も飛び入りで参加できる。ショーをやるくらいなので、きれいな子はきれい。ただ、これはどこでも言えるが、タイミングにもよるところだ。

ソイ33のほうはどっしりとしたドアで閉ざされているがパッポン2はオープンで女性客も入れるし、本気のSM嗜好でなくても遊ぶことはできる。その分、本格的なSMバーとは言い難く、一緒に飲んでいると段々女性も打ち解けてしまって、最初こそ女王様の振る舞いだったのが、そのうち普通の女の子になってしまうこともある。だから、本物のSM好きには納得はいかないかもしれない。SMはある程度成熟した性生活のなかで発達するもので、プレイとしてのバリエーションが少ないタイでは、まだSMは広まる土壌がない。ただレアな遊びではあるので、ちょっと変わった店に行きたい人には向いている。

「ブロウジョブバー」はバーの店内で女性がフェラチオをしてくれるというサービスがある。日本人のなかでは「おしゃぶりバー」とも呼ばれる。日本の風俗で言うピンサロに近いが、口だけでなく最後までできる店もある。

バンコクには10軒くらいあるようだが、有名な店はパッポン1のスリウォン通り寄りにある「カンガルークラブ」、パッポン2の、パッポン1と2を結ぶ小路近くにある「スター・オブ・ライト」。費用的には口だけのサービスで800バーツ。一応周りからは見えにくくなったカウンター席、あるいはプレイルームがある。最後まですることも可能で、その場合は1300バーツ程度かかる。だいたいどこの店もこれくらいの設定になる。午後には営業しているので、早くから遊べるメリットもある。

スクムビット通りだとBTSナナ駅周辺が多い。

ブロウジョブバーは特殊ジャンルであり、外観的にはゴーゴーやビアバーと比べて入りづらい店が多い。覗くだけでも問題ない。

3P専門「エデンクラブ」（左）。ブロウジョブバー「スター・オブ・ライト」（右上）と「ウッドバー」の店内（右下）。

ソイ6「カサロン」、ソイ7／1の「ウッドバー」、ソイ8「ロリータズ」、ソイ14の「ソムズヘブン」だ。ロリータズは店名とは違いわりと年増が多いという情報があり、ソムズヘブンはBTSアソーク駅そばで午前中から営業しているという。本番よりも口のサービスが好きな人にはオススメの店だ。

　ビアバーに分類するか今ひとつ悩む店に、スクムビット通りソイ7／1の「エデンクラブ」がある。ここは「3P専門店」で、大人のおもちゃも使うなどしながら店内3階の部屋で女の子ふたりと楽しめる。経験者曰く「選べる女の子はひとりで、もうひとりは店がセットでつけてくる」とのこと。また、女性はどちらかというと白人好みが多い。それでも、ノリのいい女の子が多く、倒錯的なエロスを追求するようなプレイというよりは、和気藹々と楽しくする3Pだという。オーナーはフランス人で少しだけ日本語が通じる。昼からや

「エデン」はハードプレイゆえに取り締まりも多いらしく、以前から閉店と復活を繰り返している。

っているが、夜は深夜0時閉店で早くに閉まってしまうので注意だ。費用は部屋代込みで4500バーツから(調査時)。おもちゃは店が用意しているし、アナルプレイも可能な子が揃っているため、過激なプレイを望む人にはここはバンコクで一番コスパがいいかもしれない。メンバー登録もあって、2万2000バーツで入会できる。その金額には女性10人分と部屋を自由に選べる権利、それからスピリッツ1瓶とミキサー10本。かなりお得だ。

「クイーンズパーク・プラザ」には日本人歓迎の女の子も

ソイカウに近いスクムビット通りソイ22にもビアバーは多い。まず、スクムビット通りとソイ22の交差点近辺に小さなビアバーが何軒かある。ここは小さな場末のバーという感じで、確かにおもしろそうではあるものの、ナナ・プラザ周辺同様に白人向けの色合いが濃い。女性も日本人よりは白人が好む感じの、体躯がしっかりした農村の女性を思わせる子が多い。

ボクとしては少し歩いたところにある「クイーンズパーク・プラザ」をオススメしたい。大型ホテル「バンコク・マリオット・マーキス・クイーンズパーク」を目の前にするビアバー街で、中に大小合わせて20軒以上ある。ここなら

スクムビット22でオススメの「クイーンズパーク・プラザ」。

ソイ22は、小さな日本式の居酒屋や九州の焼肉店「玄風館」があるなど、腹ごしらえにも向いた通り。オイスターバーもある。

どの店も100バーツから140バーツ程度の設定だし、時間帯によってはハッピーアワーもあって半額で飲むことができる店もある。

　クイーンズパーク・プラザにおいてボク個人的にはどこの店というのはなく、基本的にビアバーは白人向けというのを考慮して、日本人を歓迎する女の子の店を選ぶようにしている。その方法は簡単で、どの店にしようか迷っている雰囲気を醸しつつ、ゆっくりと歩く。そうすると、手を引っ張ってくる子が必ず何人かいる。タイでは客引きが行く手を阻んだり、腕を掴んだり引っ張ることは条例的にも法令的にも問題ないらしい。だから、何人かに引っ張られるので、その子の顔や話し方を見て決めている。印象ではプラザを正面に見て一番右の路地に日本人を好む店が多い。タイ人はこの辺りははっきりしているので、歓迎しない客には声をかけないので、引っ張ってくるのは間違いなく日本人を好きな女性である。ビアバーファンの日本人が向かうのはだいたいこのプラザのビアバーなので、日本語が少し通じる店もある。連れ出しは店によりけりだが、可の場合はペイバー代は600バーツから700バーツほど。

　BTSプロンポン駅から徒歩10分くらいとやや歩くが、プロンポン駅はエロ古式マッサージのメッカでもあり、その流れでここに来るのもひとつのコースだ。

　ちなみに、ビアバーに分類するかは人それぞれになるが、ソイ22のスクムビット寄りに「チタン（チタニウム）・アイスバー」というバーがある。ここには、寒さでぶるぶる震えながら、ウォッカを楽しむというコンセプトの、氷の部屋がある。バンコクでも珍しいサービスなので、女の子を連れてくると喜ばれるだろう。

「チタニウム」はかつて（2000年代半ば）店員の女性たちがノーブラで、ボタンの隙間から横乳が拝めていいとされたが、最近は普通のバーになった。

แก้ปัญหา

トラブル対策❶

残念ながらタイの夜遊びは楽しいだけではないということは肝に銘じておきたい。欲望と金の渦巻く場所。ときにはトラブルも起こる。タイの夜遊びの悦楽はトラブルと表裏一体。ちょっと気を抜くとあっという間に落とし穴にハマってしまう。ここではそんな夜遊びで起こりうるトラブルとその対策を考えてみよう。

夜の店で起こりうるトラブル

●ボッタクリ

最近耳にするボッタクリは女の子がキックバックを増やすために伝票を水増しするケースが多い。防ぐには頻繁に伝票をチェックすること。最後まで一度も伝票を見ないと「これだけ飲んだ！」と言われても証明できない。傾向としては元男性のレディーボーイがいる店、小規模の小さいバーがよくやらかしてくれる。雰囲気が怪しい店には最初から近づかないことがベターだ。はじめての場合どの店も怪しく見えるもので、その場合は本書で推す人気店からはじめる。慣れてくれば、いい店、悪い店がなんとなくわかってくる。

意図的にボッタクリがあるとされるのは、パッポン1の2階にある店全般。ソイ・カウボーイは「砂漠の名前の店」、「真夜中という意味の店」、「カーニバルで有名な街の名前の店」、「90年代のイギリスの女性アイドルグループの名前の店」が同じグループ店で、勝手にドリンク2杯ずつ、あるいは「テキーラ・コーク」をテキーラとコーラで2杯分伝票をつけるという悪評あり。気づいたら会計前にクレームする。あとになっては返金は絶対にない。

●暴力沙汰

女の子にひっぱたかれるくらいは日常茶飯事。レディーボーイやウェイターなどに暴行されることもある。ケガをするくらいの暴力なら警察に通報する。観光警察（ツーリストポリス）なら英語が確実、たまに日本語オペレーターに繋がる。緊急通報番号「1155」。

暴力被害の原因でもっとも多いのが「誤解」。お互いネイティブでないなかで英語を話し、そこで行き違いが生じる。アクションやちょっとした仕草がタイでは勘違いを生むこともある。タイは日本人への差別などもほぼないし、居心地がいいのでつい気が緩みがちだが、あくまでも外国であり、文化の根底部分が違うことを常に意識しておく。

女性とのトラブル

●プレイの拒否

セックス自体を拒否する場合、金を払ってはいけない。おそらくこういう女性はこれまでにも何度かプレイせずに金だけを巻き上げることに成功したのだと思う。支払いを拒否すればおそらく警察を呼ぶと脅してくる。そうしたら、焦ることはない。こう言い返そう。「いいよ」。売買春は相手が未成年（18歳未満）でなければ痛い目に遭うのは向こうだ。警察を呼べば少なくとも彼女も罰せられる。その上、どこかに所属していれば店側にも迷惑をかけることになる。ホテルはトラブルを起こしたくないので、多くのケースで客の味方になる。

　この問題を避けるには、口説く段階で用心深く相手の人格を見抜くこと。最低でも30分は席で話すなどコミュニケーションを取る。例えば本当の恋愛だとすれば、話もせずに付き合おうと言い出す女性が人としてまともかというと、そうではないことは明確だ。そういった「タイ人だから」とか「夜のお店だから」ではなく、ちゃんと「人」としてどうなのかを見てみれば、ハズレを引いてしまう確率は下がる。

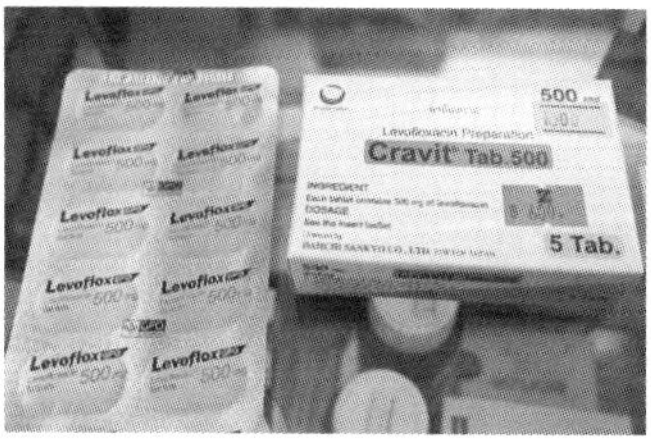

薬局で市販されているクラミジアの治療薬。

●性病への感染

　外国人を相手にした店での感染はほぼないと言ってよい。ただ100％ではなく、未然に防ぐため、コンドームは必ず使用すること。

　顔色や目の色が悪い、肌が荒れている、謎の発疹などが異常なレベルで見られるなどの女の子は避ける。洗っても下半身に異臭がある子も危険。口内に傷があるときなどに女性に対してオーラルセックスをしたり、ささくれなどがある指で女性器を愛撫して感染する場合も。

　感染が疑わしくなったらすぐに病院へ。バンコクなら総合病院の泌尿器科などで相談できる。

●盗難

　財布の金を盗まれたとか、スマートフォンを盗られたということはときどき耳にする。最近は悪いことをするよりも、まともに働いたほうが儲かるということをタイ人もわかっているので、盗みを働くというのはほとんどない。バーでも彼女たちを雇う際には身分証明証を確認していることもあって、足がつきやすいというのも抑止力になっているとは思う。それでも人間、魔が差すというものだ。

　未然に防ぐには財布の中身がいくらかを常に把握し、貴重品などは見えない場所に置く。できれば「肌身離さず」がいいが、見えるか見えないかだけでもその効果は大きく違う。そして、彼女たちが立ち去る前にそれらがなくなっていないかをチェックする。これしかない。

　それでも起こってしまったら警察に通報するか、ママさんにクレームをするかだが、タイの警察もママさんも、それくらいのことでは動いてくれないのが現実である。証拠がなさ過ぎるからだ。極論過ぎるが、スマホやデジカメなどのカメラで防犯のためにずっと撮影をしておくという手もある。しかし、この場合は逆に盗撮で通報されたらアウトなのでやめておこう。

7 その他の遊び

เที่ยวสถานบันเทิงตามแหล่งอื่นๆ

●ルーフトップバー ●居酒屋

●ディスコ・クラブ ●地元民向けの遊び場

●レディーボーイ

ร้านกินเหล้า

バー・居酒屋

夜遊びのなかで、ただ飲むだけで十分という人もいるでしょう。それも立派な夜遊びだ。これまで女性と遊ぶスポットを紹介してきたが、ここでは飲食に的を絞ってオススメを見ていこう。

特にバンコクは東京以上に国際色が豊かだ。飲食店は和食からアフリカ料理まで、世界中の味が楽しめる。しかも日本よりも安い。そのため、バンコクは食事だけでも大いに魅力があり、デートや夜遊びにも活用できる場所となる。

内装や絶景を楽しむ「バー」「ルーフトップバー」

普通のバーはバンコクなら無数にある。外国人や富裕層向けはホテルのラウンジなどで、例えばシーロム通りのホテル「ノボテル・バンコク・フェニックス・シーロム」の地下にある、戦前の上海を彷彿とさせる内装の「マギーチューズ」は本格的なバーテンダーがいて、メニューにはないカクテルを作ってくれるし、チャイナドレスの女性がオブジェに座って、よりノスタルジック感を演出する。

乾期（11月から5月ごろ）はホテルやコンドミニアムの屋上にある「ルーフトップバー」もオススメだ。シーロム通りの「ステートタワー」には「スカイバー」があり、世界で一番高いところにあるルーフトップバーと謳われている。BTSサパーンタークシン駅に近いので立地はいいが、値段が高いのが玉にキズ。ビールでもカクテルでも700バーツくらいはするので、東京で飲むよりも高い。景色はいいので、たまにならいいかもしれない。

「マギーチューズ」の近辺にはクラフトビールのバーや洒落たレストランが多い。この辺りはBTSスラサック駅から徒歩10分くらい。

安めのルーフトップバーであれば、トンロー通りの隣、スクムビット通りソイ57にある「マリオットホテル」45〜49階の「オクターブ」がオススメだ。ここなら高いアルコールでもグラスで500バーツ程度という設定なので、ちゃんとしたホテルのバーとしては安い。ほかにもコンドミニアム（高層高級マンション）の上に屋外バーを開業するところが増えたが、たしかにホテル系と比較すればドリンクは安いものの（300バーツ以下が中心）、郊外寄りになることから景色はそれほどでもないので、ルーフトップのメリットがない。タイの郊外は建物が少なく、夜景として魅力がなくなってしまうからだ。

「スカイバー」から見下ろしたバンコクの夜景。

　高い店はドレスコードが厳しく、ハーフパンツとサンダルは注意したい。Tシャツはちゃんとしたものであれば OKのところが多いが、ヨレヨレはNGになる可能性が高い。

和食ブームでレベルも高い「居酒屋・日本料理店」

　タイ料理は辛さとパクチーのイメージが先行しているが、必ずしもそうではない。とはいっても、慣れない食事はストレスになる。そんなときは和食もいい。幸い、タイは和食ブームが続いていて、日本人経営店、日本の有名店の進出が多く、味のレベルが高い。

ルーフトップバーなどはさすがに高い料金設定であることから、ちゃんとしたバーテンがいる。欧米人のバーテンや、彼らから学んだタイ人バーテンなど。

自己責任だが、タイではレバ刺しや各種生肉が自由に食べられる。

タニヤのカラオケに足を運ぶ場合にはタニヤ通りと周辺に居酒屋が何軒もある。例えばタニヤの中央辺りにある「魚ふく」はこの通りにしてはリーズナブルである。

それから、バンコクは日本と違い、生肉の提供もある。自己責任ではあるものの、日本人経営の店であれば、レバ刺しなどが比較的安全に堪能できる。例えばタニヤであれば「エビスダイニング」で豚肉の刺身が食べられるし、鶏刺しや鶏ユッケならパッポンから徒歩5分のスリウォン通り近辺と、BTSプロンポン駅から近いスクムビット通りソイ33の入り口にある「鳥波多《トリハダ》」がオススメだ。日本でもなかなか食べられないレベルのヤキトリも堪能できる。それから、バンコクに無数にある日本式の焼肉店でもレバ刺しがある。

普通の居酒屋ではソイ・カウボーイがあるソイ23入り口のビル地下に「かんてきや」がある。ここは入店1時間はビールとハイボールが50バーツの特別プロモーションがあり（取材時）、九州料理と共に安く飲み食いができる。タニヤやトンロー、アソークにある「しゃかりき432《シミズ》」は大阪の悪ノリな内装がおもしろいが、味は本物という居酒屋になっている。

和食店は無数にあるが、東京の1.5～2倍くらいの予算を見るべき。食材がタイ国内で手に入らないモノもあるため、高くなる。

隠れた人気「クラフトビール」

タイはアルコールの規制が厳しく、コンビニエンスストアでは販売の時間制限がある。昼間と夕方以降深夜0時までで、メディアにおけるアルコール宣伝もほぼできない。それくらいアルコールに厳しいため、案外知られていないのが、バンコクはビール人気が高く、クラフトビール天国になっていることだ。

トンロー通りソイ13の「ブリュー・ビアーズ＆サイダーズ」が今人気があるところで、エカマイ通りソイ10の住宅街に「ミッケラー・バンコク」、トンロー通りソイ18の手前には「ハウス・オブ・ビアーズ」があって、世界各国のビールが飲める。

また、シンハビールの会社が直営する「エスト33」がラマ9世通りやBTSチョンノンシー駅からナラティワート通りを南下したところにある。ラマ9世店はマイクロブリュワリーだ。マイクロブリュワリーとはクラフトビールの醸造所のことで、トンローやエカマイにあるクラフトビール店はあくまでも国外の珍しい銘柄が多い店に過ぎないが、エスト33であれば正真正銘のクラフトビールが楽しめる。しかも、市販にはないシンハビールの黒生もある。

クラフトビールで昔から有名なのは「タワンデーン・ジャーマンブリュワリー」というビアホール。ここだけでしか飲めない生ビールを3種類醸造し、それだけしかビールは提供していない。料理もおいしく、店内では音楽やコメディショーが展開され、週末は早く行かないと席がないほど混雑する。できれば予約はしておきたいところ。外国人も多いので、予約は問題ない。場所は何か所かあるが、オススメはBTSチョンノンシー駅か

タイの輸入ビールは多くがベルギー産。ビールブームの火付け役は「ハウス・オブ・ビアーズ」。ソイカウの「バカラ」もビールの品揃えはすごい。

ら南下したラマ3世通りのそば。BRTナララーム3停車駅最寄りになる。支店がいくつかあるので、「ラマ3店」であることを確認して予約しよう。

タイ情報を手に入れたいなら「日本人経営店」

最新の夜遊び情報を入手したければ、日本人経営店に足を運ぶといい。そのなかでオススメなのはバーだ。タニヤで紹介している「セクシークラブF1」の社長「世界のタズヤン」をはじめ、バンコクには有名な飲食店経営者が何人もいる。

例えば「ウッドボール」は特に足を運びやすい。BTSトンロー駅直近のスクムビット通りソイ53入り口、BTSプロンポン駅そば、パタヤにある。ほかにも複数の飲食店を手がける店主とっぴーさんと会うチャンスがあれば、バンコクの話をいろいろと伺うことができる。同じグループに属する「ウッドボール・タニヤ」は、とっぴーさんが手がける金沢カレーの店の屋根裏という特殊な場所にあるが、ここの店主でラッパーとしても活躍するメック加藤さんもまた広い人脈を持ち、バンコクのおもしろいネタを抱えている。

代表的なところを紹介したが、ほかにもたくさんの日本人経営店、日本人に向いた店があるので、日本語の看板をみつけたらふらりと立ち寄るのもおもしろい。

日本人経営のバーでもっとも有名なのが「ウッドボール」。

スクムビット通りソイ57の「Snack & Barちひろ」は新宿ゴールデン街のような空気たっぷりの、日本人女性経営のバー。まったり飲むのにぴったり。

タイならではの「ちょっかい居酒屋」

世界中探してもこんなジャンルはタイにしかないのではないか、というものに「ちょっかい居酒屋」がある。誰が名づけたのか、言い得て妙な居酒屋だ。

ちょっかい居酒屋の正体は、普通に飲み食いができて、料金もごくごく普通の、タイにある日本式の居酒屋と同じだ。

唯一違うのは、こちらが望めば従業員の女性がつきっきりで相手にしてくれることだ。普通の居酒屋でもフレンドリーな店ならかなり相手にしてくれるが、こちらはシステムに一緒に座ってお酌をするということが含まれる。店によってはサービスチャージがつくが、それも大した額ではない。そもそもタイの居酒屋の多くは消費税7％のほかに、最初からチップの代わりとしてサービス税10％が加算されているので、むしろちょっかい居酒屋で特別なチャージがつく店は少ない。

ここではドリンクを奢ることも可能で（むしろ奢ることが前提）、まるでゴーゴーバーと同じようなシステムになる。一緒に席に座って話せる店と、立ったままほかの席と兼任する店がある。単身で遊びに来ている駐在員のためにはじまったサービスで、不思議な地位を得ているジャンルと言える。バンコクと、日本人が多い東部の街シーラチャーにある。

料理がおいしくて行きやすいちょっかい居酒屋はトンロー通りの中ほどにある「兄貴」だ。ここはノリのいい女の子が多い。基本は立ったまま話し相手になってくれるが、個室を選べばつきっきりでいて、お酌をしてくれたり話したりできる。普通の居酒屋としても利用でき、在住者だけでな

ちょっかい居酒屋だけでなく、普通の居酒屋で新手の詐欺が増えている。手口は、ワイシャツを着た日本語が少し話せるタイ人男性が注文を取りにくる。（次頁へ）

ちょっかい居酒屋は制服ありとなしがある。

く、出張者にも人気がある。

　ただ、かつては連れ出しができたり、かなり際どい触り方ができる店もあったらしいが、今はあくまでも話し相手であり、基本的にはタッチはできない。

　兄貴以外ではBTSトンロー駅に近いスクムビット通りソイ57の「居酒屋たまご」もちょっかい居酒屋とされる。「とされる」というのは、店側が明確にそのジャンルであることを打ち出していることはほどんとなく、客側が勝手に言っているということがあるからだ。知らない人が行けば普通の居酒屋として利用でき、知っている人は店員の女の子に奢ってあげて一緒に飲んだり話したりする。この居酒屋たまごも一緒に飲めるシステムがあるし、なにより一品一品がリーズナブル。そして席数も多く、かつ深夜0時半まで営業している。一般飲食店はだいたい22時半にはラストオーダーなので、ここは遅くにも行くことができる。

　傾向としては在住者がお忍びで行けるエリアに多く、ほかはスクムビット通りソイ22とソイ23の奥などに何軒かある。最近は日本語の通じる店が増えたこともあって、ちょっかい居酒屋は徐々に減少傾向にある。そもそも普通の居酒屋でも店員さんがフレンドリーで、わざわざ奢る必要もないので、ちょっかい居酒屋の意義が失われつつある。興味がある人は今が最後のチャンスになるかもしれない。


（前頁より）客は店員だと思うし、店員はガイドだと思い、そのままになる。最後に、料理だけラストオーダーだから先に支払ってくれと言い、客から金を受け取って逃げる。（次頁）

ดิสโก้เทค

ディスコ・クラブ

日本人のなかには、すぐに女性を求めるのではなく、そこに辿り着くまでの過程を楽しんだり、趣味を満喫しながら、もしそういうこともあればと考える人もいる。

そのなかで、夜遊びとしても楽しめるのがディスコやクラブだ。バンコクには様々な「箱」が揃っていて、純粋に音楽を楽しみたい人からナンパをして遊びたいという人など多様な目的に向く。

ドレスコードに注意

タイのクラブシーンは欧米などの最先端を少し遅れて追随している状態で、音楽性を求める人だとやや首を傾げる可能性は否めない。しかし、タイ人の「楽しいモノはなんでも取り入れる」という姿勢が感じられて、どの箱もタイならではのおもしろさがある。場所がわかりづらいこともあるので、ゴーゴーやカラオケで女の子を連れ出し、一緒に遊びに来ればいい。

そんなバンコクのディスコやクラブは大ざっぱに分けると次のようになる。

①外国人向け
②富裕層向け
③中流層向け
④低所得者向け

タイはインドのカーストのようなものはないが、見えない階級社会になっている。主に所得で分かれていて、例えばクラブは設備や内装、立地条件、

（前頁より）店にも落ち度があるため、交渉で客が負担する必要はないこともある。すでに数軒バンコクで発生しているが、どうも同一人物のようだ。（次頁）

「カフェー」というスタイルはタイに慣れたら一度は行ってみてほしい。

価格設定などが違い、互いが行き交うことはまずない。

ただ、我々日本人がその点を気にする必要はない。ただし服装には注意を払いたいところではある。タイ人は見えない階級を服や身につけているもので判断することがある。富裕層のクラブにヨレヨレの服で行けば、そもそもドレスコードに引っかかるし、キリッと決めて低所得者層の店に行けば浮いてしまい、ケンカを売られるかもしれない。だから、その階層におけるＴＰＯだけは気にしておこう。サンダル履きだとちゃんとした箱には入れない。富裕層向けはハーフパンツやＴシャツもだめな場合がある。

箱も各種あるが、タイの場合、日本のアングラな雰囲気のクラブはほとんどなく、最低でも１００人近くが入ることのできる中型ばかりになる。

●カフェー型（低所得～中流層）

「カフェー」はステージがあり歌手が歌いダンサーが踊る、タイの昔ながらの夜遊びスポット。タイ料理も食べられ、深夜になれば客も踊り出す。曲は「ルークトゥン（タイ演歌）」が中心。純粋なカフェーはホステス的な女性が歌い、客は「マーライ（花輪）」を贈ると一緒に席で飲んでもらえる。この花輪は花ではなく、現金でできていて、任意の金額で作ることができる。連れ出し不可で、本気で口説いて懇意になるしかない。

（前頁より）細身の色黒のタイ人とのこと。タイではラストオーダー後はすべてまとめて会計するので、個別会計はありえない。

日本人が「イサーンディスコ」と呼ぶタイプもある。こちらは歌手とダンサーは専業で、店によってはダンスフロアもある。サイズは中型から何百人と入る大型まで様々。

「イサーンディスコ」は食事も楽しめるので、老若男女が集まる。

●体育館型（中流層）

２０００年代前半までは大全盛で郊外ではまだ健在だが、バンコクはだいぶ減った。イサーンディスコを今風に派手にしたようなもの。曲は欧米の曲やタイポップスなど。歌手とダンサーは専業で客層は中流。あるいはゴーゴーやカラオケ、マッサージパーラーに勤める女の子が多い。

●今風の大型（中流〜富裕層）

バンコクの外国人向けに多く、箱によってはナンパがしやすい。洒落た店は欧米の曲がかかり、中流者向けだとタイ語曲。

●中型（低所得者層）

カフェーをはじめとした形態で、基本的にタイ語の曲。食事ができる店や、早朝まで営業する店もある。

バンコクの主要なクラブ

客層別に分けてどんなクラブがあるのか。具体

カフェーなどタイ人の遊び場でジャパンマネーをブイブイ言わせて遊ぶと反感を買う場合があるので、派手な遊び方は控えたい。

的に人気店などを見ていこう。

①外国人向け

ペッブリー通りの「RCA（ロイヤルシティーアベニュー）」が1990年代後半に誕生し、全盛期からは減ったものの、超有名店「オニックス（ONYX）」と「ルート66」が並ぶ。ルート66は老舗で全盛期からあり、形を変えながら今も生き残る。オニックスは入場料+ドリンク2杯付きで500バーツ。ルート66は入場料+ドリンク1杯で300バーツになる（共に調査時）。

RCAは女性もたくさんいて、毎夜、激しく盛り上がる。特に土曜の夜は大混雑する。タクシーも「RCA」というだけで伝わるので、場所を説明する手間がない。ただ、ほかの夜遊びスポットから離れていて、旅慣れていない人にはやや行きづらい。ゴーゴーやタニヤの女の子も好きなので、ペイバーの口実としてRCAに誘い、彼女たちに連れてきてもらうのもひとつの手だ。

タクシーに乗らずとも行きやすいのはスクムビット通りの、例えば、ソイ11の奥にある「インサニティ」。バンコクでも屈指の有名店で踊り目的、ナンパ目的で使える。夜の仕事をする女性も多くいて、声はかけやすい。ドリンクも200バーツ台から。

スクムビット通りソイ20にあるホテル「ウィン

RCAの老舗店「ルート66」は昔とだいぶスタイルが変わったが、今も人気。

人気ブログ「WORLD SEX TRIP」を運営、執筆するJOJOさんの話では「壁際に立つ女性にプロが多い」とのこと。言われてみれば確かにそう。

ザースイートホテル」の地下「スクラッチドッグ」は入り口がロビー奥で深夜はやや静かだが、中に入ると熱い。料金は400バーツで2ドリンクのチケット制かボトル購入で入場でき、特筆すべきは早朝まで営業しているという点。ゴーゴーやカラオケ、ほかのディスコで遊んだあとでも遊びに行くことができる。客層は欧米人はあまりいなくて、日本人や韓国人、中華系が多い。タイ人は中流階級以上の人がいる印象だが、女性はゴーゴーやカラオケで働く子もたくさん混じっている。特に2時以降は一般女性よりも夜の子が多いかもしれない。

ナナ近くにある「INSANITY」。

ほかにはBTSチットロム駅前の「インターコンチネンタルホテル」の地下にある「ミックス（Mixx）」も有名。ここはタクシーのガイド契約があり、座席に「Mixx」と書かれた看板をぶら下げていると、ここに来る場合に限って無料で行ってくれることもある。マッサージパーラーと違い客にガイド料をチャージしないので安心して利用できる。

あとはスクムビット通りのソイ11にある「レベルズ」、ソイ23の奥にある「グロウ」がタイのクラブ好きには人気がある。レベルズは4つのフロアで主体となる音楽が違い、ヒップホップやダンスミュージックがメインのフロア、プログレッシ

「スクラッチドッグ」と「インサニティ」のゴーゴー＆タニヤ率はかなり高い。「Mixx」は欧米人が多いので、そちら目当てのプロ女性が集まる印象。

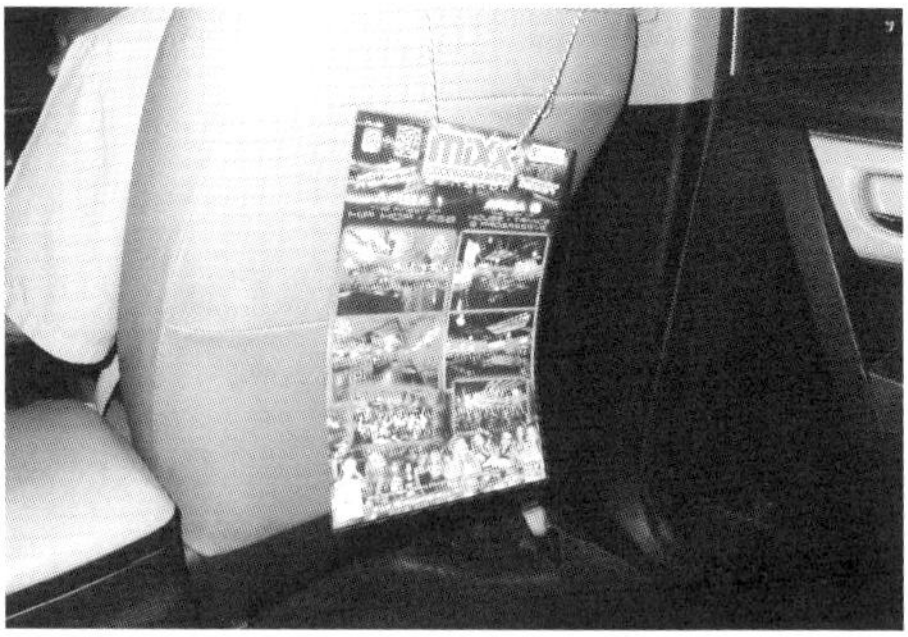

「ミックス」と契約しているタクシーには、このプレートが。

ブ・ハウスやエレクトロがメインのフロアに分かれ、気分で選べる点で人気が高い。グロウはバンコクでは珍しいハウスやテクノ好きに人気のクラブになる。

②富裕層向け

タイでも最先端の設備と内装で料金が高い分、純粋に踊りたい場合には楽しめる。ここに来る客はポルシェやベンツで来る。タイは輸入関税の高さから外車は日本の販売価格の3倍以上はする。

バンコクではトンロー通りソイ10のトンロー側とエカマイ側それぞれに人気店がある。RCAにも富裕層がいるが、あちらはハイパーではなく普通の富裕層と見ていい。

③中流層向け

外国人でも行きやすいのはラチャダー通りソイ4のパブ街にある大箱「ハリウッド」が有名。ほとんどがグループで訪れ、仲間内で遊んでいる。

タイ人の中流層は立ち位置的にストレスが溜まりやすい。富裕層に支配され、ある程度の学歴があっても這い上がれないジレンマ。低所得者層は不満を漏らしている暇がなく、中高生の不良グループは大概中流層に当たる。そのため、このクラスのディスコはよく乱闘騒ぎが起こり、ときには刃物や銃器による殺傷事件も発生する。ただ、外国人が狙われることはほとんどなく、ハリウッドなら比較的安全。

超富裕層の女性に手を出すと、家族が出てきて、交際はふさわしくないと判断するケースも。ただ別れるように勧告されるなら速やかにタイから立ち去るべし。(次頁へ)

タイ人向けの遊び場「ハリウッド」ではコヨーテがダンスを見せる。

④低所得者層向け

タイ語のメニューしかなくタイ語しか通じないが、料金が安く、タイらしい遊びなので、入れたら大いに楽しめる。カラオケ型、カフェー型、飲食店型がある。モグリで早朝までやっていることもあるが、地元民さえ知らないことがあるので、辿り着くのは難しい。ラチャダー通りの裏にあるインタマラ通り、ラチャダー北のラートプラオ通り、BTSプラカノン駅近辺を南北に走るソイ・プリディー、BTSオンヌット駅のオンヌット通り、BTSウドムスック駅のウドムスック通りだと、外国人が行こうと思えば行けるエリア。

カフェーはソイ・プリディーとペッブリー通り（正確にはパタナカーン通り）交差点に近い「タワンデーン」がある。ビアホールのタワンデーンとは違う。タイ料理がおいしく、ショーが見られる。昔ながらのカフェーだとウドムスック通りソ

（前頁より）日本人のなかには勧告なくこの世から退去させられた人もいる。超富裕層にかかれば死因もなにもかも、どうにでもなる。実話です。

イ51近辺。ウィスキーがボトルで400バーツしないくらいでとにかく安い。

ディスコでのナンパ法と注意点

タイでナンパをするときは相手が誰といるかを正確に見極めること。タイ人は全般的に嫉妬深く、恋人や自分が好きな人に誰かがちょっかいを出すと手がつけられないほどに怒り出す。タイ人同士なら殺人事件にまで発展するほどだ。

男性が女性をナンパするケースで説明すると、相手が女性だけのグループであること、恋人関係の相手がいないこと（タイは同性愛者も多い）などを見極める。

ボクの知人はディスコでナンパをするときは、しばし店内を観察したあとにトイレ前でしばらく待機する。タイでは、恋人同士の場合、特に男性（あるいは男性役）が女性をエスコートするのが当たり前で、男が来ない＝高確率でフリーということになり、声をかけても大丈夫なのだという。

タイのディスコは客を詰め込む傾向にある。そのため、誰ともぶつからないというのは至難の業になる。それを逆に利用して、狙った女性と自然にかつ相手が不快にならないよう軽くぶつかるフリをして、謝りつつ話しかけると警戒されない。

夜の女の子も少なくない。見分け方は難しいが、いろいろ話していると積極的にホテルに行こうとするのは大概プロの女性である。そのうちに料金の話になる。

とにかく、タイのディスコやクラブは外国人に対してオープンだし、いつ行っても盛り上がっている。多くが21時ごろには開店するが、やはり盛り上がるのは深夜0時を回ってから。どこかで食事をしたり、遊んでから訪れるのがベターとなる。

イサーンディスコであれば、BTSスラサック駅を南下するジャルーンラート通りにある「タムナーン・コンイサーン」も大型で人気のある店。

เพื่อชายไทย

地元民向けの遊び場

地元民が集まる「ローカル飲み屋」

何度かゴーゴーバーやタニヤに足を運べば、誰もがバンコクの夜遊び通になる。そうなると普通の遊び場では物足りないという人も出てくる。そんな日のために、タイの夜遊び上級者はどんなところで遊んでいるのかを覗いてみよう。

まず、ステップアップの手はじめに目をつけるのが、地元民が集まる「ローカル飲み屋」になる。タイでローカルと言えば「カフェー」や「イサーンディスコ」だ。行きやすいのはBTSプラカノン駅のソイ・プリディーの北の方にある「タワンデーン」、それからBTSスラサック駅の近くにある高速道路の高架線に沿って南下したエリアにあるローカル飲み屋ゾーンにイサーンディスコがある。さらに上級になればラチャダー通りの北にあるラートプラオ通り、安宿街のカオサン通り近辺からチャオプラヤ河を渡るピンクラオ通り、BTSウドムスック駅のウドムスック通り、さらにバンコク郊外にまで行ける人はそういったエリアまで足を伸ばす。

あとはローカル向けのカラオケもある。住宅街にたくさんあるが、外国人でも行きやすいのはラチャダーの裏手であるインタマラ通り、BTSプラカノン駅のソイ・プリディーなどだ。

特殊なところだと、BTSサバーンクワーイ駅のそばにある、日本人が「スティサン」と呼ぶエリアだ。ここにはタイ人向けのゴーゴーバーがある。数は多くなく5、6軒程度だ。「レインボー」

スティサンのゴーゴーバー地帯は2018年中に全店閉店という噂もある。外国人向きではないので、大きな影響はないが。

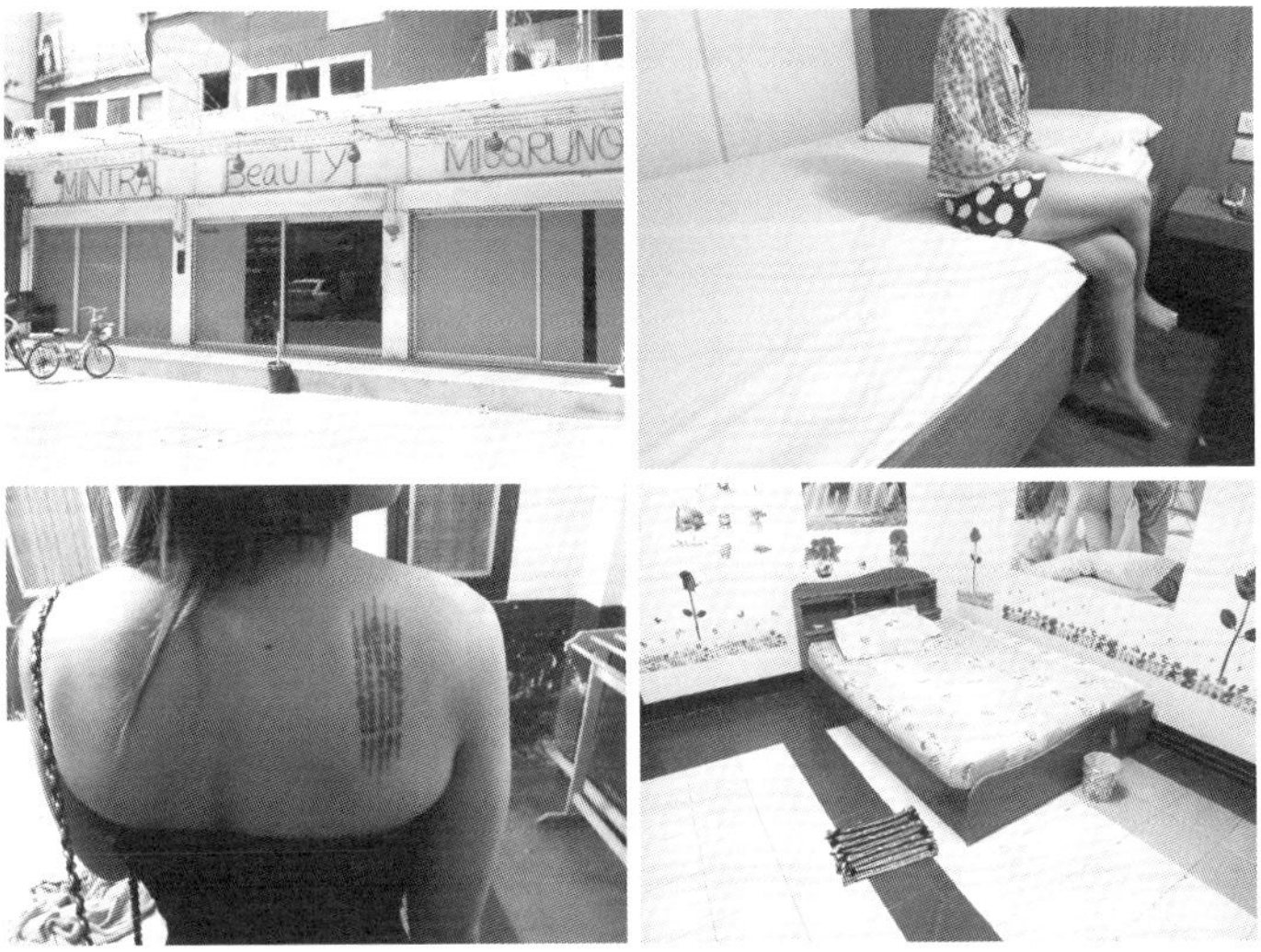

バンコクの地元民向けの置屋は案外かわいい子がいて楽しい。

という店はナナ・プラザの人気店と同名のためか日本人も多いようだが、基本的にはタイ人の遊び場だ。飲み代は安いものの、女の子を呼ぶとチャージが1時間200バーツほどかかったりするし、連れ出しはショートで店に2000バーツくらい払うことになる。言ったら管理売春で、このタイプは警察の摘発などもあり、ちょっと心配がある。ロングは好まれないので、金額もかなり高めになる。

ローカル向け ストリートガールと遊ぶ

上級者はフリーのストリートガールたちにも目をつける。「テーメー」やナナ・プラザ前の外国人相手の女性たちではなく、地元民の相手をする女性である。そのほうが安いというのが理由になるが、言葉やマナーなどタイに精通していないと

ローカルの風俗産業はゴーゴーなどの外国人向けのそれよりも世の中の情勢の影響を強く受ける。しかし、復活が早いのも特徴。

やや危ない。

　ローカル向けストリートガールというと、カオサンの近くにあるソイ・サーケーという通りや、中華街ヤワラーの7月22日ロータリー周辺、MRTルンピニー駅とシーロム駅の間にあるルンピニー公園の周囲が有名だ。場所によって料金はまったく違うが、安いエリアだと700バーツ程度で最後まで楽しませてもらえる。

　外国人でも問題なく、かつ地元民と同じ値段で最後まで遊べるのが、MRTペッブリー駅そばの国鉄線路沿いと、BTSサムロン駅そばのスクムビット通りソイ78になる。

　MRTペッブリー駅のほうは、かつて援交喫茶があった「サイアムホテル」の名残になる。ホテルが潰れ、そこにいた女の子やポン引きらが線路沿いに移ったのだ。料金は変動が大きいが、最後にボクが聞いたときはショートで2500バーツだったので、概ねテーメーと相場は似たようなもの。ストリートガールと考えると高いもしれないが。一時期はロシア人や、コロンビアなどの中南米の女性が立っていたこともある。

　スクムビット通りソイ78は「サムロン置屋」とも言う。取り締まりがあって2016年ごろからすっかり消滅したような雰囲気があったが、2018年5月時点では復活している。以前のように派手にはやっていないが、呼び込みが声をかけてくるようになった。

　ここは一応カラオケ店を模している。模しているというのは、店名にカラオケと冠しつつも、席もカラオケの設備もない。客はあくまでも外で女性を吟味し、気に入った子と一緒に近くの連れ込み宿でサービスを楽しむ。地元民向けなので、女の子へのチップや部屋代を含めても1000バーツ程度で済むのがありがたい。かつては徒歩では

サムロン置屋はサムットプラカン県にあり、この辺りには「クロコダイルファーム」のほか、いくつか観光スポットがある。

行けなかったが、BTSスクムビット線の延長が進んでいて、BTSサムロン駅から歩いて行くことができる。

「チアビア」をナンパする

地元民向けの遊び場は治安が悪いので気をつけなければならない。夜は、パッポンはシーロム通りにツーリストポリスが駐在するので、万が一なにかあっても助けを求めることができる。しかし、スティサンやほかのローカルエリアではトラブルがあっても自分で解決しなければならない。そのスキルがない人は遊びに行くべきではない。だからこそローカルの遊び場は上級者向きとなる。

比較的安全な遊び方ならナンパだ。タイ人男性も日本人夜遊び上級者もナンパはディスコなどでする。タイは昼間に街でナンパはできない。女の子が相手にしてくれない。夜遊びを通してタイを見ると、タイ人女性はノリよく遊んでくれるイメージを持ってしまいやすい。実際にそういう一面はたしかにある。しかし、大半のタイ人女性はわりと貞操観念が強い傾向にあり、昼間からナンパに乗るのははしたないと思うようである。一方で、夜の遊び場なら女性も割り切っているので、声はかけやすい。

在住の日本人が気軽に声をかけているのが「チアビア」。チアビアは飲食店にいるビールの販促担当女性のことだ。チアビアの専門事務所があり、そこから指定された銘柄のユニフォームを着て、飲食店に派遣されてビールを販促する。タレントのような扱いだし、学生がバイトでやっているので、かわいいし若い。

タイでは乾期に入ると年末までビアガーデンの季節になる。一番有名で規模が大きいのはバンコ

チアビアは売春するほどの気合いはないわけで、優しい客に寄ってくる傾向がある。我々は明るく振る舞い、優しく接すれば意外と簡単に仲よくなれる。

クの伊勢丹が入居する「セントラル・ワールド」前だ。各ビール会社が専用ブースを出し、大々的に生ビールを販売する。また、通常時も居酒屋やバーなど、あらゆる店にチアビアが配備される。ときにユニフォームだけが貸与され、その店の店員が着ることもあるが、それでも店で一番かわいい女の子が選ばれるので、見た目の華やかさはピカイチだ。

こういったチアビアに声をかけ、注文するからLINEを教えてだとか、電話番号教えてと言うと意外とあっさり教えてくれる。何度も行くと顔見知りになり、暇なときはテーブル近くでずっと話してくれたりなど、意外といい子たちでもある。和食店にいる子は大概日本に興味ある子で、なかには日本語を話す子もいるから声をかけやすい。

とにかく、日本人がローカル遊びをするとき、タイ人の気質にも配慮しなければならない。タイ人ばかりの店で外国人が大声で盛り上がっていると不快感を示す人もいる。もしローカルの遊びを垣間見たければ、慣れた人と一緒に行くか、ゴーゴーバーやカラオケの女の子に連れていってもらうといい。若い子だと知らないことも多いので、そういうときこそ年増女性にお願いすると、ローカルはおもしろかったりする。

シンハビールのキャンペーンガール。

管轄警察署も、派手にやっている店に対する苦情から対応するので、ある程度、ここは外国であるという意識で行動するべき。

เลดี้บอย

レディーボーイ

夜遊び通が流れ着く先は……

ローカル遊びを卒業するとき、上級者はレディーボーイを求めはじめる。タイにもＳＭや複数プレイもあるが、特殊なプレイはまだ成熟しておらず、残念ながら飽きてしまう人もいる。そのなかで、多くの日本人が注目しているジャンルが「ニューハーフ」、タイでは「レディーボーイ」、あるいは「ガトゥーイ」と呼ばれる人たちだ。

タイはニューハーフ天国と言われる。ただ、専門家に言わせると日本のほうがレディーボーイの数は多いという。レディーボーイを簡潔に説明すると、男性として生まれながら、精神的な性別は女性であると感じる人たちのことで、医学的には性同一性障害という名がある。心の性別と身体の性別が一致しないもので、今でもその発症原因が解明されていないという。また、実際に世界中にどれだけの人数がいるのかも実は掴み切れていない。

というのは、男性から女性になりたい性同一性障害（これを「ＭｔＦ」という）は1万人にひとりの割合ということくらいしかわかっていない。例えば日本は社会的な関係性、また教育の過程などで男らしさ女性らしさを植えつけられ、周囲に黙っている人もいるし、自分がＭｔＦだと気がついていない人もいる。だから、正確な人数はわからず、人口の差から言えば、7000万人弱のタイのほうが日本よりもレディーボーイは少ないと計算される。

タイで暮らすと、女性と知り合ったときにその人が本当に女性なのかレディーボーイなのかを確認する癖がついてしまい、見分けるテクニックが身につくようになる。（次頁へ）

タイでは、一般企業が性同一性障害を理由に雇用を控えたりなどがない。レディーボーイが理由で就職できないのは、たぶん軍隊と警察くらいではないか。それくらい社会的に受け入れられている。だから、タイはレディーボーイが多く見える。

同時に物価の関係もあり、またタイ人が手先が器用な民族であることから、性別適合手術（SRS。性転換手術とも言われるが、正確には転換していないので性別適合手術が正しい呼び方）の費用が安く、施術例が多い。タイは世界的に有名な医師もいるし、日本人の性同一性障害——女性として生まれ、精神的には男性である「FtM」も含めた人たちのために医療コーディネートを生業にする人もいる。

レディーボーイのなかにはパーフェクトなルックスを持つ人もいる。ハマる人がいるのも納得の美しさだ。

そんなレディーボーイと遊べるのもまたタイのおもしろさでもある。日本ならショーパブなどで知り合うことができても、ベッドを共にするというのは恋人関係にならないと難しい。タイはレディーボーイだけに特化したゴーゴーバーも増えている。

ゴーゴーバーで働く人はレディーボーイであっても地方出身者が多い。そのため、働きはじめたころは貧しく、最初はボーイとして仕事をすることもある。チップを貯めてまずは豊胸手術。そうしてホルモン剤を服用しながらダンサーとなる。年寄りの日本人や白人客を狙うのだと言っていた

（前頁より）感覚的ではあるが、骨格の大きさや体温のほか、顔つきもどこか男らしさが抜けない。しかし、最近は化粧のテクニックも上がっている。（次頁へ）

レディーボーイがいた。彼らのほとんどは女性とレディーボーイの判別がつかない。また、彼らにしたら若い女の子が相手をしてくれていると思い込んで舞い上がっている。そこでホテルに行くと、レディーボーイが全部を脱ぐ前に果ててしまい、下半身がついていることがバレずにチップを受け取ることができるのだという。若くないので２回戦の要求もなく素早く稼ぐことができる。たしかにボクの知るレディーボーイも、豊胸までは数年かかったが、そこから先は早かった。

　レディーボーイはこうして完成していく。見分け方は難しく、腕や身体の細さに比べて手や足が大きいなどがひとつのポイント。医師によると、豊胸で胸にシリコンバッグを入れる場合、男性が入れるとどうしても乳首が膨らみの頂点からズレるということだった。あとはレディーボーイのほうが女性より体温が高いので、身体を触ると熱いという意見もある。

ナナのゴーゴー「オブセッション」は「全員竿付き」

レディーボーイで人気の店はいくつかあるが、まず有名なところではパッポンのキングスグループが運営する「キングスコーナー１」と「キングスコーナー２」になる。１は女性とレディーボーイの半々だが、２は１００％レディーボーイのみだ。

　キングスコーナー１においては半々であることから、踊るグループは女性のみのグループとレディーボーイのみのグループに分かれる。いずれにしても店内ではごちゃ混ぜにはなるが、やはり並ぶと体格差で違いがわかってしまう。ただ、女性は生まれてから女性であって、ステージで特になにかするわけでもなく、ダラダラと踊る子が多い。

（前頁より）また小柄なレディーボーイもいる。「ポーイ」というニックネームの女優はレディーボーイだが、言われなければわからないくらいに美しい。

しかし、レディーボーイは女性になりたくてここにいるので、その喜びを表現しているのか、客が観てようが観ていまいが、爪の先まできっちりと女性を演じている。見ようによってはレディーボーイのほうが女性っぽい。これがひとつの見分け方でもあるが、レディーボーイにハマる人が続出する理由でもある。

キングスグループをはじめ、ほかのゴーゴーバーでは下半身を手術でカットしているかいないかは人ぞれぞれだ。カットしている人もいれば、信条によって残している人もいるなど様々である。そんななか、タイでもっとも人気のあるレディーボーイ専門ゴーゴーバーがナナ・プラザにある。1階右奥にある「オブセッション」だ。

オブセッションの客層はほとんど日本人と言っても過言ではない。日本の有名人もお忍びで来ているというし、日本人はレディーボーイとの倒錯したセックスに最終的には到達するのだ。オブセッションが人気なのは、店のルールとして下半身をカットしたら解雇になる、つまり全員、男性器がついたままのレディーボーイだ。経験者によると、セックスがより倒錯して変態的なプレイになり、気持ち的にかなり満足するのだとか。

オブセッションで実際にレディーボーイを見てもらうとわかるのが、実にかわいらしい子もいる。レディーボーイのイメージはなんだかん

「オブセッション」は「バンコクで一番のゴーゴー」と言う人も多い。

パタヤでは毎年レディーボーイのキャバレーショー「ティファニー」でレディーボーイの世界大会が開催される。世界トップレベルは本当に美人だ。

だ言っても骨格がしっかりしていて男っぽいといったものだが、オブセッションは華奢で小柄なレディーボーイが少なくない。そんな子たちがつま先まで女性を演じていたら、ハマる人の気持ちがわからないでもない。そして、かわいいのに男性器が残ったまま。ここに行き着いた日本人男性が自分でも気づいていなかった欲望を開花させているのである。

遊び方はゴーゴーバーとまったく同じだ。ナナだと2階に数軒ほどレディーボーイがいる店があるが、オブセッションがもっとも美しい。また、2階の、ナナ・プラザ入り口から見て右側にあるレディーボーイ専門店は、レディーボーイを売りにしていないらしく「レディーボーイか?」と質問をして殴られた人もいるので注意したい（「世界のタズヤン」のことなのだが）。

同性愛者(ゲイ)はタニヤ周辺にて

タイはレディーボーイだけでなく、「ゲイ」の世界もある。つまり同性愛者も多く、広義のトランスジェンダーが多い。タイは基本的に個人主義で、他人がやっていることをとやかく言ってはいけないという考え方がある。レディーボーイも同じで昔は差別があったものの、今はだいぶ変わってきているし、そもそもタイ人が個人主義で他人に干渉し合わないことで社会的な制限が少ないことから自由度が高く、レディーボーイという生き方を選択しやすい。恋愛対象も同じで、ゲイになる人もいるし、レズビアンになる人もいる。

タイ人はストレスに基本的に弱く、なにか問題に直面すると逃走する傾向にある。交通事故では運転手が車からなにからすべて置いて逃げてしま

シーロム通りソイ2近辺（BTSサーラーデーン駅の下）は深夜にも屋台が出る。タニヤの帰りなどに、カオマンガイや麺料理が食べられる。

うこともあるほどだ。極端な話になると、ちょっとした怒りで命を捨てる人もいる。あるタイ人女性が友人らと出かけようとしたときに恋人に咎められ、それに怒って投身自殺をしてしまったという事件が数年前にあった。

　そんな事情から、生まれつきではなく、後天的な同性愛者も多い。中高生のときに失恋をしたことでひどく傷つき、もうそんな気持ちになりたくないからと同性愛に走る。同性と恋愛しても傷つくときは傷つくと思うが、タイ人のなかにはそう考えない人もいる。

　そんな同性愛者の遊び場としてはシーロムのソイ2やソイ4が有名で、主にゲイ向けのクラブやカフェ、バーがある。タニヤの裏通りにも1軒、ゲイ向けのバーがあった。ソイ4の「バルコニー」や「テレフォン」が有名で、後者はテーブルに電話があり、番号が割り振られている。客はそこに座る人が気に入ったら電話をかけられるという仕組みで、システムとしておもしろい。

　それから、スリウォン通りのタニヤとパッポンの間くらいにあるソイ・トワイライト、パッポンから少し西に進んだソイ・タンタワンには、「ゴーゴーボーイ」というゲイ向けのゴーゴーバー地帯がある。ゴーゴーボーイとは、ゴーゴーダンサーがゴーゴーボーイと呼ばれる男性になっているバーである。基本的な遊び方はゴーゴーと一緒だが、ショーがあり、男性がいろいろなことをする。ショーパブをもっと性的にストレートにした感じで、ショーもゴーゴーボーイがアレをギンギンに膨らませて見せたり、男性ならではの過激なダンスやアクロバティックなものが見られる。その分もあって、飲み代が最初の1杯目は入場料込みとして500バーツ、2杯目以降は300バーツなど、料金設定がやや高い。

ゴーゴーボーイズたちは下半身を大きく膨らませてショーをするが、特殊なオイルを注入しているのだとか。身体に害はなく、体内に吸収されると言うが……。

ゲイ向けのゴーゴーとは言っても、ゴーゴーボーイらはバイセクシャルか、仕事としてゲイをしている場合もあり、女性客が訪れて遊ぶこともできる。実際に日本人女性でゴーゴーボーイをペイバーして遊んでいる人もいるし、なかにはここで知り合った男性と結婚する女性もいる。相対的に女性客は少ないらしく、ゴーゴーボーイは女性客が来ると大喜びである。奢ってくれなくてもいいと言わんばかりに女性席に集まって、お姫様のようにもてなす。これがゴーゴーボーイ好きの女性にはたまらないらしい。

レディーボーイは人気が出ると手術費用も稼げるため、ますます美に磨きがかかってくる。

気に入ればペイバーして、食事やディスコに連れ回す。この点は普通のゴーゴーバーと同じだ。ただ、他人の目を気にするからか、男同士の場合は先に紹介したシーロムのソイ2やソイ4に行く人が多い。

そして、その男性とホテルで最後まで楽しむこともできる。この場合の相場は飲み代が高いわりには一般的なゴーゴーより気持ち安く、ショートで2000バーツから2500バーツ、ロングで3000〜4000バーツが相場だとゴーゴーボーイから聞いたことがある。

レズビアン専門店は聞いたことはないが、とにかくタイは性に関しては幅広く遊ぶ場所がある。自分を思いきり解き放って遊んでくれたらと思う。

ボーイズ好きの日本人女性たちは口を揃えて「バンコクのゴーゴーボーイズはまだまだ」とのこと。ボーイズはパタヤが別格なんだとか。

แก้ปัญหา

トラブル対策❷

洒落にならないトラブル

●未成年者とのプレイ

タイでは未成年者とのプレイは法的にかなり厳しく罰せられる。刑法では15歳未満とセックスをすると合意の有無にかかわらず4年以上20年以下の懲役になる。売春禁止法では18歳未満の未成年者を買春すると最大6年の懲役が待ち構える。

実はここ数年、タニヤやパッポンでも未成年者音就労が目につくようになっていた。ただ、店側はその事実を隠していて、我々は知らずにそんな関係になっていることもある。しかし、「知らなかった」を証明するのは難しい。いずれにせよ「合意の有無にかかわらず」となっている以上は言い逃れができない。刑法では「妻あるいは夫以外の15歳未満」としているが、婚姻証明書がないので、それをいい訳にするのも無理がある。

つまりは、容姿が未成年者であると疑わしかったらちゃんとIDカードを見せてもらうこと。あるいは、近づかないことだ。それしか防衛する方法はない。

●詐欺など

詐欺も多いので注意。いまだに古典的なものも多く、「ブラックジャック詐欺」などは典型。外務省や在タイ日本大使館のホームページなどに手口が掲載されているので、しっかりと読んでおきたい。

バンコクでよくあるのは中東系の男性がBTSプロンポン駅やBTSトンロー駅周辺で突然声をかけてきて「日本に行くので日本円を見せてほしい」というのも。巧妙に抜き取られたりするので注意したい。女性が地図を広げてどこそこに行きたいと聞いてくるものもある。地図の下でカバンから財布などを抜くという手口。スクムビット通りのナナ交差点からソイ22にかけてはレディーボーイたちによる抱きつきスリも多発する。いきなり抱きついてきて、いつの間にか財布が抜き取られている。

近年は日本人による詐欺事件も多く、特に中年以降の男性が狙われやすい。バンコクを案内するだとか、ビジネスを持ちかけて大金を奪っていく。

いずれも防衛方法は冷静に物事を考えることだ。自分がいる場所を日本と考えると「日本でそんなことが自分に起こったら変だ」と気づくことができる。

●麻薬所持など

麻薬を使用する人に対してできるアドバイスはない。数年前に日本人男性が麻薬所持などで拘束され、仲間の日本人らが賄賂を持って警察署に現れてそのまま一緒に逮捕される事件があった。タイはSNSが発達しているので、些細なことで告発されてしまう。警察官も今はもみ消せるのはせいぜい飲酒運転の罰金くらいで、賄賂は使えない。タイは麻薬や覚醒剤に関する刑罰が厳しい。場合によっては死刑になる。

タイは覚醒剤（アイスなど）を中心に様々なドラッグが手に入るが…。（写真はフェイク）

　稀に悪徳警官に麻薬を仕込まれることもある。正式な検問ではない場所で警察官が車を停めさせ、車内に麻薬を置き、それを発見したふりをする。これは発見したあとではもう手遅れで、あちらが要求する高額の賄賂を値切るしかできることはない。

　これを防ぐには、タクシーなどの車内検索をしようとしてきたら、手のひらを見せてくれと言ってなにも持っていないことを確認するしかない。これは麻薬事案に詳しい弁護士が言っていたことだ。それ以外に手立てはない。

●銃を突きつけられたら

　タイは実はアメリカ並みの銃社会でもある。一般市民も容易に購入許可証を取得できる。違法銃が出回ったり、自作銃の事件も多い。もし近辺で発砲事件が起きたら、素早く伏せる、物陰に隠れる、ジグザグに走って逃げるなどで避けること。動いている的には当たりにくいので、生存確率が上がる。

　もし強盗に銃を突きつけられたら、すべてを相手に渡すしかない。対処できるのは訓練された人だけだ。一般人は銃やナイフを突きつけられたら有り金をすべて渡して命だけを守るようにすること。

●食中毒になったら?

　食中毒もトラブルとして頻発する。そもそも水が合わなくて腹を下す人は多いし、タイと日本の気温差や疲れなどで免疫力が低下し、食中毒になりやすい。

　病気だと感じたときはすぐに病院に行く。バンコクなら日本語が通じる大型病院もある。ナナ・プラザが近いスクムビット通りソイ1と3から入れる「バムルンラード病院」、トンローエリアの「サミティベート病院」、RCAが近いペッブリー通りの「バンコク病院」だ。

　日本語通訳や日本人医師がいて、医療水準も高度だが、その分治療費が高い。入院は高級ホテル以上。治療によっては何十万円、何百万円とかかるので、日本を出発するときに海外旅行傷害保険に加入しておくことをオススメしたい。あるいはクレジットカードの付帯保険もチェック。日本の国民健康保険も利用できる。立て替えで払い、帰国後に必要書類と共に請求すると日本の保険料分が返ってくる。

8 他県の遊び

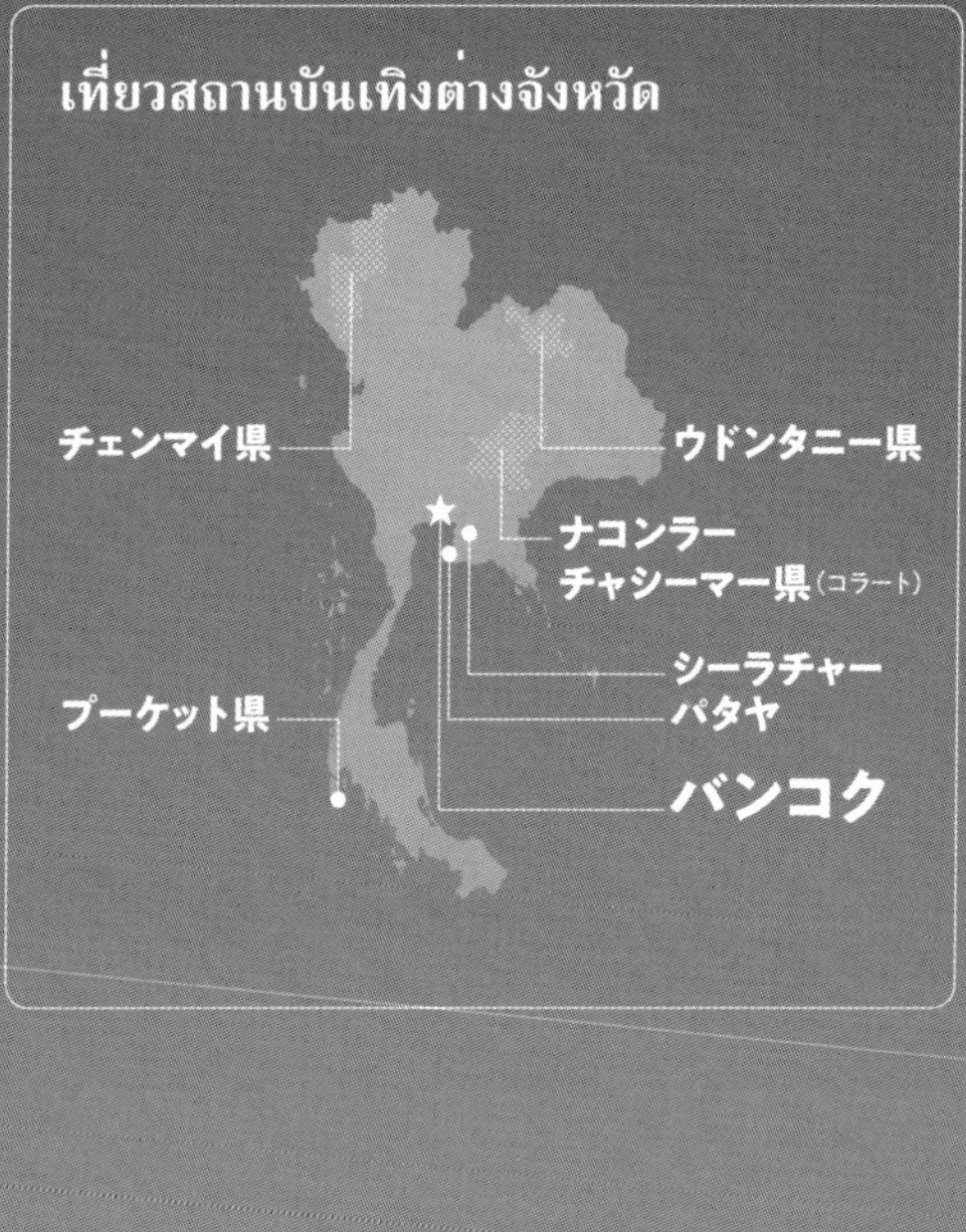
เที่ยวสถานบันเทิงต่างจังหวัด
チェンマイ県
ウドンタニー県
ナコンラーチャシーマー県（コラート）
シーラチャー
パタヤ
プーケット県
バンコク

「バンコク」を中心に扱う本書においては完全な番外編になるが、他県の夜遊びも魅力がいっぱいだ。ジャンル的には圧倒的にビアバーが多く、次にマッサージパーラー、カラオケとなる。ゴーゴーは特定地域にしかない。エロ古式マッサージはタイ人向けの似たようなものはあるが、バンコクのそれには到底およばず、ほぼ皆無と言ってもいい。

そんな地方の夜遊びを、簡単に紹介したい。

●北部

チェンマイ県
(バンコクから約700キロ、飛行機約1時間)

北部の観光都市チェンマイはバンコクとほぼ同じジャンルが揃う。ただ、郊外には日本人が遊べる場所はほとんどない。

中心はビアバーになる。チェンマイのビアバーは、女の子の大半が山岳少数民族だ。国籍はタイだが、いわゆる小タイ族とは人種が違う。色白で、見た目は中華系に近い。タイ語の発音もタイ人と全然違い、舌っ足らずでかわいい。リス族とアカ族が大半。ビアバーは安宿街でありナイトバザールが近い「ロイコー通り」に多い。土日はムエタイを観ながら飲める場所もある。ドリンク代はバンコクより安い。ロイコーの店であればボッタクリはまずないので安心。

MPもチェンマイ市内に数軒ある。バンコクのMPよりも容姿レベルは劣るかもしれないし、料金的にも気持ち安い程度という印象。「サユリ・コンプレックス」は有名だが、個人的には「チェンマイ・プーカム・ホテル」の駐車場奥に併設されているMPのほうが容姿とコストのバランスがよかった気がする。

今は無所属だが、かつてロイコー通りの「フィッシュスパ」というビアバーにいたダーウというアカ族の女性はマッサージの腕が絶品過ぎた。(次頁へ)

チェンマイのナイトライフはビアバーを中心に少数民族たちとのふれあいの時間でもある。

バンコクにあるような日本人向けエロ古式はなく、タイ人向けの古式マッサージがある。表の料金設定はノーマルで、部屋で女の子に1000バーツ前後を支払うことで最後まで楽しめる店もある。大型店、あるいはアパートの一部を使って営業していて、ノーマル料金で個室完備の店は大概それであると言っていい。国鉄チェンマイ駅など、やや中心から外れた場所に何軒かある。

バンコクではだいぶ少なくなった「カポークラブ」と呼ばれるマッサージもある。カポーはたぶんタイ語の「陰嚢《いんのう》」という単語から来ているのではないかと推測するが、日本のピンサロのようなもので、女性が服を着たまま、あるいは特別料金を支払って上半身裸になってもらい、手でサービスをしてもらう。最後までできる店は少ない。また、女の子もバイトでやっていることが多く、学生などの若くてかわいい、イマドキの子がいる。MP

（前頁より）今は独立して、フリーのマッサージ師として活動している。ビアバーで「ダーウを知っているか?」と聞くと呼んでもらうことができる。ボクの肩こりも一発解消した。

やカポークラブにバンコクの学生がバイトで来るようになっていて、3月から5月の夏休み、年末年始はこの遊びがアツいとチェンマイっ子が評価する。

それから、チェンマイにはゴーゴーバーがある。ビアバーの多いロイコー通りや、旧市街を囲むお堀の外の東側に数軒ある。ビアバーが主流なことからもわかるように、バンコクと比較してしまうとあまりいいとは言えない。お堀のターペー門そばの「スポットライト」は若い女の子がいて、ここならいいかもと思ったことがある。

日本人向けカラオケ店もある。料金設定はセット料金があるところもあれば、ボトルを買う必要がある店など様々。ここは日本語が多少通じるので遊びやすい。ITに強い商業施設「パンティップ・プラザ」の交差点から東にシリドンチャイ通りを進むと数軒日本人向けカラオケがある。

夜遊びスポットではないが、チェンマイ市内には「ガガ咲か場」、「チェンマイホルモン」という日本人経営の飲食店がある。バンコクよりも安く炭火焼肉や和食が楽しめるので、地元の学生や在住日本人がたくさん訪れる。店主の内田さんは忙しい方なのでなかなか会えないが、チェンマイの夜遊び情報もたくさん知っており、最新情報を仕入れたかったらここを訪れるといい。

●東北地方

ナコンラーチャシーマー県（コラート）
（バンコクから約270キロ、車で約4時間）

東北地方の玄関口ナコンラーチャシーマー県は別名を「コラート」と呼ぶ。コラートは日系大手が工場を出し、欧米のハードディスク・メーカーも進出したことから大きく発展。タイで2番目に

「チェンマイホルモン」の周辺は学生街になっていて、学生向けの小さなバーやパブなどもあり、若い子たちに混じって飲める。

大きな都市として、市街中心部なら夜遊びに事欠かない。
コラートはビアバーは少数だ。「パブレストラン」は多い。またディスコは数軒あり、なかでもバスターミナルに近いミッタパープ通りとチャンプアック通りの交差点に「ユーバー」があって、コラートのちょっと金持ちの人が来る場所になっている。このチャンプアック通りは飲食店や大衆向けのディスコも多数あって、遊びやすい。

旅行者はあまり行かないかもしれないが、コラートも遊び場が豊富。

MPもコラート市内に数軒ある。一番オススメなのは市内中心のデパート「クラン・プラザ」前にある「ギンザ」。ここが一番女の子が揃っている。あと、そのクラン・プラザのそばと、さらにその近くの公園周辺には夜間にフリーのストリートガールが立つ。700バーツ前後で、連れ込み宿も50バーツくらいと安い。ただし、時期と相手によって言い値はまったく違う。その場に女の子がいるケースと、ポン引きの男性がどこからか女の子をふたりずつ運んできて見せてくれるパターンがある。いずれにしても日本語も英語も通じない。公園の東北側にはロリ系がいるが、本当に未成年だった場合に危険なので、手出しはしないほうがいい。
日本人向けカラオケも徐々に増えてきている。ただ、現地在住の日系企業駐在員向けなので、観光客は入りにくい雰囲気がある。

コラート市街の人気パブは、ストリートガールがいる公園から東側の新市街地に点在している。場末のMPもその辺りに数軒ある。

ウドンタニー県
（約590キロ、飛行機1時間）

ウドンタニーは隣国ラオスの首都ビエンチャンに行くための経由地になる。そんなウドンタニーの夜遊びはビアバーとディスコ。ビアバーは国鉄駅前のプラジャックシラパコム通りを「セントラルプラザ・ウドンタニー」に向かって行くと、右側にふたつほどスポットがある。飲み代はとにかく安い。駅隣のナイトバザール内にはビアバーなのかビアホールなのかわからないような巨大な店もある。

ディスコ的なところではセントラルプラザの真裏に「タワンデーン」があり、郊外にも学生向けの店がある。これはトゥクトゥクの運転手に聞くと最新の店に連れて行ってくれる。

かつては置屋街があり、安くラオス人の若い女の子と遊べたが、ラオス人の女の子の単独入国が規制され、同時にタイ全土で置屋が減り、ウドンタニーの置屋も虫の息の状態になってしまった。そのため、直接的なサービスが受けられるのはMPで、市内に数軒ある。ただし、タイ人向きな店であると言える。

バンコクの「タワンデーン」なら東北料理を楽しみながらタイ演歌で踊れる。

ウドンタニーのセントラル・デパート近くにあるバスターミナルから、国際バスで隣国ラオスの首都ビエンチャンに行ける。所要約2時間。

●東部

パタヤ
（約130キロ、車で2～3時間）

タイ最大の歓楽街がパタヤ。パタヤは県ではなく街の名前で、チョンブリ県のビーチリゾートになる。自分で運転する場合はスワナプーム国際空港北側の高速道路（モーターウェイ）をひたすら東に向かえば突き当たりがパタヤ。公共の乗りものなら「エカマイ・バスターミナル」からパタヤ行きの長距離バスがある。所要2～4時間（乗客の乗降の回数で変わってくる）。

街全体にビアバーが広がり、午前中からやっている店もある。ビーチ沿いのビーチロードとそこからセカンドロードに向かうソイ（小路）に多数あり、3本目のサードロードにもビアバーが散見される。ビーチロードの「ソイ6」はビアバーと置屋が合体した店が集中する。店で女の子と意気投合すれば、上の部屋で楽しめるというもの。

パタヤにはゴーゴーバーも多い。ビーチロードの突き当たりの「ウォーキングストリート」はタイ最大のゴーゴー街。ゴーゴーバーとビアバーが並び、ディスコもある。ソイ・カウボーイにある「バカラ」もある（ただ、バンコクの店のママさんが言うには公式の支店ではないらしい）。人気は「ハッピー・ア・ゴーゴー」。日本人好みの女性が多い。パタヤのゴーゴーがいいのは、まず生ビールがソフトドリンクより安く、店によっては50バーツを割っている。さらにピザや軽食がひとつ無料でつくゴーゴーもある。

ほかには「ソイ・ブアカーオ（日本人はソイ・ブッカオとも呼ぶ）」の「LKメトロ」という小路にもゴーゴーがある。「忍者ア・ゴーゴー」は日本人経営で、南パタヤロードにタイ式韓国焼肉

パタヤの宿泊は高級ホテルならビーチロード。安宿はサードロードなど。隣のジョムティエンビーチも宿が安い。パタヤビーチへは所要20分程度。

パタヤはゴーゴーとビアバーのタイを代表するジャンルのほかに、写真右下のようにストリートガールもたくさんいる。

のムーガタの店もあるし、ツーリストオフィスもはじめたのでビザの相談もできる。

パタヤのゴーゴーはバンコクとは遊び方が違い、派手に金を使うことが喜ばれる。カウンターにある鐘を鳴らして（リンガベル）店の女の子やスタッフ全員に奢ったり、1個20バーツのピンポン球を購入してステージに投げたり（女の子のチップになる）、20バーツ札（あるいはほかの紙幣でもいい）を大量にばらまいたりする。ただ、同じことをバンコクでやると、バカにしていると怒られるので、ペタヤは遊び方が全然違うと思ったほうがいい。

パタヤにはそのほか、MPが7軒程度とジェントルマンズ・クラブ（バンコクのテーメーカフェのような援交バー）が点在している。MPは「ラスプーチン」が登場以来ずっと人気がある。

パタヤでシーフードを安く食べる方法は市場に行くこと。市場で魚介類を量りで買い、近隣の食堂で調理してもらう。調理手数料は1品20バーツくらい。

シーラチャー

（約90キロ、車で約1・5〜2時間）

パタヤと同じチョンブリ県にある小さな漁港で、行き方はパタヤと同じ。ややバンコク寄りで途中下車する。海に面しているが、ビーチリゾートではない。近隣に複数の大型工業団地があることから、自動車メーカーを中心にした日系企業が入居し、日本人居住者が多い。そのため、「リトルトーキョー」と呼ばれる、店数がタニヤよりやや小さい規模のエリアが存在する。ここの中心はスナック。バンコクでは見かけないほど大盛況な店もあり、一見の価値あり。

沖で釣りもできるので、1泊してシーラチャーの夜を楽しんでから、釣りをしてバンコクに帰るのも旅っぽくていい。

●南部

プーケット県

（約850キロ、飛行機約1・5時間）

プーケットは世界的に知られるリゾート地で、タイ唯一の島の県になる。面積は543平方キロで、東京23区よりも少し小さい。プーケットと一口で言っても、各ビーチエリアは離れていて、目的別に選択しないと厳しいことになる。例えば夜遊びがしたいのにそうでないビーチに泊まるのは、東京で言えば、蒲田（大田区）で遊ぶために足立区に泊まるようなもの。

全体的にプーケットはビアバーが多い。なかでも夜遊びに特化したところは「パトンビーチ」になる。ここならホテルも充実し、安宿もあるし、ビアバー、ゴーゴーバー、そして青いビーチがある。ただし、雨期は海も荒れるので、乾期である

プーケットはバンコクより物価が高い。そのため、滞在費は多めに見ること。ただ、夜飲んで遊ぶ分にはバンコクと同じかやや安い。

南部の遊び場はやはりプーケット。ビアバーを中心に遊ぶ。写真右下の「Sand Bar」は日本人経営でオススメ。

11月から4月の間に訪れたい。逆に言えば、ローシーズンはローコストで遊ぶこともできる。

パトンビーチの「バングラロード」は特に夜遊びに特化する。ビアバーがビル内に入っているなど、全天候型で一見の価値がある。大きいのは「タイガーグループ」のビアバー施設で、その名の通りトラのオブジェが目印になっている。

ビアバーでボクが推したいのは、バングラロード中ほど、シードラゴンというビアバーの小路内奥にあるビアバー「サンドバー」。日本人のウメちゃんが経営しており、日本語で情報収集ができる。何杯か飲むだけで人のいいウメちゃんはたくさんの最新情報を教えてくれるし、希望者にはツアーも組んで夜遊びのアテンドをしてくれる。詳細はウメちゃんのブログ「プーケット夜遊びツアー ウメ&日本人で唯一Barオーナーのサンドバー」をチェックしてみてほしい。

バンコクやパタヤで見かける、ゴーゴー店内にてウレタン棒でスパンキングするのは実はパトンビーチの「スージーウォン」が発祥だという説が有力。

ゴーゴーバーなら「スージーウォン」や「ロックハード」などの同一グループがボッタクリなどもなく、女の子も多くて安心して遊べる。プーケットは大挙して来るようになった中国人団体観光客がむちゃくちゃをするため、アジア人（中国人に見える容姿の外国人）に対して高い値段を設定するゴーゴーが散見される。しかし、これはあくまでも中国人対策で、値段が高いように感じたら「日本人なんだけど」と言うと通常料金に戻ったりする。

バングラロード内にはディスコもある。プーケットは外国人だけでなく、タイ人にとってもリゾートで、ディスコは開放的になった女性がバンコクよりもノリよくナンパに応じてくれる。また、世界的に有名なＤＪが招かれるなど、バンコクとは違ったクラブシーンがあると高評価である。

地方の女の子も魅力的。写真は東北地方・コンケーン県のパブ。

タイ南部のビーチシーズンはアンダマン海側（プーケットがある側）は11月から4月、タイ湾側（サムイ島など）は7月から10月とされる。

สมรส

女性とプライベートな関係になったら

最初こそ金銭のやり取りがあった仲でも、いつしか恋人同士になる日が来るかもしれない。燃え上がった恋に全速力となり、結婚も考えるようになるだろう。そんなときはひとまず「落ち着く」こと。

ゴーゴーでもカラオケでも、夜働く女性は家族のために稼ぎたい人ばかりで、気質はいい。だから、その女性に惚れ込んで結婚を考えてもなんら問題はない。

しかし、大きな爆弾を抱えている可能性が高い。それは「外野」である。彼女の両親や兄弟、親戚、さらには実家の近所の人までが怪しい。学歴のない子どもがバンコクで大金を稼いでくるとしたら、男ならムエタイ・チャンピオンか麻薬の売買、女性なら売春しかないのはいくら田舎の人だって知っている。それでも、自分が楽をするために目を瞑って娘に身体を売らせている親だ。結婚をしたら日本人にたかろうと思う可能性が高い（ボクの主観では99％の確率でたかられる）。

だから、ちゃんと彼女の周囲の人間関係をしっかり見てから結婚を決めることだ。これは案外重要である。こういった諸々がクリアできているころにはタイ語のほか、結納金の交渉術や相場なども身についていることだろう。

あとは、籍を入れることになる。やり方は想像するほど複雑ではなく、自分ですべてやれば安上がりだし、早くに完了する。タイで暮らしながら籍を入れる場合はタイの役所でまずは手続きをして、最後に在タイ日本大使館に行く。日本在住では日本で籍を入れて、次にタイの手続きに入るとスムーズだ。国際結婚の場合はこちらから改姓のアクションをしないと、タイ人女性は男性側の姓にはならないので、変更したい場合は忘れずに行うこと。

よく勘違いされるが、結婚しても国籍は変わらない。ビザも国籍も必要条件を満たせば申請でき、タイ人との結婚とはなんら関係がない。ただ、「婚姻ビザ」は取りやすくなるので、長期滞在は楽になるのは事実。最近は欧米の老人たちが手っ取り早くビザを取るために、タイ人女性と偽装結婚をしようと目論むケースが増えているようだ。

地方の女性と結婚すると、異文化を強く感じることができる面白さがある。

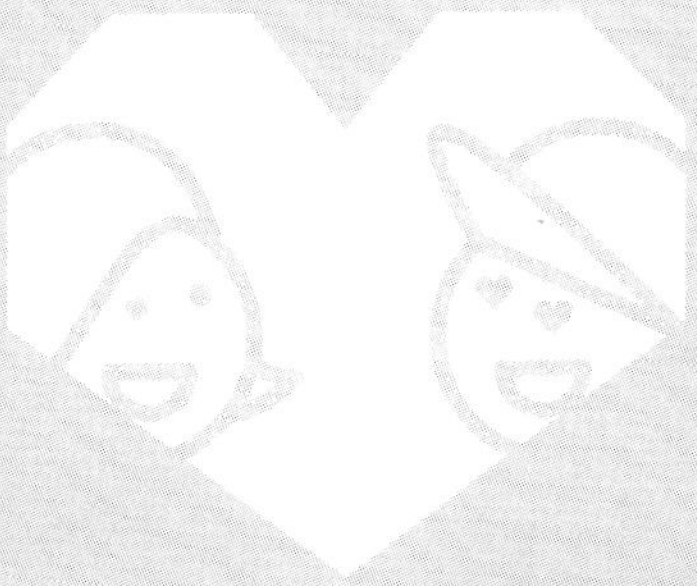

เมืองไทย

●エムクオーティエ（BTSプロンポン駅前）…ห้างเอ็มควอเทียร์（ハーン・エムカウォーティア）

●BTSプロンポン駅…สถานีBTSพร้อมพงษ์（サターニー BTSプロームポン）

●BTSトンロー駅…สถานีBTSทองหล่อ（サターニー BTSトーンロー）

☞カラオケ

●タニヤ通り…ซอยธนิยะ（ソーイ・タニヤ）

●タニヤ・プラザ…ธนิยะพลาซ่า（タニヤ・プラーサー）

●スリウォン通り（タニヤ北側の通り）…ถนนสุรวงศ์（タノン・スラウォン）

●シーロム通り（タニヤ南側の通り）…ถนนสีลม（タノン・シーロム）

●BTSサーラーデーン駅（最寄り駅）
…สถานีBTSศาลาแดง（サターニー BTSサーラーデーン）

☞マッサージパーラー（MP）

●ラチャダー通り…ถนนรัชดาภิเษก（タノン・ラッチャダーピセーク）

●ホワイクワン市場…ตลาดห้วยขวาง（タラート・フアイクワーン）

●鉄道市場…ตลาดรถไฟ（タラート・ロットファイ）

●MRTホワイクワン駅（「エマニュエル」など）
…สถานีMRTห้วยขวาง（サターニー MRTフアイクワーン）

●MRTスティサン駅（「ポセイドン」など）
…สถานีMRTสุทธิสาร（サターニー MRTスティサーン）

●ペッブリー通り…ถนนเพชรบุรี（タノン・ペッブリー）

☞テーメーカフェ

●スクムビット通りソイ15の入り口…ถนนสุขุมวิท ซอย15 ปากซอย
（タノン・スクムウィット・ソーイシップハー・パークソーイ）

☞ビアバー

【パッポン／ナナ・プラザ／ソイ・カウボーイ】

※「ゴーゴーバー」の項目、参照

【クイーンズパーク・プラザ】

●スクムビット通りソイ22
…ถนนสุขุมวิท ซอย22（タノン・スクムウィット・ソイイーシップソーン）

●BTSプロンポン駅（最寄り駅）…สถานีBTSพร้อมพงษ์（サターニー BTSプロムポン）

タクシーに行き先を伝えるためのタイ語

タクシーなどで目的地へ行く際に、下記のタイ語（カタカナ読み付き）を参考に発声して、行き先を告げてみよう。それでも通じない場合は、このページのタイ語を指差して目的地を告げてみてほしい。

☞ゴーゴーバー

【パッポン】

●パッポン通り…ซอยพัฒน์พงศ์（ソーイ・パッポン）

●スリウォン通り（パッポン北側の通り）…ถนนสุรวงศ์（タノン・スラウォン）

●シーロム通り（パッポン南側の通り）…ถนนสีลม（タノン・シーロム）

●BTSサーラーデーン駅（最寄り駅）…สถานีBTSศาลาแดง（サターニーBTSサーラーデーン）

●モンティエンホテル（パッポン北側のホテル）
…โรงแรมมณเฑียร（ローングレーム・モンティエン）

【ナナ・プラザ】

●ナナ・プラザ…นานาพลาซ่า（ナーナープラーサー）

●スクムビット通りソイ4…ถนนสุขุมวิท ซอย4（タノン・スクムウィット・ソイシー）

●BTSナナ駅（最寄り駅）…สถานีBTSนานา（サターニーBTSナーナー）

【ソイ・カウボーイ】

●ソイ・カウボーイ…ซอยคาวบอย（ソーイ・カーウボーイ）

●スクムビット通りソイ23
…ถนนสุขุมวิท ซอย23（タノン・スクムウィット・ソイイーシップサーム）

●BTSアソーク駅（最寄り駅）…สถานีBTSอโศก（サターニーBTSアソーク）

●アソーク交差点（スクムビットの大きな交差点）…สี่แยกอโศก（シーイェーク・アソーク）

☞エロ古式マッサージ

●スクムビット通りソイ31（「オーキッド」など）
…ถนนสุขุมวิท ซอย31（タノン・スクムウィット・ソーイサームシップエット）

●スクムビット通りソイ33
…ถนนสุขุมวิท ซอย33（タノン・スクムウィット・ソーイサームシップサーム）

●スクムビット通りソイ24の入り口（「アディクト」など）…ถนนสุขุมวิท ซอย24 ปากซอย（タノン・スクムウィット・ソーイイーシップシー・パークソーイ）

●スクムビット通りソイ24/1の入り口（エロ古式密集エリア）…ถนนสุขุมวิท ซอย24/1 ปากซอย（タノン・スクムウィット・ソーイイーシップシータップヌン・パークソーイ）

●スクムビット通りソイ26の中（エロ古式密集エリア）…ถนนสุขุมวิท ซอย26 กลางซอย（タノン・スクムウィット・ソーイイーシップホック・グラーンソーイ）

料金相場早見表

料金は2018年調査時のもので、お店や女の子によって若干の差がある。

ゴーゴーバー

●チャージ料：なし
●セット料金：なし
●ドリンク代：140THB ～
●レディードリンク代：200THB 前後
●ペイバー代：600 ～ 1500THB
●ショート：2500 ～ 3000THB
●ロング：4000 ～ 5000THB
●オプション：店によっては個室あり

エロ古式マッサージ

●サービス料：2000 ～ 7000THB（時間、マッサージの種類、オプションによる）
●オプション：コスプレ、3P など

カラオケ

●セット料金：600 ～ 1000THB
●個室：500THB ～
●ドリンク代：ボトル 2000THB 前後～
●レディードリンク代：220THB
●ペイバー代：600 ～ 800THB
●飲まずにペイバー：1300THB
●ショート：2500THB
●ロング：4000 ～ 4500THB
●オプション：交渉で 3P など

マッサージパーラー

●サービス料：1900 ～ 10000THB
●オプション：アレキ（複数プレイ）はサービス料×人数など。メンバー加入で特典多数（2 万 THB 前後～）

テーメーカフェ

●ドリンク代：110THB ～
●レディードリンク代：なし
●ペイバー代：なし
●ショート：2500THB
●ロング：4000 ～ 5000THB

ビアバー

●チャージ料：なし
●セット料金：なし
●ドリンク代：100THB ～
●レディードリンク代：100 ～ 200THB 前後
●ペイバー代：600 ～ 800THB
●ショート：2000 ～ 2500THB
●ロング：3000 ～ 4000THB

バンコクの鉄道

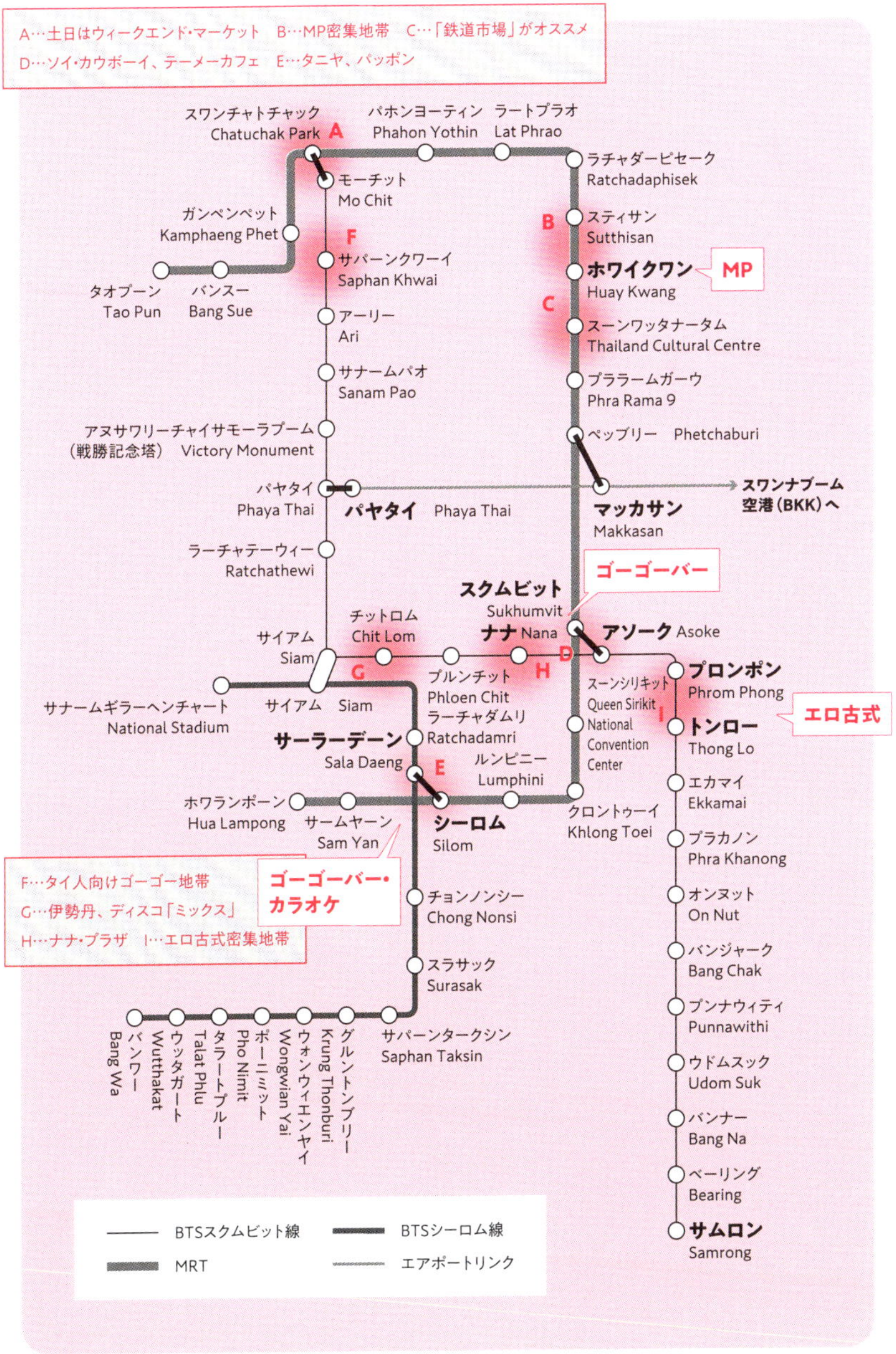
A…土日はウィークエンド・マーケット　B…MP密集地帯　C…「鉄道市場」がオススメ
D…ソイ・カウボーイ、テーメーカフェ　E…タニヤ、パッポン
スワンチャトチャック
Chatuchak Park
A
パホンヨーティン
Phahon Yothin
ラートプラオ
Lat Phrao
ラチャダーピセーク
Ratchadaphisek
モーチット
Mo Chit
ガンペンペット
Kamphaeng Phet
F
B
スティサン
Sutthisan
サパーンクワーイ
Saphan Khwai
ホワイクワン
Huay Kwang
MP
タオプーン
Tao Pun
バンスー
Bang Sue
C
アーリー
Ari
スーンワッタナータム
Thailand Cultural Centre
サナームパオ
Sanam Pao
プララームガーウ
Phra Rama 9
アヌサワリーチャイサモーラプーム
（戦勝記念塔）　Victory Monument
ペッブリー　Phetchaburi
パヤタイ
Phaya Thai
パヤタイ　Phaya Thai
スワンナプーム
空港（BKK）へ
マッカサン
Makkasan
ラーチャテーウィー
Ratchathewi
ゴーゴーバー
スクムビット
Sukhumvit
チットロム
Chit Lom
ナナ Nana
アソーク Asoke
サイアム
Siam
D
プロンポン
Phrom Phong
G
プルンチット
Phloen Chit
H
スーンシリキット
Queen Sirikit
National
Convention
Center
I
エロ古式
サナームギラーヘンチャート
National Stadium
サイアム　Siam
ラーチャダムリ
Ratchadamri
トンロー
Thong Lo
サーラーデーン
Sala Daeng
E
ルンピニー
Lumphini
エカマイ
Ekkamai
ホワランポーン
Hua Lampong
サームヤーン
Sam Yan
シーロム
Silom
クロントゥーイ
Khlong Toei
プラカノン
Phra Khanong
F…タイ人向けゴーゴー地帯
G…伊勢丹、ディスコ「ミックス」
H…ナナ・プラザ　I…エロ古式密集地帯
ゴーゴーバー・
カラオケ
チョンノンシー
Chong Nonsi
オンヌット
On Nut
バンジャーク
Bang Chak
スラサック
Surasak
プンナウィティ
Punnawithi
サパーンタークシン
Saphan Taksin
グルントンブリー
Krung Thonburi
ウォンウィエンヤイ
Wongwian Yai
ポーニミット
Pho Nimit
タラートプルー
Talat Phlu
ウッタガート
Wutthakat
バンワー
Bang Wa
ウドムスック
Udom Suk
バンナー
Bang Na
ベーリング
Bearing
サムロン
Samrong
BTSスクムビット線
BTSシーロム線
MRT
エアポートリンク

バンコクの主要スポット

ラチャプラロップ通り
プラトゥーナーム市場
プラザ(MP)
BTS
ラーチャテーウィー駅
サイアム・パラゴン
(デパート)
Super Rich本店(両替)
Soi 3
セントラルワールド
(伊勢丹)
BTS サイアム駅
バムルンラード病院
MBK(商業施設)
Mixx(ディスコ)
BTS
チットロム駅
insanity
(ディスコ)
サイアム・スクエア
タイ警察本部
BTS プルンチット駅
LEVELS
(ディスコ)
アラブ人街
BTS ナナ駅
パタヤイ通り
タニヤ
(カラオケ)
拡大MAP ☞P282
ウィッタユ通り
ナナ・プラザ
BTS ラーチャダムリ駅
Soi 4
競馬場
チュラロンコーン大学
テーメー
カフェ
ナナ・プラザ
(ゴーゴーバー)
拡大MAP ☞P279
MRT
サームヤーン駅
チュラロンコーン
病院
ルンピニー公園
タニヤ
MRT シーロム駅
日本大使館
スリウォン通り
BTS
サーラーデーン駅
シーロム通り
ブア(タイ料理)
パッポン
パッポン
(ゴーゴーバー)
拡大MAP ☞P278
MRT ルンピニー駅
ラマ4世通り
ソイ・コンヴェント
BTS チョンノンシー駅
ソイ・スアンプルー
サートーン通り
MRT クロントゥーイ駅

パッポン通り、パッポン2通り（ゴーゴーバー）

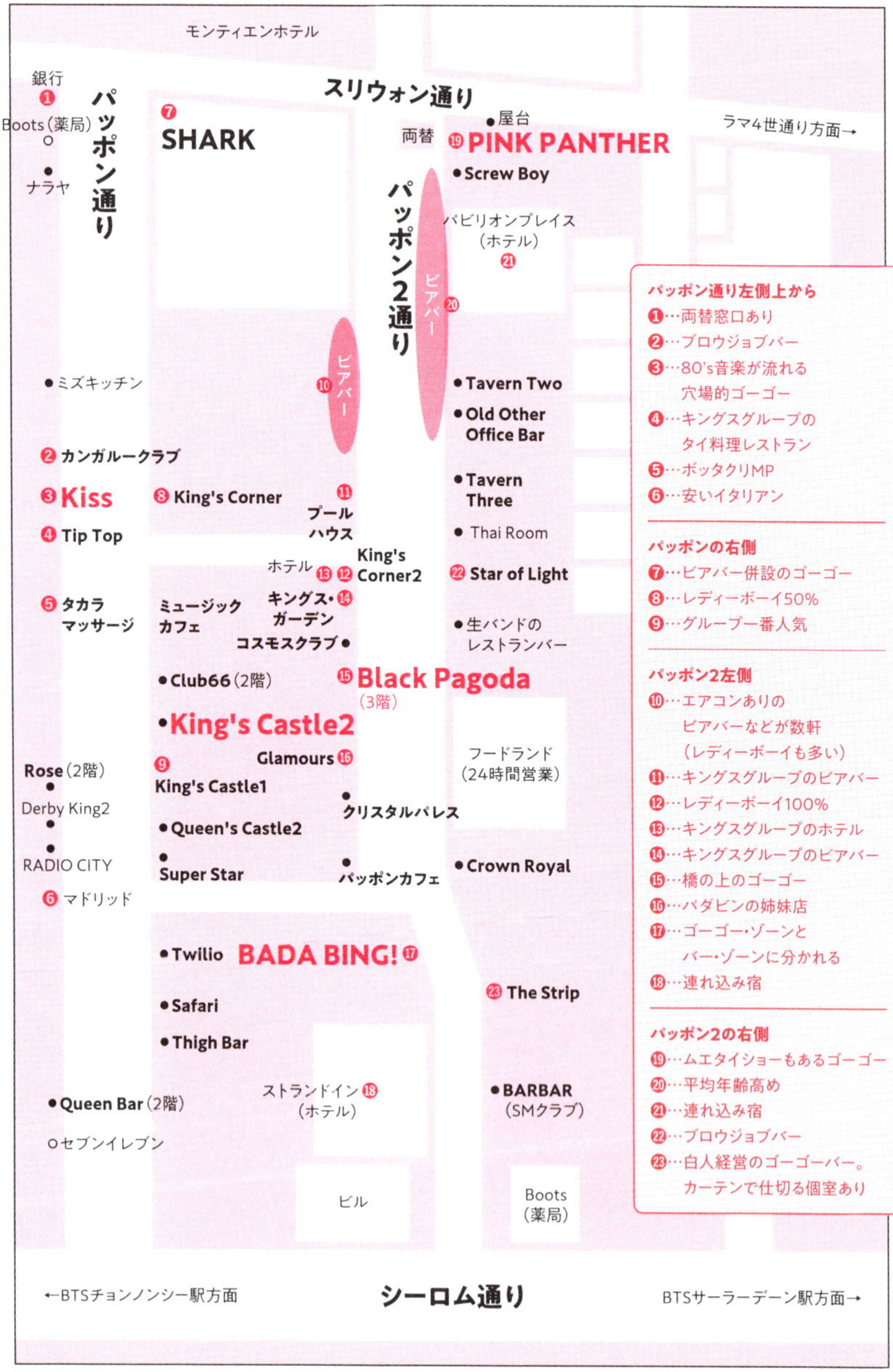

パッポン通り左側上から

❶…両替窓口あり
❷…ブロウジョブバー
❸…80's音楽が流れる穴場的ゴーゴー
❹…キングスグループのタイ料理レストラン
❺…ボッタクリMP
❻…安いイタリアン

パッポンの右側

❼…ビアバー併設のゴーゴー
❽…レディーボーイ50%
❾…グループ一番人気

パッポン2左側

⑩…エアコンありのビアバーなどが数軒（レディーボーイも多い）
⑪…キングスグループのビアバー
⑫…レディーボーイ100%
⑬…キングスグループのホテル
⑭…キングスグループのビアバー
⑮…橋の上のゴーゴー
⑯…バダビンの姉妹店
⑰…ゴーゴー・ゾーンとバー・ゾーンに分かれる
⑱…連れ込み宿

パッポン2の右側

⑲…ムエタイショーもあるゴーゴー
⑳…平均年齢高め
㉑…連れ込み宿
㉒…ブロウジョブバー
㉓…白人経営のゴーゴーバー。カーテンで仕切る個室あり

ナナ・プラザ（ゴーゴーバー）

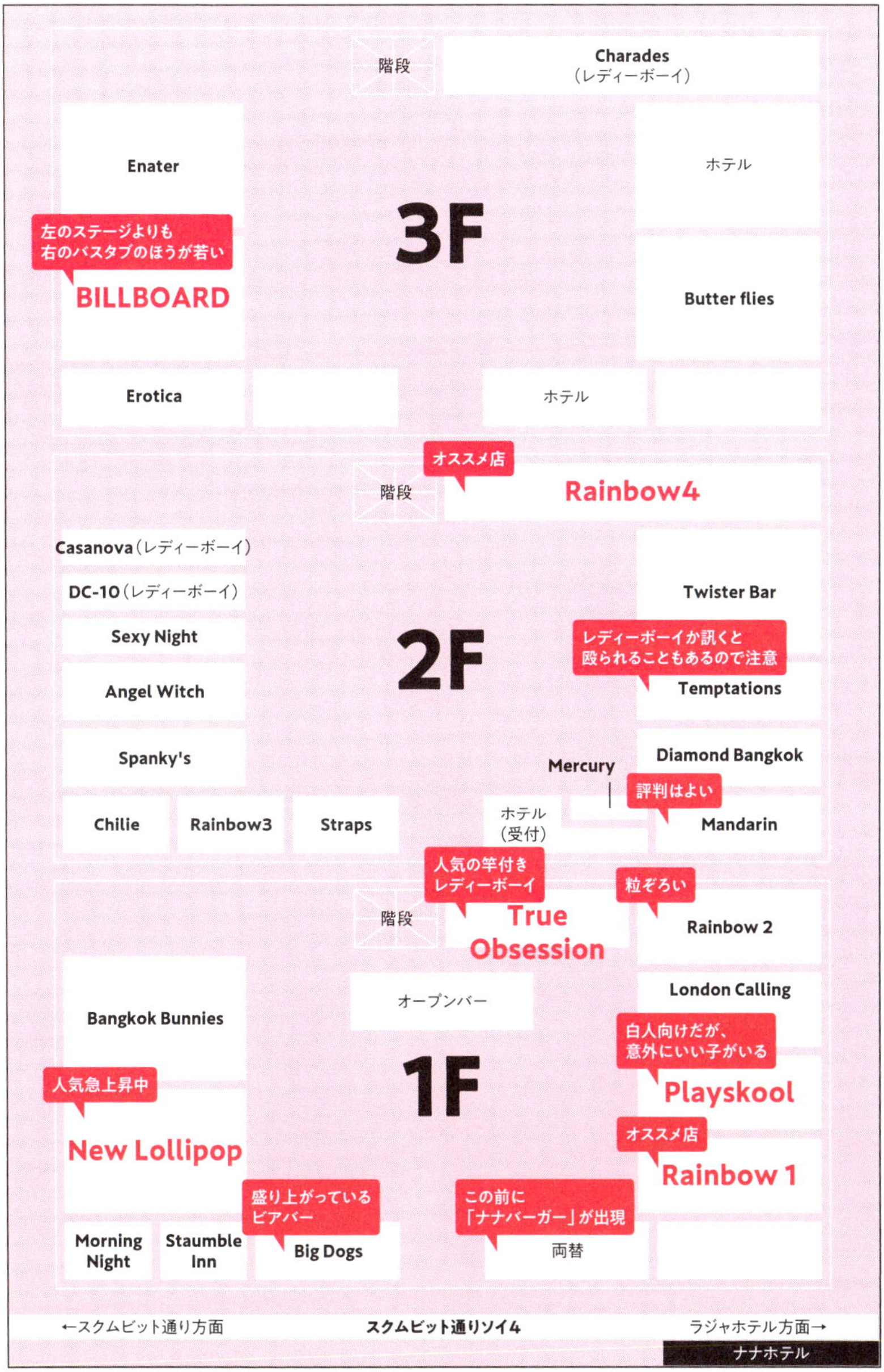

ソイ・カウボーイ（ゴーゴーバー）

プロンポン駅周辺（エロ古式）

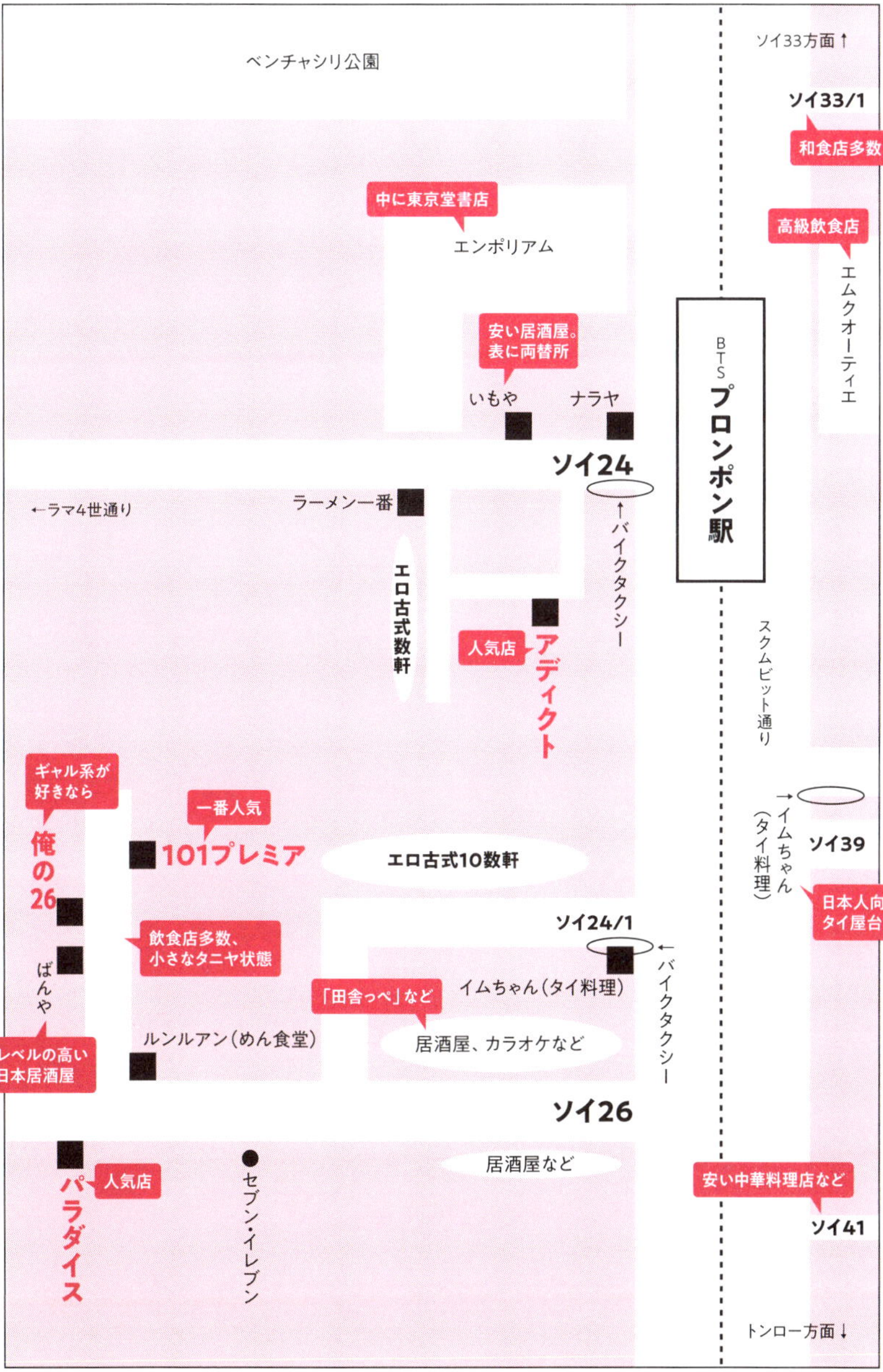

タニヤ（カラオケ）

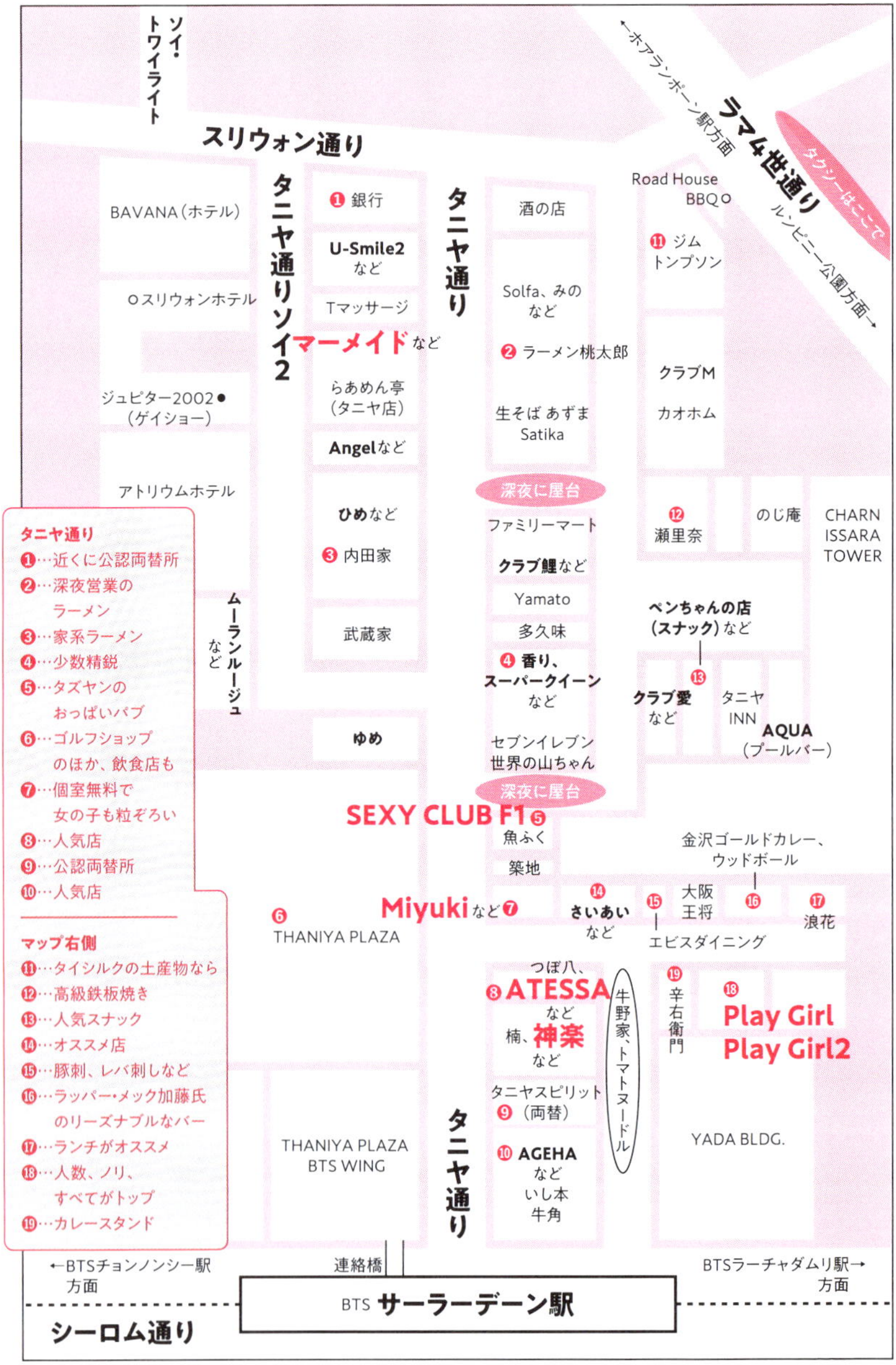

ソイ・トワイライト
スリウォン通り
←ホアランポーン駅方面
ラマ4世通り
タクシーはここで
ルンピニー公園方面→
タニヤ通りソイ2
タニヤ通り
BAVANA（ホテル）
スリウォンホテル
ジュピター2002
（ゲイショー）
アトリウムホテル
ムーランルージュ など
❶ 銀行
U-Smile2 など
Tマッサージ
マーメイド など
らあめん亭
（タニヤ店）
Angelなど
ひめなど
❸ 内田家
武蔵家
ゆめ
酒の店
Solfa、みの
など
❷ ラーメン桃太郎
生そば あずま
Satika
深夜に屋台
ファミリーマート
クラブ鯉など
Yamato
多久味
❹ 香り、
スーパークイーン
など
セブンイレブン
世界の山ちゃん
深夜に屋台
SEXY CLUB F1 ❺
魚ふく
築地
Road House
BBQ
⓫ ジム
トンプソン
クラブM
カオホム
⓬
瀬里奈
のじ庵
CHARN
ISSARA
TOWER
ペンちゃんの店
（スナック）など
⓭
クラブ愛
など
タニヤ
INN
AQUA
（プールバー）
金沢ゴールドカレー、
ウッドボール
⓮
さいあい
など
⓯
大阪
王将
⓰
⓱
浪花
エビスダイニング
❻
THANIYA PLAZA
Miyuki など ❼
つぼ八、
❽ ATESSA
など
楠、神楽
など
牛野家、トマトヌードル
⓳
辛右衛門
⓲
Play Girl
Play Girl2
タニヤスピリット
❾（両替）
❿ AGEHA
など
いし本
牛角
THANIYA PLAZA
BTS WING
YADA BLDG.
タニヤ通り
←BTSチョンノンシー駅
方面
連絡橋
BTSラーチャダムリ駅→
方面
BTS サーラーデーン駅
シーロム通り
タニヤ通り
❶…近くに公認両替所
❷…深夜営業の
ラーメン
❸…家系ラーメン
❹…少数精鋭
❺…タズヤンの
おっぱいパブ
❻…ゴルフショップ
のほか、飲食店も
❼…個室無料で
女の子も粒ぞろい
❽…人気店
❾…公認両替所
❿…人気店
マップ右側
⓫…タイシルクの土産物なら
⓬…高級鉄板焼き
⓭…人気スナック
⓮…オススメ店
⓯…豚刺、レバ刺しなど
⓰…ラッパー・メック加藤氏
のリーズナブルなバー
⓱…ランチがオススメ
⓲…人数、ノリ、
すべてがトップ
⓳…カレースタンド

ラチャダー（MP）

↑スティサン駅
ソイ17
POSEIDON
ソイ18
MARIA HOTEL & SPA
ラチャダーピセーク通り
プラチャスック通り（インタマラ）
ローカル向けのカラオケ店が点在
MRT ホワイクワン駅
地元民向けで、深夜まで飲食店がある
シーフード料理
VIP
ホイクワン市場
ソンブーンシーフード
新中華街
Hi-Class
EMMANUELLE
MERCI
ローカル向け屋台など
エメラルド（ホテル）
ソイ7（ソイ・ナートーン）
地元民に人気
クワンシーフード
ALAINA
おしゃれな商業施設
ザ・ストリート（商業施設）
サイバーワールドタワー
タイスキなどを食べるならここ
BigC（スーパー）
オススメの夜市
鉄道市場
エスプラネード
4階駐車場から眺める鉄道市場の夜景は必見
MRT タイ文化センター駅
ラマ9世通り方面↓
←アソーク通り、ラマ9世通り方面

目的別に見る

バンコク夜のオススメプラン

A. 王道を満喫したい!

◎「タニヤ」のカラオケ（みゆき、マーメイド、プレイガール、F1ほか）
➡ BTSサーラーデーン駅から徒歩1分

◎「パッポン」「パッポン2」のゴーゴーバー
（キングス1、ブラックパゴダ、バダビン、ピンクパンサーほか）
➡ タニヤから徒歩5分

バンコクだからこその遊び場ゴーゴーバー。そして、タイ女性と日本語で交流できるカラオケ。バンコクの夜遊びの王道が至近で揃うのが、シーロム通りの「パッポン」と「タニヤ」だ。駅近の上、両エリアが徒歩で5分程度の距離だから、どちらを先に攻めても時間はたっぷりある。賑やかな雰囲気や、遊び方の注意点などベーシックが盛り込まれているので、はじめての人には特にオススメのエリアだ。タニヤ通りには和食店もあるし、シーロム通りのソイ・コンベントの「ブア」はオススメのタイ料理店。

B. 鉄板を楽しみたい!

◎「ナナ・プラザ」のゴーゴーバー
（レインボー1、レインボー4、ビルボードほか）
➡ BTSナナ駅から徒歩5分

◎「ソイ・カウボーイ」のゴーゴーバー
（バカラ、クレイジーハウスほか）
➡ BTSアソーク駅から徒歩3分、MRTスクムビット駅から徒歩1分

◎「テーメーカフェ」➡ ソイカウから徒歩10分、ナナから15分

バンコクで人気ナンバー1のゴーゴーエリア「ソイ・カウボーイ」と、ビル型施設の「ナナ・プラザ」はゴーゴー遊びをするなら必見の場所。それから、援交カフェと呼ばれる「テーメーカフェ」は今や夜遊び目的の人には外せないスポット。BTSナナ駅とアソーク駅の1区間にこの3か所が詰め込まれているので周りやすい。終電を逃すことを考慮すれば、ナナ→テーメー→ソイカウの流れだとタクシーを安全に捕まえやすい。ナナ近辺は渋滞とボッタクリタクシーが多く面倒なのだ。一方、食事処はアソーク周辺のほうが充実する。スクムビット通りソイ14の「スダレストラン」は安くておいしいタイ料理食堂。ソイ23の中には和食、洋食店がたくさんある。

変わった屋台としてはBTSプラカノン駅そばのソイ・プリディー43にあるヨッドさんの店。和食店経験者のため、バンコク最安値でレバ刺しが食べられる。

ここまでで紹介した遊びを、「安全度」や「刺激度」、「予算」などの目的別にプランニングしてみた。きっとあなたに合った遊びが見つかるはずだ。

C. 快楽を重視したい!

◎プロンポン駅周辺のエロ古式マッサージ

(101プレミア、パラダイス、アディクト、俺の26ほか)
➡ 駅から徒歩1～10分

ややプレイが淡泊になりがちなゴーゴーやカラオケの王道に対し、肝心のサービスが抜群で日本人男性から火がついたバンコクの夜遊び新ジャンル「エロ古式マッサージ」。BTS プロンポン駅周辺に集中しており、特にスクムビット通りソイ 24 の入り口、駅から 3 分ほど歩いたソイ 24/1、ソイ 26 の中にある路地が密集地帯になる。日本語が通じる店ばかりの上、サービスが明確になっていることで、なにはともあれ快楽に溺れたいならエロ古式が一番。料金も 2000 バーツほどからある。ソイ 24、ソイ 26、それから近隣のソイ 39、駅前のデパート内には和洋中、食事はなんでもあるので便利。最近は中級ホテルも増えたので、泊まりもプロンポン駅周辺をオススメしたい。

D. タイの若者文化を楽しみたい

◎RCAやラチャダーのディスコ

(ハリウッド、ROUTE66、ONYXほか)
➡ 歓楽街からタクシーで15～20分

タイの今を知りたければ、やはりタイの若者が遊ぶ場所を見るべき。そこでオススメするのがディスコなど。夜に働く女の子たちも仕事上がりや休日に遊びにくる。オススメはラチャダー通りソイ 4 の「ハリウッド」や RCA の「ONYX」か「ROUTE66」。両者はタクシーで 5 分くらいの距離なので、深夜 2 時までの時間内にハシゴも可能。ハリウッドは大衆向けで、RCA は少し高級。双方とも飲食店が近隣にあるが、盛り上がるのが 22 時以降であるため、飲食店の営業時間とは合わないかも。ディスコで女性と知り合うこともできるし(ナンパしたり、声をかけられたり)、ゴーゴーなどで女性を連れ出して遊びに来るのもいい。

ソイカウのソイ23側の角にあるパブ「オールドダッチ」はゴーゴー遊びのスタートに最適の店として人気。

E. とにかく節約して遊びたい

◎パッポンやナナの「ブロウジョブバー」
（カンガルー、スター・オブ・ライトほか）

◎深夜のタニヤの屋台やディスコでナンパ
（スクラッチドッグ、インサニティほか）

ブロウジョブバーは店内で、いわゆる口や手での「抜き」がある（800バーツ）。日本のピンサロに似たサービスだが、最後までですることもでき、その場合は1300バーツが相場。夜遊びの最低ラインが2000バーツの現在、かなり安くスッキリでき、節約派には注目だ。ほかにはBTSナナ駅周辺にもある。もっと節約して、なんならお金はかけたくないというなら深夜1時以降のタニヤの屋台、あるいは夜の女の子たちが好んでいくディスコ「スクラッチドッグ」や「インサニティ」に行こう。ある程度日本人慣れしたプロの子のほうがナンパしたときの反応がいいし、だからといって彼女たちもプライベートで来ているので、金銭が介在しないことも多い。お金の話になったとしても、一般的な相場より気持ち程度だが安い。

F. とにかくリッチに遊びたい

◎エロ古式で「3Pコース」（アディクト、パラダイスほか）

◎ラチャダーのMPで「アレキサンダー遊び」
（ポセイドン、マリアホテルほか）
➡ MRTホワイクワン駅・スティサン駅から徒歩1〜10分

◎ゴーゴーバーで「リンガベル」
（お店の女の子、スタッフ全員にドリンクをおごる）

せっかくのバンコクだからストレス解消でパーッとお金を使いたい。バンコクは払う額が大きくなるほどいいサービスが受けられる。そこでオススメしたいリッチな遊びはエロ古式やMP、ゴーゴーで豪勢に行くこと。それぞれ目的がやや違っていて、エロ古式は「複数プレイ」でひたすらに快楽を求める。予算は7000バーツくらいを見ること。MPならひとり2万バーツくらいはかかるが、仲間とパーティー感覚で食事をしながら豪華な部屋で快楽とリッチ気分を味わう。それから、ゴーゴーバーで鐘を鳴らす「リンガベル」なら数十人に一気に奢って、金持ち気分を堪能できる。リンガベルの予算は「レディードリンク代（200バーツ）×人数」。中規模店で50人分（1万バーツ）くらいになる。

RCAの通りにある「RCAプラザ」内に屋内ゴーカートコースの「イージーカート」がある。飲む前にカーレースでストレス発散できる。

G. ローカル遊びを味わいたい

◎「カフェー」や「イサーンディスコ」（タワンデーンなど）

➡ 歓楽街からタクシーで20～30分

◎サムロン置屋 ➡ BTSサムロン駅から徒歩5分

ゴーゴーなどは現実的には外国人料金だから、タイ人は遊びに来ない（そもそも店が受け入れない）。では、タイ人が行く店は安いのか。それは「イエス」だ。言葉の壁があるが、少しタイの夜遊びに慣れたら、ローカル遊びも試してみてはどうだろう。タイの東北料理も同時に楽しめる「カフェー」や「イサーンディスコ」がオススメ。そのなかでもパタナカーン通りの「タワンデーン」なら2000バーツも出せば大人数で飲み食い可能。最後まで楽しみたい人は、BTSサムロン駅そばのスクムビット通りソイ78の「サムロン置屋街」にも挑戦してみよう。予算はホテル、交通費など含めて1500バーツくらい。この2か所なら言葉が通じなくてもどうにかなるだろう。

H. アブノーマルに遊びたい

◎ナナのレディーボーイ・ゴーゴー「オブセッション」

◎パッポン2のSMバー「バーバー」

ちょっと特殊なプレイを楽しみたい。そんな人に最適なのはナナ・プラザにあるレディーボーイ専門ゴーゴー「オブセッション」。いわゆる「竿付き」なので、より倒錯した快楽を追求できる。実際、バンコクの夜を遊び尽くした日本人先輩諸氏でレディーボーイ派になった人は数知れない。なにより、一般ゴーゴーと予算が同じなので遊びやすい。予算的にはやや値が張るが、SMバーも存在する。パッポン2のシーロム通り寄りに「バーバー」がある。おじさん呼び込みがだみ声で「SMショー」と叫んでいるのですぐわかる。2階に上がる怪しげな場所だが、優良店で安心。また、完全本物志向ではないので、ソフトSMの感覚で一般の人でも楽しめる。

「スクラッチドッグ」が入居するホテルの向かい側に「ベイオット」という本格ドイツ料理店がある。ドイツの生ビールも飲める店。

バンコクアソビ

2018年6月25日　初版第1刷発行

著　高田《たかだ》胤臣《たねおみ》

ブックデザイン　勝浦悠介
編集　圓尾公佑

写真提供　Gダイアリー、
田附裕樹（セクシークラブF1、俺の26）、
Sand bar（プーケット）、101プレミア、
マーメイド（トンロー）、パラダイス

協力　丸山ゴンザレス、JOJO

発行人　堅田浩二
発行所　株式会社イースト・プレス
東京都千代田区神田神保町2-4-7久月神田ビル
TEL:03-5213-4700
FAX:03-5213-4701
http://www.eastpress.co.jp

印刷所　中央精版印刷株式会社

ISBN978-4-7816-1683-4

※本書のデータは2018年5月の取材時のものです。店舗の情報などは変更になる可能性があります。